PNL e Saúde

Recursos da Programação
Neurolingüística
para uma vida saudável

Dados Internacionais de Catalogação na Publicação (CIP)
(Câmara Brasileira do Livro, SP, Brasil)

McDermott, Ian
  PNL e saúde: recursos de PNL para melhorar a saúde e o bem-estar / Ian McDermott, Joseph O'Connor; | tradução Denise Maria Bolanho I. – São Paulo: Summus, 1997.

  Título original: NLP and health.
  Bibliografia
  ISBN 978-85-323-0601-2

  1. Programação neurolinguística 2. Saúde I. O'Connor, Joseph II Título.

97-4072   CDD-613.01

Índices para catálogo sistemático:
1. Bem-estar. Programação neurolinguística: Promoção da saúde 613.01
2. Programação neurolinguística: Saúde: Promoção 613.01
3. Saúde: Promoção : Programação neurolinguística 613.01

www.summus.com.br

EDITORA AFILIADA

Compre em lugar de fotocopiar.
Cada real que você dá por um livro recompensa seus autores
e os convida a produzir mais sobre o tema;
incentiva seus editores a encomendar, traduzir e publicar
outras obras sobreo assunto;
e paga aos livreiros por estocar e levar até você livros
para a sua informação e o se entretenimento.
Cada real que você dá pela fotocópia não autorizada de um livro
financia um crime
e ajuda a matar a produção intelectual de seu país.

PNL e Saúde

Recursos da Programação
Neurolingüística
para uma vida saudável

Ian McDermott e Joseph O'Connor

summus
editorial

Do original em língua inglesa
NLP AND HEALTH
Using NLP to Enhance your Health and Well-being
Copyright © 1996 by Ian McDermott e Joseph O'Connor.
Direitos desta tradução reservados por Summus Editorial

Tradução: **Denise Maria Bolanho**
Consultoria na área médica: **Edgar Bolanho**
Capa: **BVDA/Brasil Verde**

Summus Editorial

Departamento editorial:
Rua Itapicuru, 613 – 7º andar
05006-000 – São Paulo – SP
Fone: (11) 3872-3322
Fax: (11) 3872-7476
http://www.summus.com.br
e-mail: summus@summus.com.br

Atendimento ao consumidor:
Summus Editorial
Fone: (11) 3865-9890

Vendas por atacado:
Fone: (11) 3873-8638
Fax: (11) 3873-7085
e-mail: vendas@summus.com.br

Impresso no Brasil

Para Paulette

SUMÁRIO

Prefácio pelo dr. Enrico Melson	9
Agradecimentos	11
Introdução	13
1. Saúde, Medicina e Níveis Lógicos	17
2. Os Quatro Pilares da Saúde	37
3. Uma Imagem de Saúde	51
4. Crenças e Saúde	70
5. O Efeito Placebo	84
6. O Sistema Imunológico — Nossa Identidade Fisiológica	99
7. Metáforas de Saúde	113
8. Estresse	131
9. Preocupação e Esperança	152
10. Dor e Prazer	166
11. Envelhecimento Saudável	185
12. Morte	196
13. A Congruência Cura	202
Glossário de Termos de PNL	207
Glossários de Termos médicos	211
Bibliografia	217
Sobre os autores	219

PREFÁCIO

A "mágica" da Programação Neurolingüística — PNL — recebeu muita atenção na geração passada e aumentou a demanda popular pela aprendizagem e aplicação dos seus princípios em contextos cada vez mais amplos. Em dezessete anos de utilização de técnicas de integração mente-corpo na medicina clínica, testemunhei muitos exemplos de aplicações dessas técnicas e métodos, "adequadas e bem-sucedidas" bem como "inadequadas e malsucedidas". Contudo, também testemunhei muitos casos de aplicações de técnicas de integração mente-corpo "inadequadas e bem-sucedidas", assim como "adequadas e malsucedidas" — incluindo o que poderíamos chamar de métodos formais da PNL. Portanto, esse canal para o sucesso *não* ocorre por meio da aplicação rígida e formal da "Técnica-X-específica para o Problema-X-específico" — quer seja uma técnica de PNL ou outra qualquer.

As Suposições Básicas, ou Pressuposições da PNL, também constituem seus Princípios Orientadores. O "principal princípio" é, na verdade, *o respeito pelo modelo de mundo da outra pessoa*! Essas pressuposições são tão essenciais para o processo de aprendizagem da PNL como para a aplicação da disciplina. O processo simplesmente não pode funcionar se esses princípios forem violados.

Assim, reconhecemos uma série de princípios orientadores tais como: que todo comportamento tem uma intenção positiva subjacente; que todas as técnicas devem servir para ampliar a escolha percebida; que não existe fracasso, apenas *feedback*; que as pessoas têm todas as habilidades necessárias para alcançar o sucesso; que a pessoa com maior flexibilidade navegará melhor em situações problemáticas para alcançar a mudança desejada. Reconhecemos, também, que o fato de nos aferrarmos inflexivelmente a uma noção preconcebida da técnica necessária eliciará resistência no cliente/paciente e esse é um sinal de ausência de *rapport*. Portanto, o problema não é a resistência do cliente à mudança, mas um comunicador/praticante inflexível. E como o significado da comunicação é a resposta que eliciamos, o praticante deve ser flexível na interação para que o paciente atinja um estado de maior flexibilidade, maior escolha

9

percebida, maior oportunidade de aprendizagem e maior expressão da própria capacidade para alcançar a mudança desejada.
Certo, mas, e daí?

Bem, uma vez que já temos dentro de nós tudo o que precisamos para ter sucesso, a aplicação de métodos de integração mente-corpo, como a PNL, simplesmente nos permite acessar e controlar com mais facilidade nossas habilidades para mudar. Se alguns dos princípios e habilidades da PNL puderem ser compartilhados e ensinados de maneira "desmistificada", clara e simples, então será dada uma contribuição ainda maior para a humanidade, pois isso permite que mais pessoas expressem essas habilidades e, assim, possam se desenvolver.

É isso que Joseph O'Connor e Ian McDermott realizaram neste livro. Por meio de minha associação com o dr. Deepak Chopra nos últimos dois anos (como ex-diretor médico associado do Center for Mind Body Medicine, atualmente Chopra Center for Well-Being, tive o grande privilégio de ser o principal clínico num ambiente que combinava diferentes tradições de cura, disciplinas e métodos de integração espírito/mente/corpo.

Há algum tempo, descobri que as pressuposições da PNL estão de acordo com os princípios de comunicação e cura do Ama (toxinas) mental e emocional do *Self* do *Caraka Samhita*, antigo texto em sânscrito da Ayurveda, a Ciência da Vida, escrito há alguns milhares de anos! Apesar de a PNL parecer uma disciplina "nova", com apenas vinte anos de idade, sua essência foi reconhecida e aplicada em toda a história da civilização. Para mim, foi natural adaptar e integrar seus princípios e práticas à ciência global e à prática da Ayurveda e da Medicina Mente-Corpo.

Atualmente, muitos praticantes de cura encontraram um confortável equilíbrio do processo de mudança neurolinguística dentro de um paradigma global de crescimento, transformação e evolução espiritual. Na verdade, é precisamente o "Espírito" das Pressuposições como princípios orientadores que cria o ambiente/estado para mudanças no qual as técnicas específicas da PNL podem ser eficazes.

Os autores compreendem e comunicam isso com clareza.

Estou impressionado com sua habilidade para desmistificar — reduzir conceitos complexos a uma estrutura de simplicidade, conservando, ao mesmo tempo, a eficiência e clareza necessárias. Realmente, é o domínio do mistério. Parabéns pelo seu trabalho.

O resultado é um guia de cura e mudança, bem escrito e de fácil absorção. É um grande benefício para todos nós — como praticantes de cura e alunos da vida. Convido-o a ler e aproveitar!

Dr. Enrico Melson
San Diego, Califórnia, Estados Unidos
Março de 1996

AGRADECIMENTOS

Agradecemos a todos os nossos professores e desejamos mostrar nosso respeito e reconhecimento a John Grinder e Richard Bandler, agentes do desenvolvimento da PNL, e a Robert Dilts por sua grande contribuição nessa área.

Muitas pessoas nos ajudaram neste livro. Gostaríamos de agradecer, particularmente, a Tim Hallbom, Suzi Smith e Janet Konefal pela ajuda para tornar o material disponível. Obrigado à dra. Suzi Strang e ao dr. Jonas Miller pela leitura das provas. Obrigado a Hanne Lund por ter colocado à nossa disposição a sua pesquisa sobre PNL e alergias, e a Arron Williams, pela ajuda nas seções sobre exercício e saúde.

Trabalhamos juntos, como iguais, levando nossas habilidades para esse e muitos outros projetos. Assim, a ordem dos nomes na capa deste livro não tem nenhum significado.

Ian McDermott e *Joseph O'Connor*
Janeiro de 1996

INTRODUÇÃO

Será que estar saudável é o mesmo que não estar doente? Com certeza, saúde é mais do que isso. Para nós, a saúde física é um estado e uma habilidade — a energia e a capacidade para fazer e apreciar aquilo de que gostamos e a habilidade de nos curarmos.

A saúde é paradoxal: não podemos diretamente nos "desejar" saudáveis, apenas observar, enquanto a maravilhosa capacidade de cura do corpo entra naturalmente em ação. Quer sejamos ricos ou pobres, virtuosos ou cruéis, parece fazer pouca diferença.

A saúde é positiva. Ela não significa desistir de prazeres. Ela vem naturalmente do nosso estilo de vida — relacionamentos, dieta, onde e como vivemos. A saúde não é um bem, mas um processo. É algo que fazemos e o resultado de nossa maneira de pensar e sentir. É um estado de existir.

É interessante observar como a pesquisa médica, cada vez mais, ingressa em áreas que até agora pertenciam aos psicólogos, e como está tornando-se difícil traçar a linha entre os fatores físicos e mentais na doença. Tentar separar corpo e mente em saúde e doença é como tentar separar o sal da água do mar usando uma faca. Mente e corpo estão constantemente se influenciando em direção à saúde ou à doença. O corpo não fica doente — as pessoas ficam.

Este livro é sobre saúde e cura, não sobre doença e tratamento. Desejamos complementar o modelo médico existente e não tentar substituí-lo ou oferecer uma alternativa. Desejamos explorar de que maneira melhorar os inacreditáveis poderes naturais de cura que todos possuímos — alcançar as partes que a ciência médica padrão não consegue alcançar.

A medicina moderna é excelente no tratamento de emergências médicas e cirúrgicas, como ossos quebrados, ferimentos corporais, apendicite, e infecções bacterianas graves, como a pneumonia, que reagem bem aos antibióticos. Ela realmente salva vidas. Ela também possui bons métodos para lidar com emergências médicas, como ataques cardíacos, derrames e complicações durante o parto. Contudo, nas doenças e enfermidades da vida moderna — alergias, hipertensão, artrite, asma, câncer, osteoporose, infecções viróticas e distúrbios nutricionais, a medicina moderna é muito menos confiante.

Sabemos muita coisa sobre os mecanismos da doença, mas quase nada sobre os mecanismos da saúde. Uma dúzia de pessoas pode ficar igualmente exposta à infecção; entretanto, apenas duas delas ficarão doentes. A medicina pode nos mostrar em detalhes *como* elas ficaram doentes, mas por que somente aquelas duas? O que protege as outras dez? Igualmente, duas pessoas podem fumar muito, alimentar-se mal e trabalhar em empregos estressantes e apenas uma ficar doente. Por quê? Constantemente, estamos expostos a microrganismos infecciosos e ninguém escapa do estresse, da tristeza e do sofrimento. Mas a doença é a exceção, não a regra. Consideramos nossa saúde como uma coisa garantida até ficarmos doentes. Nosso sistema imunológico está constantemente trabalhando para nos manter saudáveis, assim como nosso coração continua a bater e nossos pulmões a inspirar o ar. A redução da imunidade deve ser um componente crítico em todas as doenças; do contrário, estaríamos sempre doentes.

Saúde e doença são experiências subjetivas. Nós as definimos para nós mesmos, principalmente com nossos sentimentos. Não existe nenhum "saudômetro" para medir objetivamente a saúde, nem um "dolorômetro", para medir objetivamente a dor. A Programação Neurolingüística (PNL) é o estudo da estrutura da experiência subjetiva — como criamos nosso mundo interno único — portanto, é perfeitamente adequada para explorar a saúde.

A PNL desenvolveu-se na metade da década de 1970. Sua essência é aquilo que chamamos de "modelagem" — descobrir como fazemos aquilo que fazemos. A PNL modela a excelência em todas as áreas — saúde, esporte, comunicação, ensino e aprendizagem, negócios e liderança — para que essas habilidades possam ser ensinadas às outras pessoas. Ela modela pessoas reais, não ideais abstratos — o que é possível e o que foi realizado. O objetivo é a excelência para todos. Neste livro estamos modelando a saúde.

A PNL tem três elementos principais. "Neuro" refere-se à neurologia, como corpo e mente estão ligados pelo sistema nervoso. "Lingüística" trata da linguagem — como influenciamos uns aos outros e a nós mesmos por meio da linguagem. (O vocabulário médico de saúde e doença tem suposições embutidas que dirigem nossos pensamentos para caminhos bem explorados.) "Programação" trata das seqüências de pensamento e comportamento: como agimos para atingir nossos objetivos e as conseqüências de nossas ações. Ela focaliza a escolha e as habilidades individuais.

Por ser uma disciplina tão ampla, este livro é necessariamente a nossa visão da aplicação da PNL em saúde. Este é um livro prático; não pretendemos ensinar PNL e você não precisa saber nada sobre PNL ou medicina para compreendê-lo e utilizá-lo. A PNL não é uma terapia alternativa, é um conjunto de idéias e uma maneira de pensar. Não se trata de oferecer o modelo "certo" de mundo, mas de enriquecer aquele que você tem. A PNL é prática — você a utiliza para fazer uma diferença e obter aquilo que deseja. O objetivo é ser saudável.

Um livro sobre saúde pode abranger uma enorme variedade de temas possíveis e nós selecionamos aqueles que consideramos mais úteis. Em lugar de incluirmos tudo sobre PNL, consideramos algumas das principais maneiras de utilizá-la para melhorar a saúde e o bem-estar. Dedicamos grande parte para as crenças sobre a saúde. Elas influenciam nosso modo de agir, nosso tipo de vida e melhoram ou bloqueiam o efeito de tratamentos médicos. Também tratamos dos três principais desafios à saúde — o estresse, a dor e o envelhecimento. A mensagem que desejamos transmitir neste livro é a de que você *pode* influenciar sua saúde física. Seu corpo é parte integral de você, não uma coisa que algumas vezes o decepciona, e possui uma surpreendente capacidade de aprender e curar-se.

Portanto, como iniciar a sua busca por uma saúde melhor? Não há nenhuma resposta, mas vamos contar a história de Mullah Nasrudin, o homem santo sufista e gracejador.

Com freqüência, Nasrudin atravessava a fronteira entre o Irã e a Grécia, montado em seu cavalo. Sempre que cruzava a fronteira, levava uma sacola com pedras preciosas e outra com poções medicinais, pois tinha permissão legal para transportá-las. Quando o guarda perguntava qual era o seu negócio, ele respondia: "Sou contrabandista".

Todas as vezes, o guarda o revistava e nunca encontrava nada incomum. A cada viagem Nasrudin ficava mais rico e o guarda cada vez mais desconfiado, porém, nunca encontrava nada.

Finalmente, Nasrudin se aposentou. Um dia, encontrou-se socialmente com o guarda, que lhe perguntou: "Nasrudin, agora que você se aposentou e não pode ser processado, por favor, conte-me o que contrabandeava, que nunca encontramos, e que lhe trouxe tanta riqueza".

"Cavalos", respondeu Nasrudin.

Um segredo fica mais bem escondido quando é óbvio e pode ser descoberto quando você pára de pensar que ele está escondido. Geralmente, olhamos para fora de nós mesmos à procura de respostas que estão dentro de nós.

Sua saúde lhe pertence para criar cada dia de sua vida. Ela não é encontrada em medicamentos nem aviada por médicos, independentemente de sua filosofia e métodos de tratamento, ortodoxos ou não. Fascinados pelos novos e surpreendentes tratamentos e medicamentos desenvolvidos pela medicina, nos esquecemos de que eles são, principalmente, medidas heróicas para doenças já bastante avançadas. A doença é um sinal tardio de que alguma coisa está errada e precisa ser modificada. Para a maior parte das pessoas, aquilo que fazemos no momento presente é mais importante para nossa saúde. Exploraremos maneiras para mudar antes de a doença insistir. Acreditamos que a saúde é uma maneira de estar no mundo e oferecemos este livro como parte de um mapa para guiá-lo em sua direção. Sua saúde é importante. Desejamos lhe oferecer novas maneiras para melhorá-la. Insistimos que você utilize plenamente todos os recursos de saúde à sua disposição — e isso inclui o seu médico. Desejamos enfatizar que este livro não é um substituto para o conselho e tratamento de um médico ou de outro profissional da saúde.

CAPÍTULO 1

SAÚDE, MEDICINA E NÍVEIS LÓGICOS

Administrar medicamentos para doenças que já se desenvolveram e reprimir rebeliões que já começaram é comparável ao comportamento das pessoas que começam a cavar um poço depois de sentir sede e daquelas que começam a se armar depois de já estarem envolvidas no combate. Será que não é muito tarde para essas ações?
The yellow emperor's classic of internal medicine, 200 a.C.

O que significa *estar saudável* para você?
Como você definiria estar saudável?
Qual a sensação?
O que você é capaz de fazer?
Como você sabe que está saudável?

Essas são perguntas sobre a sua definição individual de saúde. Esperamos que no decorrer deste livro ela seja mais plenamente vivida por você. Deliberadamente, perguntamos sobre "estar saudável", não sobre "saúde". Estar saudável é alguma coisa na qual você está ativamente envolvido — alguma coisa que você *faz*. "Saúde" é um substantivo, um conceito estático. Há uma diferença. Verifique em sua experiência — pense em "estar saudável". Se você tem uma imagem mental de estar saudável, ela provavelmente envolverá uma sensação de movimento. Ao contrário, uma imagem de "saúde" provavelmente será uma fotografia imóvel. Esse é um exemplo de PNL — como as palavras que usamos modificam a nossa experiência subjetiva.

Isso poderia fazer uma diferença? Definitivamente. Uma imagem estática de saúde pode parecer alguma coisa separada a ser alcançada em algum momento no futuro, e não alguma coisa que você está vivendo agora. Apesar de usarmos ambas as expressões neste livro, pense na saúde como um processo, alguma coisa que você está criando.

Mantendo seu equilíbrio

Quando você está saudável, é capaz de conduzir sua vida da maneira que deseja — individual, emocional, social e espiritualmente. Estar saudável significa que você tem objetivos. Enfermidade e doença significam que você perde a liberdade de buscar esses objetivos. Nós também achamos que estar saudável é um estado de equilíbrio do corpo, mente e espírito, um estado natural de sermos nós mesmos. Cada um de nós é único, assim como o nosso estado de equilíbrio. Não existe nenhuma "receita de saúde" que satisfaça a todos. Esse equilíbrio é como o de um atleta caminhando sobre uma trave — móvel e fluido. São necessários pequenos reajustes, o tempo todo — deslocar o corpo de um jeito e de outro, balançando continuamente para manter o equilíbrio. Uma súbita rajada de vento pode perturbar seu equilíbrio. Você balança por um momento, e, então, as suas habilidades naturais de cura levam-no de volta ao equilíbrio. Talvez você esteja caminhando "muito próximo da beirada". Quanto mais rígido e tenso, maior a probabilidade de cair.

Diferente da doença, não existe estado de saúde monolítico. Nosso corpo se reajusta o tempo todo, de acordo com as circunstâncias. Ninguém escapa de doenças, perdas, tristezas e preocupações. Lidamos da melhor maneira possível com as "adversidades do destino". Nosso corpo possui tremendas habilidades inatas de cura que, com freqüência, ignoramos em favor da ajuda oferecida pelo armário de medicamentos. Algumas vezes, também precisamos de ajuda externa, na forma de tratamento médico, para aumentar nosso processo natural de cura e recuperar o equilíbrio.

A enfermidade pode ser dividida em moléstia e doença. Doença é um processo patológico demonstrável. Moléstia é uma experiência subjetiva, uma sensação de que alguma coisa não está bem. Nós a sentimos no corpo, porém ela afeta todas as partes de nossa vida: nosso trabalho, nossos relacionamentos com os outros e a maneira como nos sentimos a respeito de nós mesmos. Podemos nos sentir indispostos, sem nenhum motivo aparente, e o médico talvez não encontre nada de "errado", não há doença, mas a sensação de mal-estar é muito real.

A medicina tende a tratar todas as moléstias como doenças. Do ponto de vista da cura, a doença é um caso especial de moléstia que pode precisar de tratamento médico profissional. Doença é quando perdemos nosso equilíbrio e precisamos de auxílio externo para recuperá-lo. As doenças não são curadas sem a mobilização dos nossos poderes de cura.

A maioria das moléstias é autolimitante. Algumas pesquisas apresentam estimativas tão elevadas quanto 80%[1] — isto é, você se cura independentemente da intervenção médica.

---

1. Inglefinger, F. "Health: a matter of statistics or feeling?". *New England Journal of Medicine* 296, 1977, pp.448-9.

Em muitos dos casos restantes, o tratamento médico terá sucesso, com freqüência, de modo marcante. Entretanto, em alguns casos, o diagnóstico errado, o tratamento inadequado, os efeitos colaterais prejudiciais de drogas ou as complicações pós-cirúrgicas podem resultar em problemas *iatrogênicos* para alguns pacientes — isto é, problemas causados pelo tratamento.

Três mil anos de medicina

Há quase dois mil e quinhentos anos, Hipócrates ensinou que estar saudável era a evidência de que um indivíduo atingira um estado de harmonia, consigo próprio e com o seu ambiente, e que tudo o que afeta a mente afeta o corpo. Agora, parece que estamos voltando a esse ponto de vista. Como disse Mark Twain: "Os antigos surrupiaram todas as nossas melhores idéias".

No século XVII, quando o pensamento científico ocidental liderado por Descartes dividiu os seres humanos em territórios separados: um corpo (soma) e uma mente (psique), esse *insight* foi deixado de lado. Duas palavras diferentes foram confundidas com duas coisas separadas, levando a um modo de pensar dualista e a uma medicina dominada pelo corpo. Até o século XX, o estudo científico das influências psicológicas sobre o corpo não era válido. De algum modo, o corpo era considerado "real" e a mente não, portanto, os pensamentos tornaram-se "irreais". Qualquer coisa que não tivesse uma base fisiológica solidamente visível era "tudo da cabeça". A experiência subjetiva era ignorada. Um paciente era um corpo a ser curado e a medicina concentrava-se amplamente em tratar doença e moléstia como desvios de um padrão biológico, usando intervenções físicas para compensar qualquer desequilíbrio. O atleta humano, graciosamente caminhando sobre a trave, foi substituído por um robô.

O período de 1780 a 1850 foi conhecido como a "era da medicina heróica" (certamente, era preciso ser um herói para agüentar os tratamentos). A sangria era o método de tratamento mais comum para uma série de doenças — geralmente meio litro de cada vez. Um outro tratamento popular era a purgação intestinal, com freqüência induzida por calomel (cloreto mercuroso) e, assim, o envenenamento por mercúrio era comum. Esses tratamentos heróicos devem ter apressado a morte de muitos pacientes.

Em 1803, um farmacêutico alemão isolou a morfina do ópio. Antes do final do século XIX, os métodos heróicos de tratamento para muitas moléstias foram substituídos pelo uso de grandes quantidades de morfina e cocaína. A heroína foi sintetizada em 1898 e entusiasticamente vendida durante um curto período de tempo, como um medicamento seguro e eficaz para a tosse.

A partir de 1870, a medicina realizou grandes avanços contra diversas doenças infecciosas, ao compreender o papel de microrganismos como causa de doenças. Em 1882, Robert Koch isolou o bacilo da tuberculose. Louis Pasteur já havia demonstrado que a imunização contra doenças era possível. As doenças que haviam matado milhões de pessoas, como a tuberculose, a difteria e a varíola, poderiam agora ser evitadas. No século XX foram descobertas drogas mais eficazes. Os antibióticos foram descobertos na década de 1940 e, atualmente, podemos curar muitas doenças anteriormente fatais. Contudo, as pesquisas médicas ainda buscam progredir pelos mesmos métodos que funcionavam no passado. Uma enorme indústria está atualmente empenhada em desenvolver drogas para todas as doenças.

Os limites da medicina

A ciência médica tem limites que descobrimos rapidamente, quando nós, ou alguém de quem gostamos fica doente ou sente dores. Melhor tratamento não significa melhor saúde. Os cuidados médicos melhoram, mas os índices de moléstias continuam a aumentar. A maior parte do sofrimento está fora do alcance da medicina.

Há três principais métodos para avaliar a saúde geral da população. Primeiro, se você está vivo — mortalidade infantil. Segundo, se vive bem. Isso pode ser precariamente avaliado pela perda de dias de trabalho motivada por doença. Terceiro, quanto você vive — mortalidade de adultos e tempo médio de vida. O efeito da prática da medicina moderna e os sistemas de prescrição e hospitalização influenciam esses índices padrão em menos de 10%. O resto é controlado por fatores sobre os quais os médicos têm pouco ou nenhum controle: quantidade de exercícios, condições sociais, hábitos alimentares, qualidade do ar. Em outras palavras, condições sociais e ambientais e estilo de vida individual.

Não gostaríamos de desprezar as conquistas biomédicas. Seu impacto foi considerável na área do tratamento da doença, aumentando a longevidade e a qualidade de vida. Entretanto, os maiores avanços na saúde pública foram realizados pelo saneamento de esgotos, purificação da água, pasteurização do leite e melhor nutrição. Foram eles que levaram à melhoria da qualidade e do tempo de vida.

Em 1900, a expectativa média de vida para os americanos era de cerca de 48 anos. Em 1990, era de 79 anos. Entretanto, a maior parte desse aumento foi devida ao sucesso da medicina na redução da mortalidade infantil por meio da prevenção e tratamento de doenças perigosas da infância. A expectativa de vida não aumentou muito para os adultos. No momento, um homem saudável de 45 anos de idade pode esperar viver aproximadamente mais 29 anos. Em 1900, um homem de 45 anos podia esperar viver mais ou menos outros 25 anos. Hoje em dia somos mais saudáveis não tanto por estarmos recebendo melhor tratamento quando ficamos doentes, mas porque tendemos a não ficar doentes, em primeiro lugar. O principal efeito de muitos dos avanços da medicina é o de que as pessoas agora são capazes de viver mais tempo *com as suas moléstias.*

A medicina moderna age como se todos os problemas de saúde fossem biológicos e pudessem ser solucionados por meio de pesquisas. Mas agora as doenças que nos ameaçam são muito diferentes daquelas doenças infecciosas contra as quais a medicina foi tão bem-sucedida. As principais ameaças são doenças degenerativas como a doença cardíaca, o câncer, a artrite reumatóide, a osteoporose, o diabetes, e aquelas associadas ao colapso do sistema imunológico, como a AIDS. A doença de Alzheimer é um enorme problema, uma vez que a população vive mais. Uma série de novas moléstias está se tornando conhecida, tais como: Encefalomielite Miálgica (EM), Distúrbio Afetivo Sazonal (DAS) e Lesão por Esforço Repetitivo (LER). Atualmente, considera-se que diversos fatores ambientais contribuem para a doença e não podemos nos imunizar contra a poluição do ar e a superpopulação.

A natureza também acompanha nossa engenhosidade médica. Os microrganismos mudam e adaptam-se com a mesma rapidez que desenvolvemos novas drogas para curar infecções. Por exemplo, o pneumonococo é a bactéria que produz a meningite, a pneumonia e as infecções do ouvido médio. Em 1995, pesquisas do American Centre for Disease Control and Prevention[2] descobriram que 25% dos pacientes foram infectados por uma cepa de pneumonococo resistente à penicilina. Dez anos antes, em 1985, a freqüência de pneumonococo resistente à penicilina era menor do que 0,1%.

Uma pesquisa realizada pelo *Journal of the American Medical Association,* em metade das unidades de terapia intensiva na Europa, descobriu que mais de 20% dos pacientes examinados tinham infecções adquiridas na unidade. Essas infecções eram resistentes aos antibióticos. Uma permanência de três semanas numa unidade de terapia intensiva aumenta em 33 vezes o risco de infecção. Os microrganismos tornam-se resistentes às drogas com a mesma rapidez com que as descobrimos.

A medicina tem menos impacto do que pensamos sobre nossa saúde, e nós temos mais influência do que acreditamos. Isso fica claro quando

---

2. *North Eastern Journal of Medicine,* 24 ago., 1995.

não há médicos disponíveis. Em 1973, quando os médicos em Israel fizeram greve durante um mês, as admissões hospitalares diminuíram em 85%. O índice de mortalidade caiu em 50%, atingindo o menor nível registrado. O menor nível anterior ocorrera há vinte anos, também durante uma greve de médicos. Em 1976, durante uma greve de médicos em Los Angeles, em protesto contra elevados prêmios de seguro por prática incorreta, o índice de mortalidade caiu aproximadamente 20%. Foram realizadas 60% menos cirurgias. No final da greve, o índice de mortalidade subiu rapidamente para os níveis normais. Essas greves mostram que a longevidade e a saúde *individuais* são nossa responsabilidade.

Responsável ou culpado?

Será que isso significa que, de algum modo, somos culpados por ficarmos doentes? *Absolutamente*. Já é muito difícil suportar a moléstia e a doença sem o sentimento de culpa por tê-la provocado de algum modo.

Primeiramente, gostaríamos de fazer uma distinção entre permanecer saudável e curar-se da doença. A doença é o último sinal de que alguma coisa está errada e exige ação. Algumas formas extremas de medicina holística afirmam que deveríamos ser capazes de nos curar sem tratamento médico e, se fracassarmos, é porque não nos esforçamos o suficiente. Algumas terapias não-ortodoxas para o câncer também adotam essa visão. A idéia de que provocamos a doença em nós mesmos, sem a ajuda de médicos, e de que realmente deveríamos ser capazes de nos livrar dela, também sem a sua ajuda, é irracional. Uma doença grave tem um desenvolvimento longo e complexo; não existe uma causa nítida. Saúde e doença não estão exclusivamente no corpo ou na mente, estão em ambos. Qualquer doença, especialmente uma doença séria como o câncer, mostra que o corpo, há muito tempo, está sem equilíbrio e que precisamos tomar todas as providências necessárias e adequadas para recuperá-lo. E, quando perdemos esse equilíbrio, há um ponto crítico a partir do qual não podemos nos recuperar sozinhos. Precisamos de toda ajuda que pudermos conseguir — para o corpo e para a mente.

Algumas pessoas podem se culpar por suas doenças, pois isso é preferível a sentir-se impotente, um sentimento terrível que destrói nossa força, nosso espírito e nosso sistema imunológico. Então, elas procuram lutar contra a doença e contra o sentimento de impotência, apenas com sua força de vontade. Mas nós não somos impotentes; temos muitos recursos que podem nos ajudar. Assim como a doença é uma combinação de fatores, muitos dos quais fora do nosso controle, a cura também o é. Sentir-se completamente responsável pela própria saúde é tão desequilibrado quanto delegar a responsabilidade aos médicos e não fazer nenhum esforço. Culpar-se torna a autocura mais difícil.

Portanto, dizer que provocamos nossas enfermidades e que somos responsáveis por sua cura é uma afirmação muito simplista. Se tomarmos sol durante muito tempo sem usarmos um protetor solar, ficaremos queimados. Se nos jogarmos na frente de um carro em movimento, ficaremos muito feridos. Essas relações são simples, óbvias e facilmente entendidas porque o efeito ocorre imediatamente após a causa. Mas causa e efeito não funcionam tão diretamente em algo tão complexo e belo quanto o corpo humano.

As questões relacionadas à saúde são complicadas, pois o corpo é um sistema vivo complexo. Todas as partes podem e realmente afetam todas as outras. O que você pode fazer é assumir o controle daquilo que está ao seu alcance. Por exemplo, há muitas evidências estatísticas relacionando o hábito de fumar a doenças cardíacas isquêmicas, enfizema e câncer do pulmão. Entretanto, ninguém pode afirmar que, se você fumar, elas definitivamente acontecerão. Igualmente, é errado concluir que fumar não é prejudicial, porque você tem um amigo de oitenta anos que fuma um maço de cigarros por dia e pode participar de uma maratona. Fumar é um hábito que está sob o seu controle e aumenta as chances de uma doença séria. Se você não arriscaria o seu dinheiro num cassino, também não faz sentido arriscar sua saúde.

É difícil enxergar essas conexões pois o conhecimento médico avança lentamente. Podem ser necessários muitos anos até que a moléstia possa ser relacionada a um acontecimento do passado. Passaram-se décadas antes de reconhecermos que o asbesto era carcinogênico. Atualmente, estamos descobrindo uma ligação entre a queimadura de sol e o câncer de pele, e agora ficamos arrepiados quando ouvimos falar dos soldados que observaram os testes da primeira bomba atômica a uma distância de poucas milhas. Precisamos simplesmente agir da melhor maneira possível, de acordo com nosso estado de conhecimento em qualquer época.

Neste livro, estaremos considerando particularmente maneiras de pensar e de ser, que nos aproximarão da saúde e nos afastarão das moléstias. Temos muitos recursos que podemos usar para nos tornar saudáveis e permanecer assim; a medicina moderna é apenas um deles. O importante é o compromisso pessoal com a própria saúde.

Níveis de saúde

Sua saúde é a sua maneira total de ser, influenciada por muitos fatores: individual, psicológico, social, físico e nutricional. Há duas perguntas importantes sobre qualquer questão de saúde:

Que fatores você pode influenciar?
Qual deles provocará mais mudanças?

Alguns fatores podem ser muito influenciados por nós; outros, apenas parcialmente ou nada. A PNL desenvolveu uma maneira útil de pensar sobre os diferentes níveis de controle e influência, particularmente útil na área da saúde. Eles são chamados de "níveis neurológicos" ou apenas "níveis lógicos". O conceito foi inicialmente desenvolvido por Robert Dilts.

O primeiro nível é o *ambiente* — o seu meio ambiente e as pessoas com as quais você convive. Os fatores ambientais, como a qualidade do ar que respiramos e a comida que ingerimos, são muito importantes para nossa saúde. As drogas, a principal intervenção médica, também se encontram nesse nível ambiental.

Podemos fazer uma distinção entre o ambiente interno e o externo. O que você está colocando em seu ambiente interno? Que qualidade de ar, que qualidade de alimento? Por exemplo, podemos comer muitas frutas para nos certificar de estarmos ingerindo a porção diária recomendada de vitaminas, mas elas não apenas podem demorar muito para chegar às lojas, deteriorando o conteúdo de vitaminas, como também conter elevadas quantidades de pesticidas utilizados nos modernos métodos de agricultura. Um fator ambiental externo, que pode representar um perigo, é o elevado nível de radiação eletromagnética das linhas de força elétrica. Em diversos estudos, ela foi relacionada ao aumento do risco de câncer na infância.[3]

O ambiente social é particularmente importante. Muitos estudos com animais mostraram que o aumento do tamanho do grupo, com a manutenção constante de todos os outros aspectos ambientais, leva ao aumento da mortalidade infantil, da arteriosclerose e à diminuição da resistência às doenças.[4] Muitos planejamentos sociais parecem estar realizando a mesma experiência com seres humanos, com resultados que estão apenas começando a se revelar.

Os problemas de superpopulação, métodos de produção de alimentos e qualidade do ar, não estão sob o controle da maioria das pessoas. A mudança nesses fatores ambientais é demorada e exige ação política persistente. Enquanto não pudermos viver numa ilha e plantar nosso próprio alimento, precisaremos lidar com o ambiente da melhor maneira possível.

Outras pessoas — amigos, família e colegas de trabalho — também fazem parte do nosso ambiente e, a partir de 1980, surgiram muitas evi-

---

3. *Lancet*, 20 nov., 1993.
4. Calhoun, J. "Population density and social pathology". *Scientific American* 206, 1962, pp.139-48.

dências de que a qualidade de nossos relacionamentos tem um enorme impacto na saúde. Em alguns estudos, ela é muito mais importante do que todas as outras variáveis, como o local onde moramos e nossa situação financeira. A solidão, o isolamento e os relacionamentos interpessoais insatisfatórios são um perigo significativo para a saúde.

O segundo nível é o *comportamento*. Comportamento é aquilo que fazemos. Aqui, há dois aspectos de saúde — evitar hábitos prejudiciais e cultivar hábitos saudáveis.

Isso nos leva ao terceiro nível — o qual a PNL chama de *capacidade*. Capacidade são as ações e hábitos repetidos, constantes. Por exemplo, é improvável que um cigarro cause algum dano, mas o hábito de fumar está associado ao aumento do risco de contrair uma doença pulmonar ou cardíaca. A dieta é um outro exemplo. Não é prejudicial ingerir ocasionalmente um pedaço de bolo, um biscoito e refrigerantes, mas uma dieta que os inclua continuamente aumenta o risco de obesidade, diabetes e problemas dentários. Geralmente, os hábitos não são interrompidos pela força de vontade mas, sim, pela descoberta do objetivo por trás do hábito e pelo esforço para alcançá-lo de modo mais saudável.

Esse também é o nível que a PNL chama de "estratégias" — formas habituais de pensar e reagir. Possuímos estratégias para lidar com o estresse, para criar relacionamentos, ficar zangados, o que e quando comemos, quando e quanto nos exercitamos. As estratégias são seqüências de pensamentos que usamos continuamente e, portanto, levam a ações habituais. A medicina comportamental demonstra que os estados mentais, como a depressão e o pessimismo, estão associados a determinados problemas de saúde. Esses são os resultados de maneiras habituais de pensar que serão analisadas no Capítulo 8.

Quando a PNL se desenvolveu, em meados da década de 1970, havia uma lacuna no pensamento psicológico. A psicologia comportamental da época tratava da ação e reação, de estímulo-resposta, da interação entre ambiente e comportamento. Havia também muitos sistemas psicológicos baseados em valores, enfatizando o poder de crenças, valores e auto-estima. Todos eram valiosos, mas o "como", a parte prática, estava visivelmente ausente. A PNL preenche essa lacuna com o nível de capacidade. Ao modelar o sucesso, ela nos oferece técnicas e ferramentas; ao analisar a estrutura da nossa experiência, torna possíveis para todos estratégias saudáveis e compreensíveis.

O quarto nível é o das *crenças* e *valores*. Eles têm enorme influência em nossa saúde. Crenças são os princípios que orientam nossas ações. Elas determinam a maneira como enxergamos a nós mesmos, como reagimos aos outros e o significado que damos às nossas experiências. A resposta placebo mostra que podemos nos curar se acreditarmos na eficácia do remédio, quer ele tenha ou não qualquer efeito fisiológico. Algo que consideramos puramente mental (uma crença) tem um efeito real e tangível em nosso corpo. E mais, pesquisas na área da medicina comportamental estão descobrindo que a intensidade com que acreditamos ter controle sobre nossas reações é uma importante proteção contra os efeitos prejudiciais do estresse.

Geralmente, agimos baseados no princípio "ver é crer". Mas, infelizmente, quando você vê o resultado de um hábito prejudicial à saúde, é muito tarde — você está doente. A evidência que você precisa para a crença é aquilo que deseja evitar.

As crenças também possuem um efeito mais amplo. Por exemplo, se você acredita que há um remédio para todas as doenças, provavelmente comporta-se de maneira diferente da de alguém que acredita que a saúde é predeterminada pela hereditariedade. No Capítulo 4, exploraremos em detalhes os efeitos das crenças sobre a saúde.

Valores são as coisas importantes para nós, as coisas que buscamos — saúde, riqueza, felicidade, segurança, amor. Os valores agem como ímãs em nosso comportamento. Por que fazemos aquilo que fazemos? Para obter aquilo que é importante para nós e evitar coisas prejudiciais. Assim, a medicina comportamental geralmente não tem nenhum impacto, porque não leva em consideração o nível de crenças e valores. As pessoas não mudarão, a não ser que acreditem que haja um bom motivo para isso e que lhes proporcione alguma coisa importante ou as afaste de alguma coisa que desejam evitar. As crenças e valores não são lógicos (embora não sejam necessariamente ilógicos) — geralmente, você não pode questioná-los, embora as crenças realmente mudem com o passar do tempo. (Poucos adultos acreditam em Papai Noel.)

O quinto nível é o da *identidade*. Identidade é a autoconsciência plena, as crenças e valores fundamentais que, em sua opinião, definem você e sua missão na vida. Uma pessoa com uma moléstia crônica pode adotar a identidade de "paciente". Isso dificulta a recuperação. Um paciente é uma pessoa que está doente. Enquanto pensa em si mesma como paciente, a pessoa ainda está doente. Uma pessoa não é a sua moléstia nem a sua dor, embora às vezes elas possam ser terríveis. Por outro lado, dizer: "Eu sou uma pessoa saudável" é uma afirmação de identidade que pode ter um tremendo impacto em sua saúde.

Finalmente, o sexto nível é o do *além da identidade* ou nível espiritual — sua ligação com os outros e com aquilo que é mais do que a sua identidade, qualquer que seja a sua maneira de pensar nele.

Resumindo:

A saúde afeta todos os níveis neurológicos e é afetada por todos eles. Ela é multidimensional. Sua saúde o inclui como um todo — ambiente, comportamento, pensamentos, crenças, identidade etc. A PNL define os níveis e nos oferece métodos práticos para que possamos:

- trabalhar em termos de ambiente, criando e mantendo relacionamentos fortes;
- trabalhar nos níveis do comportamento e capacidade, formando hábitos saudáveis e estratégias de pensamento que nos permitam reagir com mais recursos. Assim, experimentamos menos estresse e adquirimos maior controle;
- trabalhar no nível de crenças e valores, tornando-nos conscientes de nossas crenças e daquilo que é importante para nós. A PNL oferece maneiras específicas para solucionarmos crenças conflitantes e trocarmos antigas crenças por outras, que apoiem mais plenamente nossa saúde;
- trabalhar nos planos da identidade e espiritual, pelo alinhamento de todos os outros níveis.

Encontrando o nível certo

Os níveis neurológicos são muito úteis para definir questões de saúde. Primeiramente, defina o nível com o qual você está lidando. Alguns problemas de saúde são ambientais; por exemplo, a má qualidade do ar e as condições desagradáveis de trabalho. Existe até uma "síndrome do edifício enfermo", reconhecida pela Organização Mundial da Saúde. Os sintomas podem incluir fadiga, dores de cabeça, reações alérgicas, garganta seca e irritação nos olhos. Não há nenhuma causa para a síndrome, mas as pessoas que trabalham em escritórios com ar-condicionado parecem ser mais suscetíveis.

Nossa experiência mostra que a natureza é agradável e relaxante. Nós a procuramos nas férias. É muito agradável observar o fluxo da água num riacho, movendo-se incessantemente em padrões caóticos, embora possuindo direção e fluxo globais. A pesquisa médica prova aquilo que o nosso corpo sabe intuitivamente: ambientes agradáveis aceleram a recuperação das doenças. Podemos não saber que a nossa pressão sangüínea está baixando quando nos sentamos e observamos a natureza, mas sentimos isso em nosso corpo.

Um quarto com vista

Roger Ulrich,[5] do Departamento de Geografia da Universidade de Delaware, realizou um interessante estudo sobre o efeito do ambiente em 46 pacientes internados, todos recuperando-se de uma cirurgia na vesícula biliar. Metade dos pacientes encontrava-se em quartos de hospital com vista para uma parede de tijolos marrom. A outra metade tinha um quarto com vista para uma fileira de árvores frondosas. Aqueles que tinham a visão da natureza permaneceram no hospital durante um período significativamente menor após a cirurgia (em média, foram para casa um dia e meio antes do outro grupo) e precisaram de doses menores de analgésicos. Eles também apresentaram uma quantidade ligeiramente menor de complicações pós-operatórias.

A visão de uma parede de tijolos numa cama hospitalar não é tão agradável quanto a visão de árvores, e a pesquisa de Ulrich sugere que isso pode dificultar a recuperação. Quando nossa editora leu isso, contou-nos sobre sua experiência num hospital. Ela havia fraturado o cotovelo durante uma partida de hóquei e permaneceu em recuperação numa enfermaria com vista para uma parede. Ela compartilhava a enfermaria com alguns pacientes de setenta anos, gravemente enfermos. Apesar de ser saudável, ter 21 anos e, supostamente, estar em melhores condições, era ela quem sempre pedia analgésicos. Ela também apresentou complicações pós-operatórias: houvera rejeição do pino de metal em seu braço e toda a área engessada ficou séptica. O braço não se recuperou adequadamente e, durante meses, ela não conseguia esticá-lo.

Muitas Unidades de Terapia Intensiva (UTIs) não têm janelas e alguns pacientes sofrem o que se costuma chamar de "delírio da UTI", que consiste em alucinações, desorientação e perda de memória. Isso retarda significativamente a recuperação. O delírio da UTI é duas vezes mais freqüente em pacientes que se encontram em salas sem janelas.[6] Pacientes que se encontram em UTIs sem janelas sofrem três vezes mais de séria depressão. Edifícios enfermos podem produzir pessoas enfermas.

---

5. Ulrich, R. "View through a window may influence recovery from surgery". *Science* 224, 27 abr., 1984, pp.420-1.
6. Wilson, L. "Intensive care delirium: the effect of outside deprivation in a windowless unit". *Archives of Internal Medicine* 130, 1972, pp.225-6.

Para ser saudável, o corpo físico precisa de dieta adequada, uma certa quantidade de exercício, sono regular e suficiente, ar limpo, conforto e segurança. Esses são requisitos básicos e nenhuma quantidade de esforço mental irá modificá-los. Comece mudando o seu ambiente físico, se ele não for saudável. Os problemas de saúde podem ocorrer em qualquer nível e precisam ser tratados da forma correta. Por exemplo, um médico que esteve em nosso treinamento de PNL confessou que, quando as pessoas o procuravam queixando-se de não saber como relaxar, costumava sugerir que tirassem férias. Ao aprender os níveis lógicos, percebeu que essa era uma prescrição ambiental e, provavelmente, não mudaria a situação do paciente, a não ser, talvez, no curto prazo. As férias poderiam ser relaxantes, mas não tratariam a queixa no nível da capacidade — *como* relaxar.

A mudança de hábitos não é fácil, mesmo quando os benefícios para a saúde são óbvios. Nós agimos em nosso interesse — como o percebemos. As crenças e valores são alguns dos filtros mais fortes. Uma pessoa pode saber o que fazer (comportamento) e até mesmo como (capacidade), mas, mesmo assim, não faz, porque não é importante para ela (valores) ou por acreditar que não fará nenhuma diferença (crenças).

As crenças determinam aquilo que fazemos com as prescrições do médico. Muitas delas não são seguidas porque, para o paciente, apenas a consulta já foi tranqüilizadora. Há uma história apócrifa sobre um paciente que participava de um estudo duplo-cego sobre drogas e perguntou ao médico se o último medicamento era diferente dos outros.

"Por que você pergunta?", disse o médico, tentando ser evasivo, pois num experimento duplo-cego, nem médico nem paciente sabem qual é a droga "verdadeira" e qual é o placebo.

"Bem", respondeu o paciente, "na semana passada, as drogas que você me deu boiaram quando eu as joguei no vaso sanitário. Essa semana, elas afundaram".

É importante não considerar comentários e críticas sobre comportamento e capacidade num nível de identidade. A crítica sobre aquilo que você faz não é uma crítica sobre *você*. A culpa e as críticas podem ser muito prejudiciais e levar à reflexão, recriminação e depressão, que podem enfraquecer o sistema imunológico.

Muitas pessoas investem sua identidade no trabalho. Quando lhes perguntam: "O que você faz?", elas respondem descrevendo o seu trabalho. Assim, não é de admirar que muitas experimentem o desemprego, e até mesmo a aposentadoria, como uma rejeição. Para muitas pessoas, perder um emprego é como perder um amigo ou um parente; elas sentem que perderam parte de si mesmas, ficam deprimidas, perdem o prazer de viver e podem adoecer.

Essa tendência para confundir comportamento com identidade começa na infância. Quando uma criança não se comporta bem, os adultos dizem coisas como "*Você é muito mau*". As crianças são muito crédulas, acreditam no que os adultos dizem, e a base para confundir identidade com comportamento é construída muito cedo na vida. *Uma das maneiras mais importantes para diminuir o estresse que ameaça a saúde é fazer uma distinção nítida entre aquilo que você faz e quem você é.*

Identidade cultural

Nós também definimos a nossa identidade de acordo com a raça e a cultura. O dr. Leonard Syme, epidemiologista que trabalha na School of Public Health na Universidade da Califórnia, em Berkeley, realizou durante muitos anos um estudo detalhado sobre imigrantes japoneses nos Estados Unidos.[7] Entre as nações que fazem estatísticas sobre saúde, os japoneses apresentam uma das expectativas de vida mais elevadas e baixos índices de doença cardíaca. Contudo, o Japão não é um paraíso rural. É uma avançada nação industrializada, com um problema de poluição particularmente ruim e um ritmo de vida acelerado.

Os japoneses poderiam ter herdado uma genética bastante favorável, ou sua dieta poderia protegê-los das doenças cardíacas. Entretanto, após uma geração, os imigrantes japoneses dos Estados Unidos, que adotam uma dieta tipicamente ocidental, rica em gorduras e colesterol, tornam-se tão vulneráveis às doenças cardíacas quanto seus anfitriães — com exceção daqueles que mantêm estreita ligação com os valores japoneses e com sua comunidade, e continuam a usar o próprio idioma. Isso é verdadeiro mesmo para aqueles que seguem uma típica dieta americana.

Os japoneses têm um valor que chamam de *amae* — a crença de que o bem-estar de uma pessoa depende da colaboração e da boa vontade de seu grupo. Ser parte de um grupo e compartilhar valores básicos parece oferecer alguma proteção contra moléstias degenerativas relacionadas à dieta. Nenhuma outra variável como idade, sexo, classe social ou outros hábitos de saúde explicou esse efeito. A doença cardíaca é tangível, a identidade é intangível, embora as duas interajam. Um dos problemas da medicina é descobrir, cientificamente, métodos válidos para medir essa conexão.

---

7. Syme, L. *People need people*. Institute for the Study of Human Knowledge, 1982.

Linguagem e níveis

A linguagem que uma pessoa usa mostra o nível de onde ela está vindo. Eis alguns exemplos:

Identidade	"Eu sou fumante."
Crença	"Fumar é ruim para você."
Capacidade	"Aprendi a tragar quando tinha treze anos."
Comportamento	"Fumo vinte cigarros por dia."
Ambiente	"Muitos amigos meus também fumam."
Identidade	"Sou uma pessoa saudável."
Crença	"Ser saudável significa que aproveito mais a vida."
Capacidade	"Mantenho minha saúde correndo 6,6 km toda semana."
Comportamento	"Quarta-feira fui malhar na academia."
Ambiente	"Fiz muitas amizades na academia."
Identidade	"Sou um sobrevivente do câncer."
Crença	"O câncer pode ser curado."
Capacidade	"Lidei bem com o tratamento de quimioterapia."
Comportamento	"Amanhã vou ao médico fazer um *check up*."
Ambiente	"Achei o grupo local, de apoio ao câncer, realmente útil."
Identidade	"Sou uma pessoa naturalmente calma."
Crença	"Permanecer calmo, sob pressão, me ajuda a trabalhar melhor."
Capacidade	"Pratico exercícios de relaxamento todos os dias."
Comportamento	"Quando meu supervisor grita comigo, respiro profundamente e conto até dez."
Ambiente	"Gosto de ir ao parque na hora do almoço para relaxar."
Identidade	"Não sou o tipo de pessoa que engorda com facilidade."
Crença	"Vou chegar ao peso desejado."
Capacidade	"Posso comer o que gosto porque nunca engordo."
Comportamento	"Ontem comi uma barra de chocolate depois do jantar."
Ambiente	"A comida daquele restaurante francês é tão boa que eu sempre repito."

Os níveis neurológicos não são uma hierarquia, são mais um círculo ou um holograma. Cada nível afeta os outros e todos são importantes para a saúde. Um bom ambiente, com bons amigos é importante, mas não necessariamente suficiente, se você tem a crença de que não é saudável. E, uma pessoa com tal crença, talvez, não se preocupe em proporcionar a si mesma um ambiente saudável. Você pode ter um efeito sobre sua saúde, não apenas mudando o seu ambiente, mas também tentando melhorar suas crenças. A saúde é tão física quanto mental e os efeitos de uma atravessam as fronteiras da outra.

As crenças controlam grande parte do seu comportamento, portanto, a maneira mais eficaz de mudar o comportamento é mudando as crenças. Com freqüência, mudar o comportamento torna-se uma questão de força de vontade e é fácil demais deslizar de volta ao antigo *status quo*. Estamos familiarizados com o efeito da "resolução de Ano Novo" — todas aquelas boas resoluções que raramente duram até o final do mês de janeiro. É mais fácil modificar seus hábitos se perceber que eles não fazem mais parte da sua auto-imagem. Você apenas os abandona sem esforço. Isso acontece quando a mudança no comportamento está sustentada por uma mudança nas crenças e valores e uma autoconsciência mais completa.

Ao pensar em seu objetivo de saúde, ou ser confrontado com um problema de saúde, identifique em que nível ele se encontra:

- Você pode precisar de mais informações sobre o ambiente.
- Se esse for o caso, não faça nada até descobrir aquilo que precisa saber.
- Você pode ter todas as informações, mas não sabe exatamente o que fazer.
- Você pode saber o que fazer, mas não sabe como fazer.
- Você pode se perguntar se é capaz de fazer, se vale a pena, e em manter suas crenças e valores.
- Você pode se perguntar: "Este realmente sou eu?"

A fisiologia dos níveis neurológicos

Os níveis neurológicos têm amplos equivalentes fisiológicos. Quanto mais profundo o nível, mais a neurologia estará envolvida. Nós reagimos ao ambiente com o sistema nervoso periférico. O comportamento e as capacidades envolvem as camadas motoras e corticais do sistema nervoso — nossas ações conscientes e semiconscientes. As crenças e valores mobilizam nosso sistema nervoso autônomo — a parte que regula os estados internos do corpo, como freqüência cardíaca, pressão sangüínea e digestão. Quando você está defendendo suas crenças e valores, o ritmo da respiração se modifica e o pulso acelera. O nível de identidade corresponde ao sistema imunológico — aquela parte que o protege da doença fazendo uma distinção entre você e os corpos "estranhos". E o nível além da identidade? Realmente não sabemos. Ele pode envolver um equilíbrio no sistema nervoso autônomo, entre a porção simpática, que energiza e aumenta a freqüência cardíaca, respiração e pressão sangüínea, e a porção parassimpática, que as tranqüiliza.

Os níveis lógicos demonstram as três partes da PNL: Neurologia, pois cada nível utiliza grande parte de nossa neurologia; Lingüística, pois cada nível é mostrado pela linguagem que usamos; Programação porque agimos de maneira diferente, dependendo do nível que desejamos influenciar.

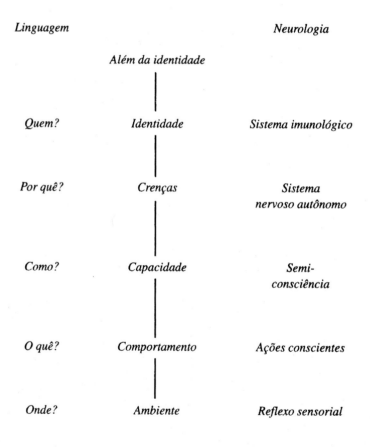

Níveis lógicos de saúde

Alinhando sua saúde

Eis um exercício prático para explorar esses níveis em sua saúde. Primeiro, lembre-se de uma ocasião em que você se sentiu realmente saudável. Com isso em mente, sem pressa, pense nessas perguntas.

Ambiente

Onde você estava?
Que pessoas estavam com você nessa ocasião?
Como era o lugar?
Em que época do ano aconteceu?
Há uma determinada hora do dia na qual você se sente realmente saudável?
Que relacionamentos eram importantes para você naquele momento?

Comportamento

O que você estava fazendo?

Capacidade

Que habilidades você tinha naquele momento?
O que você sentia que era capaz de fazer?
Qual a qualidade do seu pensamento?

Crenças e Valores

Em que você acreditava com relação à sua saúde?
Era um estado natural?
Era fácil ou difícil de ser alcançado?
Por que você queria ser saudável?
O que isso lhe trouxe?
O que era importante para você no fato de ser saudável?
O que poderia tê-lo impedido de ser saudável?

Identidade

**Como é ser uma pessoa saudável?
Qual é a sua missão na vida?
Como o fato de ser uma pessoa saudável pode ajudá-lo a realizar a sua missão?
Como o fato de ser saudável aumenta a sua autoconsciência?**

Além da identidade

Pense na maneira como você está ligado a todos os outros seres vivos e naquilo que acredita estar além de si mesmo. Para algumas pessoas, esse é o reino espiritual ou religioso. Como o fato de ser saudável o une aos outros e o ajuda a ir além de si mesmo?

REFLEXÕES

Doença: um processo mórbido definido, contendo uma série de sintomas característicos; ela pode afetar o corpo inteiro ou qualquer uma de suas partes e sua etiologia, patologia e prognóstico podem ser conhecidos ou desconhecidos.
Dorland's Ilustrated Medical Dictionary, 26ª ed., 1981

O corpo é uma máquina, formada e composta de nervos, músculos, veias, sangue e pele, de tal modo que, mesmo que não houvesse nenhuma mente nele, ele não deixaria de ter as mesmas funções.
René Descartes, *Traité de l'homme.*

Teoricamente, toda doença é psicossomática, pois os fatores emocionais influenciam todos os processos corporais por vias nervosas e humorais.
Franz Alexander
Psychosomatic medicine: Its principles and applications
(Norton, 1950)

Em 90% dos pacientes examinados por um clínico geral, os efeitos do tratamento são desconhecidos ou não existe medicamento específico que influencie o curso da moléstia.
Sir George Pickering, "Therapeutics: Art or science?"
Journal of the American Medical Association 242 (1979), pp.649-53.

Le germe n'est rien, c'est le terrain qui est tout.
(O micróbio não é nada, o terreno é tudo.)

Louis Pasteur — químico francês e bacteriologista que desenvolveu a teoria do germe da doença — e que, em seu leito de morte afirmou a importância, não do micróbio, mas do seu ambiente hospedeiro.

O século XX será principalmente lembrado, não como uma era de conflitos políticos e invenções técnicas, mas como uma era na qual a sociedade ousou pensar na saúde de toda a raça humana como um objetivo prático.

Arnold Toynbee

CAPÍTULO 2

OS QUATRO PILARES DA SAÚDE

A PNL começou modelando excelentes habilidades de comunicação, assim como os bons comunicadores usavam a linguagem para criar bons relacionamentos e alcançar seus objetivos. Geralmente, as habilidades de comunicação são consideradas como a comunicação com os outros, mas, na área da saúde, a maneira como você se comunica consigo próprio tem a mesma importância.

A PNL está fundamentada em quatro princípios simples que, em nossa opinião, constituem quatro pilares de saúde. O primeiro é a qualidade dos seus relacionamentos. Os bons relacionamentos são cruciais para a boa saúde. Nossos amigos e pessoas queridas fazem parte de nós, afirmam nossa identidade. Aqui, a qualidade é mais importante do que a quantidade. Geralmente, é melhor poder compartilhar seus pensamentos e sentimentos com um ou mais amigos íntimos do que ter muitos relacionamentos superficiais. Para tanto, precisamos criar e manter o *rapport*. Rapport é a qualidade de relacionamentos baseados na confiança. Quando você tem *rapport*, influencia os outros e fica receptivo à sua influência.

Há muitas evidências de que os indivíduos que mantêm relacionamentos íntimos e que lhes dão apoio, bem como um forte grupo social, adoecem com menos freqüência, recuperam-se mais rapidamente e têm um índice de mortalidade mais baixo. Bons amigos não podem ser encontrados nas prateleiras da farmácia, mas eles o apóiam na saúde e ajudam-no a se recuperar, de um jeito que as drogas não conseguem. Amigos e familiares o encorajam a cuidar de si mesmo e o ajudarão quando você estiver doente. É devastador sentir-se abandonado, sentir que ninguém se importa. Isso enfraquece a vontade de se recuperar.

O efeito dos vínculos sociais na saúde foi claramente demonstrado no estudo realizado por Berkman e Syme, no condado de Almeda, Califórnia, em 1979.[1] O estudo durou nove anos. Foi elaborada uma sim-

---

1. Berkman, L., e Syme, S. "Social networks, host resistance and mortality: a nine year follow-up study of Almeda County residents". *American Journal of Epidemiology* 109, 1979, pp.186-204.

ples lista de vínculos sociais para cada habitante, incluindo o número de amigos íntimos e parentes, se eram ou não casados, e sua participação em grupos formais e informais. Aqueles que tinham menos vínculos apresentavam índices de mortalidade de duas a cinco vezes mais elevados do que os outros. Isso ocorria independentemente de outros fatores de risco como bebida, fumo, exercício e obesidade. A relação estava presente em ambos os sexos, em todos os grupos socioeconômicos. As pessoas que têm um bom grupo de amigos que as apóiam, no qual podem confiar, geralmente também tendem a ser mais saudáveis. Ter bons amigos é um bom prognóstico de saúde e longevidade.[2]

Outro estudo na New Mexico School of Medicine descobriu que os indivíduos que tinham pelo menos uma pessoa na qual confiar apresentavam marcadores do funcionamento imunológico significativamente mais elevados e níveis mais baixos de substâncias como o colesterol do soro, fortemente associado a um risco maior de doenças cardíacas.[3]

Rapport consigo mesmo

E o seu relacionamento consigo mesmo? Você é a pessoa na qual sempre pode confiar. Como é viver consigo mesmo? Para muitos, é como viver com muitas pessoas diferentes, todas querendo coisas diferentes. Elas negociam, ameaçam e adulam, bem como apóiam umas às outras. Como as suas diferentes partes se relacionam?

O *rapport* consigo mesmo pode ocorrer em diversos níveis. Primeiro, há o *rapport* com o seu corpo físico. Quanto você se sente à vontade em seu corpo? Você gosta dele? Algumas vezes ele parece um inimigo, voltando-se contra você e ficando doente? Você o conhece bem?

Com freqüência, estamos preocupados com nosso corpo, embora não percebamos como ele funciona. Tendemos a ignorá-lo quando funciona bem e xingá-lo quando não funciona. Nada amigável. Não prestamos atenção às mensagens que ele nos envia. O que o seu corpo está lhe dizendo nesse momento sobre o seu conforto físico, sua prontidão e sua digestão?

Segundo, há o *rapport* entre essas diferentes partes de sua mente. Na realidade, a mente não possui "partes", é apenas uma maneira de falar. Provavelmente, você já esteve numa situação na qual se sentiu dividido

---

2. House, J., Landis, K., e Umberson, D. "Social relationships and health". *Science* 241, 1988, pp.540-5.
3. Thomas, O.D., Goodwin, J.M., e Goodwin, J.S. "Effect of social support on stress-related changes in cholesterol level, uric acid level and immune function in an elderly sample". *American Journal of Psychiatry* 142, (6), 1985, pp.735-7.

entre diversos cursos de ação ou desejou duas coisas incompatíveis ao mesmo tempo, por exemplo, ficar em casa e sair, aceitar esse ou aquele trabalho. Aqui, *rapport* significa ser capaz de reconciliar desejos potencialmente conflitantes, de tal modo que, com o decorrer do tempo, todos sejam respeitados. Talvez você precise negociar entre duas partes de sua mente, da mesma maneira como faria entre duas pessoas. *Rapport* mental é quando essas diferentes partes trabalham em harmonia. Elas podem estar tocando instrumentos diferentes, mas ambas têm a mesma partitura, e você é o maestro.

Terceiro, existe *rapport* entre corpo e mente. Seu corpo reclama de alguns dos trabalhos que você o manda fazer? Corpo e mente são diferentes aspectos de um mesmo ser — um ser humano. A saúde vem de seu trabalho conjunto. Os pensamentos têm efeitos físicos reais e o corpo afeta nossos pensamentos: imagine-se tentando tomar decisões importantes quando está com gripe.

Finalmente, há a dimensão de *rapport* num nível espiritual. Ela pode ser a percepção de pertencer a uma comunidade mais ampla, além da sua personalidade individual, e a percepção do seu lugar dentro da criação.

Você é congruente quando todas as suas diferentes partes estão trabalhando juntas, em harmonia. Então, sua música será única. Congruência significa que todas as suas partes são coerentes, as palavras e o tom de voz de todas transmitem a mesma mensagem, e as ações estão alinhadas com suas crenças e valores. As ações confirmam as palavras; resumindo, mente e corpo estão em harmonia. Congruência não é um estado do tipo tudo ou nada; existem graus de congruência e você pode ser congruente em algumas situações e incongruente em outras.

O mundo exterior reflete a sua congruência. Os conflitos internos provocam conflitos externos. As pessoas que acham difícil viver consigo mesmas também são de difícil convivência para os outros, e a qualidade de *rapport* que você consegue consigo próprio, geralmente, reflete a qualidade de *rapport* que consegue com os outros.

Todos nós temos experiências diferentes e ninguém enxerga o mundo da mesma maneira e, o que quer que "realmente" esteja lá fora, cada um de nós age de acordo com o que percebe — essa é a realidade para nós. Construímos um modelo do mundo a partir de nossas experiências de vida, crenças, valores, interesses e preocupações, e, então, o vivemos. Esse modelo do mundo não é apenas um conceito intelectual, é toda uma maneira de ser no mundo. É uma maneira de respirar, andar, falar, nos relacionar com os outros e conosco, e reagir ao estresse. Nós a personificamos. Nosso modelo do mundo, especialmente as crenças e valores, são uma das maiores influências em nossa saúde a cada momento.

Acompanhar

O *rapport* é obtido pelo acompanhamento. Acompanhar é reconhecer os outros e suas preocupações, ser capaz de juntar-se a eles em seu modelo do mundo, em lugar de exigir que eles vejam as coisas como você as vê. Acompanhar é uma boa metáfora. Imagine estar andando e conversando com alguém. Para ter uma boa conversa, ambos precisam andar no mesmo ritmo, que seja confortável para os dois. Quando você tem alguma coisa a dizer e quer que os outros escutem, você anda no ritmo deles.

Acompanhar é um conceito muito amplo. É respeitar os costumes de outro país. É usar roupas adequadas para encontrar outras pessoas. É reconhecer as crenças e valores dos outros sem tentar convencê-los de que estão errados. Acompanhar não é o mesmo que concordar. Você não precisa aceitar as crenças dos outros para acompanhá-los; apenas reconhecer sua importância e validade. Você ainda pode achar que eles estão errados. Você será claro a respeito de suas próprias crenças e valores. As pessoas mais confiantes e congruentes sobre as próprias crenças e valores são suficientemente fortes para conceder aos outros o espaço para manterem crenças e valores diferentes sem necessidade de discussão ou persuasão.

Quando você acompanha, constrói uma ponte, uma ligação. Então, pode conduzir — levar a si mesmo ou aos outros a um estado diferente, mais desejável.

O que significa acompanhar a *si mesmo?* Significa reconhecer o que está lá, sem necessariamente tentar modificá-lo. Se você estiver com dor de cabeça, significa reconhecer e perceber isso. Acompanhar seu corpo é estar consciente de suas mensagens. Acompanhar seus sentimentos significa reconhecê-los e não ignorá-los ou agir de acordo com aquilo que você acha que "deveria" estar sentindo. Somente depois de acompanhar você procurará modificá-los, se quiser se conduzir para outro estado.

Quando não estamos nos sentindo bem, podemos tentar conduzir imediatamente — tentar nos livrar do sentimento, antes mesmo de saber o que ele é. Ao fazer isso, perdemos um conhecimento valioso — valioso porque pode conter a chave para evitar esse sentimento na próxima vez. É como tentar, bruscamente, repelir os sentimentos de outra pessoa. Geralmente, tratamos a nós mesmos de um jeito como nunca trataríamos os outros.

Acompanhar e conduzir são as chaves para influenciar a si próprio e aos outros. Geralmente, não dá certo conduzir alguém antes de acompanhá-lo. Talvez você já tenha vivido a experiência de sentir-se doente ou infeliz, e outra pessoa, com a melhor das intenções, chegar e dizer: "Vamos lá, anime-se, as coisas não são tão ruins!". Com freqüência, isso não provoca o efeito desejado. É como se ela estivesse ignorando a sua experiência e, portanto, você precisa apegar-se ainda mais a ela. Numa discussão, alguém que acha que você não compreendeu o seu ponto de vista, irá repeti-lo mais enfaticamente. Nosso corpo age da mesma maneira. Se ignoramos os sinais de desconforto durante muito tempo, eles se tornam mais fortes e insistentes, e isso pode levar à doença.

Objetivos

O segundo princípio da PNL é saber o que você deseja. A não ser que saiba para onde está indo, ficará vagando sem direção e nem mesmo saberá se chegou lá. A PNL pressupõe que agimos com um objetivo, apesar de algumas vezes não sabermos muito bem qual ele é. Quanto mais você souber aquilo que deseja, mais fácil será alcançá-lo. Na PNL, as coisas que você deseja são conhecidas como "objetivos".

A cura é um movimento em direção a um estado que você deseja no futuro e um afastamento do seu atual estado insatisfatório. Pode ser difícil pensar em saúde positiva e nos aproximarmos de objetivos saudáveis, porque o modelo médico predominante nos encoraja a aceitar a saúde como uma coisa certa quando a temos, e cura as moléstias, quando não a temos. A medicina estuda as moléstias, não a saúde e nem como alcançá-la. A medicina preventiva, como o próprio nome diz, trata daquilo que devemos fazer para não ficarmos doentes.

A PNL busca uma saúde positiva, de duas maneiras. Uma, pela exploração da saúde como um estado positivo a ser cultivado — modelagem da saúde. A segunda, ajudando a criar objetivos futuros — as coisas que são importantes para nós e nos esforçamos para alcançar. O senso de propósito deriva de objetivos futuros atraentes, e até mesmo convincentes.

Acuidade sensorial

O terceiro pilar da PNL é a acuidade sensorial: usar os seus sentidos, ficar alerta aos sinais que você está recebendo. Permanecer saudável significa prestar atenção àquilo que seu corpo está lhe dando. Ele lhe dirá quando você está fazendo alguma coisa que não é boa para ele. Joseph fumou durante anos, tendo começado quando entrou na faculdade. O primeiro cigarro foi horrível; queimou sua garganta, o fez tossir e sentir-se mal. Entretanto, ele insistiu e, após algumas semanas, fumava com facilidade. Tornou-se até mesmo agradável. Os primeiros sinais sempre são os mais importantes. Com o tempo, nós nos acostumamos a quase tudo. Seu corpo lhe dará sinais inconfundíveis de que determinadas ações o estão prejudicando. Algumas vezes, eles são imediatos; outras, mais demorados: trabalhar demais, continuamente, voltando exausto para casa; beber demais, constantemente, e acordar de ressaca; comer demais constantemente, e sentir-se desconfortável. A repetição dessas coisas é que provoca danos. Finalmente, as coisas chegam a tal ponto que você fica doente. Esse é o sinal final, tão forte que você não consegue ignorá-lo.

A acuidade sensorial é a chave para o prazer. O puritanismo ainda sussurra em nossos ouvidos que deve haver alguma coisa errada no fato de nos sentirmos bem e que todos os prazeres da vida deveriam vir com etiquetas de preço. Na verdade, buscar o que é bom nos proporciona um prazer imediato e melhora a saúde. Um bom princípio a ser seguido é: tudo que é gostoso é bom para você quando você está num estado de equilíbrio.

O prazer vem da utilização plena dos sentidos — saborear uma refeição, procurar ambientes bonitos, ouvir música. Quanto menos aguçados os sentidos, mais você recorrerá à quantidade em lugar da qualidade. Quanto mais aguçados os sentidos, maior a possibilidade de prazer.

Usando seus sentidos — dentro e fora

Para acompanhar os outros e criar *rapport* você precisa perceber como eles reagem. Acuidade sensorial externa é prestar atenção às reações das outras pessoas para poder responder de maneira que as aproxime mais de seus objetivos. Em muitas culturas, as crianças são treinadas a *não* observar esse tipo de informação, o que é muito embaraçoso para os adultos! Entretanto, se você é surdo e cego ao efeito que produz nos outros, como alcançará os objetivos que deseja?

Tente esta experiência:

Olhe à sua volta. Veja as pessoas e objetos que o rodeiam. Olhe as formas e as cores. Ouça os sons, as vozes, a música. Agora, preste atenção ao que sente. Seu corpo está confortável? Em que estado emocional você se encontra?
Verifique sua postura e equilíbrio.
Note o sabor que está sentindo.
Que odor você está percebendo?
Agora, tente recriar essa lembrança. Feche os olhos, se isso ajudar. Pense nessa cena. Veja o máximo de que puder se lembrar. Então, apague a imagem. Anule-a e veja a escuridão.
A seguir, elimine os sons e vozes que estavam na cena da sua lembrança ou diminua-os até ficarem inaudíveis. Então, desligue-os.

Em seguida, apague qualquer lembrança das sensações corporais que você experimentou.
Esqueça todas as emoções lembradas. Finalmente, anule os sabores e odores.
Restou alguma coisa? Uma imagem fraca? Um sussurro? Apague-os também. Volte ao momento presente e abra os olhos.
Agora, onde está essa experiência?

Nossas experiências vêm por meio de nossos sentidos. A nitidez com que você se lembra da cena depende da qualidade de atenção que você lhe dedicou na ocasião. Ela é recriada por meio dos mesmos sentidos. Seus sentidos são a sua experiência interna e externa. Pensar é usar os sentidos internamente.

Sua maneira de usar os sentidos, externamente, afeta seu pensamento e experiência internos.

Você pode mudar sua experiência mudando a maneira de usar os sentidos internamente.

Isso tem tremendas implicações para a saúde e explica como algumas pessoas podem lidar com o estresse, enquanto outras ficam doentes. O estresse não é tanto o que lhe acontece, mas aquilo que você faz com ele e como responde a ele. Representá-lo de maneira diferente para si mesmo mudará sua reação. Ao mudar sua reação, o estresse pode desaparecer. Falaremos mais a esse respeito no Capítulo 8.

Nossos sentidos nos oferecem informações. Nós "re-presentamos" nossas experiências para nós mesmos usando nossos sentidos e, portanto, na PNL, os sentidos são chamados de "sistemas representacionais".

Há cinco sistemas representacionais:

Sentido   *Sistema representacional*

Visão   Visual (abreviado para V)
Audição   Auditivo (abreviado para A)
Sentimento   Cinestésico (abreviado para C)
Paladar   Gustativo (abreviado para G)
Olfato   Olfatório (abreviado para O)

O sistema visual inclui todas as nossas imagens mentais, lembradas e construídas. O sistema auditivo inclui nossa lembrança de sons, música e vozes. Ele também inclui nosso diálogo interno (ou, com mais freqüência, monólogo), conversar consigo mesmo. O sistema cinestésico é formado por nossas sensações corporais (proprioceptivas), nosso senso de equilíbrio (vestibular), sensações diretas de toque (tátil) e nossas emoções, embora estas últimas sejam um pouco diferentes. Emoção é como nos sentimos com relação a qualquer assunto. As emoções são formadas por grupos de diferentes sensações proprioceptivas em nosso corpo. Desenvolvemos nossos sentidos externamente. Os artistas desenvolvem a habilidade de ver; os músicos, a habilidade de ouvir; os atletas, uma refinada percepção cinestésica de seu corpo e, da mesma forma, internamente, temos um ou dois sistemas representacionais preferidos com os quais pensamos. Com uma preferência pelo sistema visual, você poderia interessar-se por moda, desenho, artes visuais, televisão, matemática e física. Com uma preferência auditiva, você pode interessar-se por linguagem, escrita, teatro e música. Uma preferência cinestésica poderia ser manifestada nos esportes, carpintaria e atletismo. Essas são categorias muito amplas. É inútil rotular as pessoas; todos usamos todos os sistemas representacionais. Entretanto, tendemos a favorecer um ou dois.

Quanto mais você usar os seus sentidos externamente e quanto mais aguçados eles forem, mais você poderá favorecê-los como sistemas representacionais. Isso proporciona determinadas forças e fraquezas em nossa maneira de pensar. Para alguns, pensar significa, principalmente, formar imagens mentais vívidas. Para outros, significa conversar consigo próprio. Para outros, ainda, é seguir os próprios sentimentos. Nenhuma delas é certa ou errada e dependem daquilo que você quer fazer. Nós também combinamos os sistemas e pensamos em "sinestesias" — misturas de sistemas em que imagens, sons e sentimentos se combinam, formando um todo.

As preferências por sistemas representacionais têm conseqüências para sua saúde. O que você está perdendo? Por exemplo, uma pessoa cujo sistema representacional visual é fraco, pode achar difícil visualizar um bom futuro. Quando a moléstia ataca, ela espera que vá se recuperar. A esperança vem da capacidade de visualizar um futuro melhor. Sem isso, é muito fácil ficar deprimido e letárgico.

Uma pessoa com um sistema auditivo fraco pode não ter consciência de seu diálogo interno. Geralmente, a maior parte das pessoas conversa constantemente consigo mesma.

Que tipo de conselhos estamos dando? Que tom de voz estamos usando? Qual seria o efeito de alguém sussurrando em seu ouvido, num tom de voz desagradável, dificilmente saudável? Nada proveitoso. E, no entanto, podemos estar fazendo isso conosco.

Uma pessoa com um sistema cinestésico menos desenvolvido pode não estar consciente de seu corpo. Pode forçá-lo a ultrapassar os seus limites ou ignorar sintomas, até se tornarem desagradáveis exigindo atenção. É como ignorar uma pessoa que está falando com você até ela gritar, ou não olhar para ela até ser agarrado pela gola.

Prestar atenção naquilo que você vê, ouve e sente é tão importante interna quanto externamente.

Flexibilidade

O pilar final da PNL é a flexibilidade de comportamento. Quando o *feedback* dos seus sentidos lhe diz que você não está conseguindo o que deseja, você muda o seu comportamento. Parece óbvio, mas as pessoas geralmente não o modificam, apenas continuam fazendo mais, da mesma coisa. Assim, alcançam objetivos variáveis e não necessariamente aqueles que desejam. A PNL recomenda que você determine o seu objetivo e use os diferentes meios à sua disposição para aproximar-se dele. Isso funciona para a saúde positiva e para qualquer objetivo que deseje alcançar. Tenha o maior número de escolhas possível, com respeito à maneira de alcançar o seu objetivo, e use os sentidos como um *feedback*, para saber o que o aproxima mais dele e o que o afasta. Se o que você faz não está funcionando, faça outra coisa.

A flexibilidade vem da clareza com relação àquilo que você deseja e da descoberta de maneiras para alcançá-lo. Por exemplo, se você está dirigindo para o trabalho e as ruas estão continuamente congestionadas, provavelmente, você encontrará outro caminho, isto é, se quiser chegar na hora. Dificilmente você ficaria sentado no meio do engarrafamento dizendo para si mesmo: "Esse é o jeito que eu sempre fiz, portanto, vou continuar fazendo". Contudo, algumas vezes fazemos isso com nossa saúde, porque em questões de saúde, causa e efeito não são tão óbvios nem tão imediatos. E o hábito e a familiaridade podem parecer tão confortáveis que não efetuamos as mudanças que nosso corpo exige.

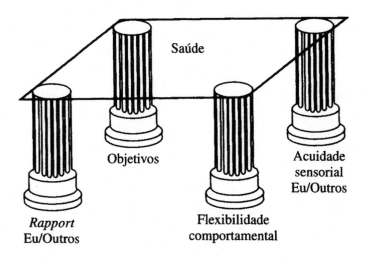

Os quatro pilares da PNL

Assim, por exemplo, se você sofre de dores no pescoço ou nas costas desejará explorar maneiras diferentes de sentar-se e ficar em pé, ou, talvez, mudar seus hábitos de sono. Se sofre de indigestão, pode precisar modificar seus hábitos alimentares — mudar as refeições, horários e rapidez com que se alimenta. Se tiver dermatite, talvez seja necessário experimentar tecidos diferentes e outras marcas de sabão em pó. As alergias a alimentos são difíceis de identificar — você precisa sistematicamente deixar de ingerir alguns alimentos e então perceber os efeitos. (Infelizmente, o alimento culpado é, com muita freqüência, um dos nossos prediletos.)

Um exemplo final: um amigo de Joseph era um tenista habilidoso que apreciava muito esse esporte. Jogar também proporcionava um bom exercício. Ele feriu o cotovelo direito e, durante algumas semanas, acreditou que não poderia jogar tênis (ele era destro). O diagnóstico não era bom: seriam necessários alguns meses para curar o braço. Parecia que teria de enfrentar meses de inatividade forçada. Assim, ele começou a aprender a jogar tênis com a mão esquerda. Ele disse que achou fascinante começar a aprender novamente e valorizou mais a habilidade e a técnica. Uma vez que, como destro, ele jogara muito, aprendeu com muita rapidez e jogou com a mão esquerda durante alguns meses até o braço direito ficar totalmente curado.

Pode ser difícil relacionar *feedback* com causa, devido a uma longa demora. Os processos fisiológicos mudam lentamente. A dor de cabeça de hoje pode estar relacionada à refeição muito temperada de ontem, mas a relação não é óbvia. Portanto, algumas vezes insistimos em comportamentos que não melhoram nossa saúde, pois o *feedback* ocorre muito tempo depois. E, também, podemos procurar no lugar errado. Nosso corpo e nossa mente são inseparáveis, mas estamos acostumados a pensar neles como coisas separadas. Assim, o alimento pode provocar mudanças de humor, relacionamentos conturbados podem contribuir para a doença e é difícil saber exatamente onde procurar. A mente move-se com rapidez. O corpo reage mais lentamente, porém as reações são profundas.

Podemos estar conscientes de um hábito prejudicial, mas achamos difícil mudar. Comportamento, hábitos, crenças e valores encaixam-se num sistema complexo, cada um influenciando os outros. Você não pode tirar uma parte sem colocar outra coisa em seu lugar. É por isso que tantos objetivos relacionados à saúde são abandonados. Podemos tentar deixar de fazer alguma coisa sem substituí-la por algo melhor e continuar recebendo os benefícios que obtínhamos com o antigo hábito. A nossa "parte" responsável pelo antigo hábito não foi consultada e jamais concordará em parar.

Deixar de fumar é um bom exemplo. Para conseguir, a pessoa talvez tenha de fazer o seguinte:

- sentir no corpo que está lhe fazendo mal;
- acreditar que está lhe fazendo mal;
- ajustar seus hábitos respiratórios;
- lidar com todos os efeitos positivos do hábito de fumar, que ela valoriza, por exemplo, sentir-se à vontade em situações sociais, encontrando outra forma de obtê-los;
- eliminar as associações automáticas que a levam a acender um cigarro em determinadas circunstâncias, por exemplo, após uma refeição;
- formar uma nova imagem de si mesma que seja mais adequada à pessoa que ela realmente quer ser e que não fuma;
- eliminar qualquer ligação entre o ato de fumar e a identidade, como por exemplo, pensar em si mesma como fumante;
- obter o apoio de amigos e familiares;
- finalmente, ter consciência do dinheiro que está economizando e usá-lo em alguma coisa positiva que ela valoriza.

Estado emocional

O seu estado emocional no momento presente é um instantâneo da sua saúde.

Na PNL, um estado é a maneira de ser em qualquer momento, a soma de seus pensamentos, sentimentos, emoções, energia física e mental. Ele inclui a mente e o corpo, sua maneira de ser mental e fisiológica. Alguns deles são intensos e óbvios, como raiva, amor, tédio, ciúmes e alegria. Nós notamos os altos e baixos, os picos e depressões de nossa vida emocional. Talvez não tenhamos um nome para o estado em que nos encontramos, mas ele terá a sua maneira característica de pensar, sentir e o seu tom emocional. Os estados são o ambiente interno e podemos nos habituar a eles, da mesma forma que nos habituamos ao ambiente externo — depois de algum tempo deixamos de notá-los. Portanto, há o perigo de nos acostumarmos a um estado ruim crônico, que prejudica nossa saúde e bem-estar.

Há muitas evidências de que um estado crônico de hostilidade e impaciência está associado a um risco maior de ataques cardíacos e obstrução da artéria coronária.[4] A depressão crônica foi associada a um risco

---

4. *There is a thorough review of the link between hostility and cardiovascular disease*, in: Chesney, M., e Rosenman R. (eds), *Anger and Hostility in Cardiovascular and Behavioural Disorders*. Hemisphere Publishing Corporation, 1985.

mais elevado de câncer[5] e um estudo provou que a depressão pode ser um prognóstico melhor de problemas cardíacos do que a severidade do dano arterial, níveis elevados de colesterol ou o hábito de fumar.[6] Muitos estudos demonstraram que a depressão diminui a resposta imunológica. Estados negativos prolongados são ruins para sua saúde. E o inverso é verdadeiro: estados positivos são bons para a saúde. Os estados positivos nos fazem sentir bem e nós os buscamos. Portanto, não é nenhuma surpresa que, cientificamente, a medicina tenha considerado importante sentir-se bem. Por exemplo, num desses estudos, as pessoas que assistiam a um filme do comediante Richard Prior melhoraram seu sistema imunológico, de acordo com a medição do nível de anticorpos em sua saliva.[7] Esses anticorpos nos ajudam na defesa contra infecções, como o resfriado comum. A melhora imunológica durou uma hora. As pessoas que disseram que sempre utilizavam o humor como forma de lidar com o estresse apresentavam, constantemente, níveis basais mais elevados desses anticorpos protetores. O escritor Norman Cousins atribuiu grande parte de sua cura da espondilite anquilosante, uma doença que aleija, às comédias que assistia.[8] O riso cura.

Não é de surpreender que um forte estado negativo como a depressão possa deprimir o sistema imunológico. O interessante é que mesmo as emoções simuladas podem ter um efeito no corpo. Paul Ekman, psicólogo da Universidade da Califórnia, em São Francisco, realizou diversos estudos sobre expressões faciais, especializando-se naquelas que as pessoas usavam quando mentiam.[9] Num dos estudos, ele pediu a atores que simulassem expressões faciais de desgosto, raiva ou medo, ou revivessem uma dessas experiências em suas mentes. Ekman mediu os batimentos cardíacos e a temperatura desses atores, e, pelas medições, foi capaz de identificar qual emoção negativa, em particular, o ator estava simulando. Fingir raiva, ou reviver mentalmente uma experiência, apresentou efeitos fisiológicos diretos no corpo, por meio do sistema nervoso autônomo.

Um estado negativo crônico é como caminhar "próximo à beirada"; é muito mais fácil perder o equilíbrio. Uma rajada de vento, que não seria nenhum problema se estivéssemos bem equilibrados, pode nos derrubar.

Ficar doente é uma mudança inequívoca de estado, embora muitos dos desagradáveis sintomas de doença — tosse, inflamação, temperatura

---

5. Persky, V., Kempthorne-Rawson, J., e Shekelle, R. "Personality and risk of cancer: 20 year follow-up of the Western Electric Study". *Psychosomatic Medicine* 49, 1987, pp.435-49.
6. Carney, R. et al. *Psychosomatic Medicine*, 1989.
7. Dillon, K., Minchoff, B., e Baker, K. "Positive emotional states and enhancement of the immune system". *International Journal of Psychiatry in Medicine* 15, 1985-6, pp.13-7.
8. Cousins, Norman. *Anatomy of an illness as perceived by the patient*. Norton, 1979.
9. Ekman, Paul et al. *Emotion in the human face*. Pergamon, 1972.

alta, enjôo, dores nas articulações — sejam realmente provocados pelo corpo tentando se curar. Geralmente, esses sintomas são necessários para voltar ao equilíbrio.

Humor alimentar

O alimento é psicoativo. Ele afeta nosso estado e também nos nutre. Qualquer lei que tentasse banir todas as substâncias psicoativas declararia que o alimento é ilegal! O que ocorre é que as células nervosas do corpo se comunicam umas com as outras usando substâncias chamadas "neurotransmissores". É assim que o nosso corpo transmite mensagens por meio dos nervos, que chegam à nossa consciência como pensamentos e sentimentos. Eles estão onde o corpo e a mente se fundem. Os neurotransmissores são formados por precursores contidos nos alimentos que ingerimos.

Há muitos tipos diferentes de neurotransmissores. Por exemplo, a serotonina é um importante neurotransmissor inibidor que diminui a atividade nervosa e inicia o sono. O triptofano é um aminoácido que o cérebro utiliza para fazer serotonina, e o leite e a banana contêm quantidades relativamente grandes de triptofano; assim, tomar leite quente na hora de dormir realmente ajuda a adormecer. Uma refeição rica em carboidratos, como pão e batata, aumenta os níveis de serotonina, uma refeição rica em proteínas diminui os níveis de serotonina, impedindo o cérebro de usar o triptofano. O cérebro equilibra e regula parcialmente a proteína e os carboidratos que consumimos pelos níveis de serotonina. Um lanche contendo muito carboidrato pode realmente nos deixar mais relaxados e tranqüilos — a "sensação da siesta". O mecanismo é muito complexo, pois outros aminoácidos competem com o triptofano pela condução para o cérebro. O consumo de carboidrato, pelo seu efeito nos níveis de serotonina, também pode causar sensação de fadiga e facilitar a tolerância à dor branda e desconforto.

Aquilo que você ingere no almoço afeta algo mais do que a sua forma física. O alimento pode, muito rapidamente, afetar a sua capacidade de atenção e a memória. Os neurotransmissores no cérebro podem ser aumentados pela dieta. Quando você estiver irritado ou tenso, os lanches com carboidrato podem ajudar. Eles são uma forma de automedicação. Infelizmente, os lanches habituais com carboidrato têm um efeito colateral na cintura.

A alimentação muda o nosso estado, e a mudança de estado sempre corresponde a uma mudança em nossa bioquímica interna, especialmente no equilíbrio de diferentes neurotransmissores. Essas substâncias naturais são poderosas, mas a farmácia do corpo só as distribui em pequenas quantidades. Seu corpo sabe o que é melhor para você. Ele ajusta a dosagem na medida exata de sua necessidade.

Há muitas substâncias que utilizamos para modificar diretamente nosso estado, desde o chocolate, o café, o chá e o álcool até a cocaína e a heroína. As drogas e as dietas são um assunto amplo e complexo e, neste livro, não falaremos delas. Do ponto de vista da PNL, nosso estado varia durante o dia. Nós procuramos modificá-lo de diversas maneiras, algumas vezes inconscientemente, por meio de alimentos, algumas vezes conscientemente, por meio de drogas. Na verdade, alguns estados induzidos por drogas parecem tão valiosos, que algumas pessoas até mesmo correm o risco de experimentar efeitos colaterais dolorosos, algumas vezes, fatais.

A PNL analisa como podemos mudar de estado por meio dos nossos pensamentos.

Se o estado está tão intimamente relacionado à saúde, então a habilidade de mudar de estado pela escolha é valiosa quando você deseja permanecer saudável. A PNL estuda profundamente este assunto, que será analisado no próximo capítulo.

REFLEXÕES

A saúde é um estado sobre o qual a medicina não tem nada a dizer.

W.H. Auden

Todo homem confunde os limites do próprio campo de visão com os limites do mundo.

Arthur Schopenhauer

Mesmo que você esteja no caminho certo, será atropelado se apenas ficar sentado lá.

Will Rogers

Por natureza, os homens são quase iguais. Pela prática, eles conseguem ser muito diferentes.

Confúcio

CAPÍTULO 3

UMA IMAGEM DE SAÚDE

Para acompanhar seu estado emocional é necessário descobrir o estado no qual você passa a maior parte de seu tempo — aquilo que chamamos de "estado básico". Ele determina sua maneira característica de ser e de respirar, sua postura e expressão. Há alguns anos, em Denver, Colorado, Joseph ficou, literalmente, face a face com o seu estado. Na praça central, havia artistas que, por alguns dólares, faziam caricaturas. Joseph olhou para a sua imagem, desenhada pelo artista. Quem era aquele estranho? Ele se sentiu exatamente como na ocasião em que, pela primeira vez, ouviu sua voz num gravador. A imitação teve um forte efeito. Joseph começou a aprender a técnica corporal de Alexander para melhorar sua postura habitual.

Se você conhece seu estado básico, está feliz com ele? O que você acha da sua arquitetura, acessórios e encantos? Você ainda repara neles? Hora de fazer um inventário. Qualquer lugar no qual você passa muito tempo deve ser tão confortável e agradável quanto possível, particularmente se afeta sua saúde.

Seu estado básico

Durante alguns minutos, explore seu estado básico usando sua acuidade sensorial interna.

Sente-se confortavelmente e avalie o seu estado a partir de diferentes pontos de vista:

Qual a sua postura habitual?
Como você se sente nela?
O que uma caricatura revelaria?
O estado é leve ou pesado?
Você tem uma expressão predominante?
Como se manifesta em sua maneira de andar?

Na maneira de sentar?
Na maneira de falar?

Se você for suficientemente corajoso, pergunte a outras pessoas o que elas percebem.

O que você gosta nele?
Existem partes que você gostaria de mudar?
Como você respira habitualmente? (Você sabe como, pois outras maneiras exigirão esforço e serão diferentes.)
Você respira pela parte superior do tórax ou pela parte inferior do abdômen?

Quando o seu estado básico persistir durante muito tempo, ele pode parecer a única maneira de ser e não apenas uma das muitas como você poderia ser.

Seus pensamentos e emoções

Qual sua emoção predominante?
De que tipos de pensamentos você está predominantemente consciente?
Você visualiza muito?
Você conversa muito consigo mesmo?
Você é profundamente afetado pelos acontecimentos externos ou consegue manter um distanciamento emocional?

Seus relacionamentos com os outros

Geralmente, você está na companhia das pessoas de quem gosta?
Que emoções as pessoas evocam em você?

As origens do seu estado básico

Você tem alguma idéia de onde ele vem?
Você pode relacioná-lo a um incidente ou decisão particular tomada no passado?
Essa decisão ainda é mantida?

Ela foi tomada há muito tempo ou você modificou-a recentemente? Você a modelou de alguém, talvez de um dos pais ou de uma pessoa significativa em sua vida? (Quando modelamos crenças, valores e maneiras de agir dos outros, com freqüência adquirimos o estado que os acompanha, sem perceber.)

Ao pensar nessas perguntas, mesmo sem obter uma resposta definida, você ficará mais consciente do seu estado.

Crie seu próprio estado básico

Depois de conhecer um pouco a respeito do seu estado básico, você pode modificá-lo.
O que você gosta em seu atual estado básico?
Se planeja mudar, certifique-se de manter essas coisas.
O que você não gosta em seu estado básico atual e procura mudar?
Que qualidades você deseja acrescentar?
Você tem alguns modelos para essas qualidades?
Que fisiologia você gostaria de ter?
Talvez você queira conhecer diferentes tipos de trabalho corporal, por exemplo, a técnica de Alexander ou o método de Feldenkrais para modificar posturas habituais e maneiras de usar o corpo.

Talvez seja necessário algum tempo para criar um estado básico do qual você goste. Não é uma coisa que você possa fazer em alguns minutos. Assim, não tenha pressa. Seu estado básico é como a sua casa psicológica. Você passa muito tempo lá, portanto, faça com que seja a mais confortável e saudável possível.

Escolha alguma coisa para lembrá-lo das mudanças que está realizando; algo que você vê ou ouve todos os dias. Ao vê-la ou ouvi-la, verifique o seu estado. Joseph pendurou a sua caricatura na parede da sala. Um amigo nosso pendurou um quadro de cabeça para baixo. Como é um homem muito organizado, ele sempre nota o quadro e deseja endireitá-lo. Isso faz com que se lembre de verificar o seu estado. Ele prometeu a si mesmo que endireitará o quadro quando tiver um novo estado básico que o deixe feliz.

Âncoras

Pessoas, lugares, determinadas paisagens e sons podem automaticamente modificar o seu estado. Eles são conhecidos como "âncoras". Em PNL, uma âncora é qualquer coisa que vemos, ouvimos ou tocamos e que desencadeia um estado. As âncoras são criadas por repetição e associação. Por exemplo, quando um amigo de Ian foi conversar com o professor de sua filha na escola primária, ficou impressionado ao perceber como a visão da escola, seus sons e odores, por um instante, o fizeram sentir-se como no tempo em que ele estava na escola primária, há muitos anos.

O poder das âncoras está fundamentado em nossa capacidade de aprender por meio de ligações e associações. Com elas, torna-se mais fácil reagir sem pensar. Uma sineta tocando significa o término da aula e, assim, todos param de prestar atenção, mesmo que o professor continue falando. A luz vermelha do semáforo significa que devemos parar. Não queremos ter de pensar toda vez que nos aproximamos do semáforo e procurar lembrar o que fazer.

As âncoras são ubíquas — o hino nacional, um alarme de incêndio, o sorriso de um bebê. Algumas âncoras são neutras — nós só reagimos, por exemplo, à luz vermelha do semáforo. Algumas têm o poder de nos levar a um estado negativo — as aranhas fazem isso com muitas pessoas. Outras são positivas, associadas a bons estados, por exemplo, a voz de alguém que amamos. Nenhuma dessas coisas traz um sentimento em si — uma aranha é apenas uma aranha, uma voz é uma voz. Nós acrescentamos o significado.

Nós criamos nossas âncoras ou as aprendemos com a sociedade. Geralmente, elas são criadas por acaso. Algumas vezes, como nas fobias, uma experiência intensa pode criar imediatamente uma âncora. Uma criança pode ficar apavorada com uma cobra, pois é muito jovem para avaliar o perigo de forma realista. A partir daí, a visão de qualquer cobra evocará o estado de pavor. Uma âncora tem o poder de nos levar de volta, exatamente como o amigo de Ian, que retornou à sua escola primária.

Uma vez estabelecidas, as âncoras atuam automaticamente. Essa é sua vantagem e perigo; uma vantagem, se as utilizamos para estados positivos, e um perigo quando, sem perceber, nos colocam em estados negativos. Temos muitas âncoras para nosso estado básico habitual.

Damos às âncoras o poder de eliciar estados. Tenha cuidado com aquelas que o colocam em estados negativos e cultive as que o colocam em estados positivos. Que tipo de âncora é uma visita ao médico? As âncoras podem ser visuais, como a aranha, um ramalhete de flores, uma luz verde no semáforo ou uma lua cheia. Podem ser auditivas, como o som da broca do dentista (extremamente irritante!), uma canção especial ou um alarme de incêndio. Podem ser cinestésicas, como um aperto de mãos ou um banho quente. Olfativas, como o cheiro de café ou o cheiro do corredor de um hospital. As âncoras gustativas podem ser um chocolate suíço ou uma cerveja. Elas podem estar no ambiente externo, mas também podem ser internas. Por exemplo, imaginar o cheiro de café ou o som do giz raspando num quadro-negro ou visualizar uma aranha irá evocar o estado ancorado, embora geralmente não com tanta intensidade como o fato real. O cérebro reage a uma âncora, quer ela venha de fora ou de dentro. Nosso corpo-mente reage àquilo que percebe como real.

As âncoras atuam em todos os níveis lógicos. Nosso nome é uma âncora para nossa identidade, e as imagens religiosas ancoram crenças. As empresas pagam um preço alto por logotipos e cartazes para criar âncoras que associem o seu produto a um estado desejável — sensualidade, liberdade, sofisticação. Eles pagam quantias enormes para que artistas famosos anunciem seus produtos. O dinheiro é gasto na esperança de que os bons sentimentos já ancorados àqueles artistas sejam transferidos para o seu produto — sucesso por associação. Os patrocínios funcionam da mesma maneira.

As palavras também podem ser âncoras. Quando escrevemos sobre aranhas e chocolate, elas são sinais sobre o papel. Para compreender as palavras, você cria as imagens, sons e sentimentos em sua mente.

Âncora do sistema imunológico

As âncoras modificam nosso estado, e ele afeta nossa saúde. As pesquisas médicas estão começando a entender, exatamente, de que maneira. Há evidências de que as âncoras podem afetar diretamente nosso sistema imunológico. A descoberta inicial deu origem a um novo campo da medicina — a psiconeuroimunologia (PNI) — a investigação de como as nossas crenças, comportamento e ambiente afetam o nosso sistema imunológico. Para a PNL, PNI é a relação entre os níveis lógicos e o sistema imunológico. Nosso sistema imunológico é a parte que nos protege, destruindo antígenos, bactérias, vírus e células cancerosas. A avaliação da força do sistema imunológico é um dos métodos mais diretos da medicina para avaliar o quanto somos saudáveis.

Na metade da década de 1970, o psicólogo Robert Ader, da Universidade de Rochester, estava pesquisando a influência de fatores psicossociais — comportamento, crenças e relacionamentos — na saúde.[1] Ader estava

---

1. Ader, R. "Behavioural conditioning and the immune system" in: Temoshok, L., Van Dyke, C., e Zegans, L. (Eds), *Emotions in Health and Illness*. Gruner and Stratton, 1983.

realizando alguns experimentos simples de estímulo-resposta, com ratos, tentando condicioná-los a associar a sensação de náusea à água adoçada com sacarina. Os ratos bebiam a água e, então, recebiam uma injeção com uma poderosa droga que provocava náuseas. Um experimento foi o suficiente para os ratos entenderem. Sacarina significava enjôo. A partir daí, só a água adoçada, sem a injeção da droga, era suficiente para deixar os ratos nauseados. A água com sacarina tornou-se uma âncora para a náusea. O experimento foi um sucesso. Contudo, houve um efeito colateral incomum: muitos ratos morreram. Ader não conseguia entender, pois eles estavam saudáveis e bem cuidados durante todo o experimento.

A resposta estava na substância que provocou a náusea — a ciclofosfamida. Essa poderosa droga não apenas provoca vômitos, como também reprime o sistema imunológico. A água com sacarina tornara-se uma âncora, não somente para a náusea, mas também para um sistema imunológico enfraquecido. Os ratos foram condicionados a reprimir o sistema imunológico sempre que tomavam água com sacarina. Isso os deixou mais vulneráveis à infecção, matando muito mais ratos do que o esperado.

Numa série de experimentos, Ader e seu colega Nicholas Cohen testaram essa hipótese, com sucesso. Os resultados foram consistentes. Os ratos condicionados eram mais afetados por doenças infecciosas do que os de controle. Eles também se tornaram mais resistentes a doenças autoimunes, como a artrite. Isso fazia sentido. Um sistema imunológico enfraquecido não atacaria com tanta força o próprio corpo. Ader criou o termo "psiconeuroimunologia" para o estudo da interação entre o sistema imunológico, o sistema nervoso e os estados da mente.[2]

Ainda não sabemos exatamente como esses resultados se aplicam ao comportamento humano, mas as implicações são fascinantes. Eles mostram como os estados negativos são transformados em moléstias. Sabemos que a depressão, a solidão, a ansiedade e a hostilidade podem prejudicar nossa saúde. As âncoras para os estados também podem ancorar uma resposta mais fraca do sistema imunológico. Para os ratos de Ader, uma âncora foi a diferença entre vida e morte.

As âncoras negativas podem enfraquecer o sistema imunológico e deixá-lo mais vulnerável à doença.

A boa notícia é que elas também podem funcionar ao contrário — as âncoras positivas podem fortalecer o sistema imunológico. Como a sua vida seria modificada se você pudesse ouvir uma música, olhar uma fotografia e, não apenas sentir-se bem, mas também saber que está fortalecendo o seu sistema imunológico e, portanto, criando uma saúde positiva para si mesmo?

---

2. Ader, R. (Ed), *Psychoneuroimmunology*. Academic Press, 1981.

Mudança de estado

Os estados afetam a saúde e as âncoras afetam os estados. A seguir, três importantes perguntas:

- O que desencadeia meus estados negativos?
- Quando estou num estado negativo, como posso modificá-lo?
- Como posso criar estados mais positivos e saudáveis para mim?

Para ter mais escolhas sobre seu estado emocional, identifique as suas âncoras negativas. Que visões, sons, sabores, odores e toques levam-no para um estado sem recursos? (Irritação, hostilidade, depressão, desesperança, preocupação ou medo são exemplos de estados sem recursos. Os estados de tristeza não são, necessariamente, sem recursos.) A sua âncora negativa é um determinado tom de voz? Determinada expressão facial? O som da chuva, logo pela manhã? Uma mesa cheia de correspondência para despachar?

Ao perceber a âncora, você terá dado um passo significativo para eliminar a sua influência. Comece acompanhando si mesmo. Observe como você se sente. Pergunte-se: "Eu *preciso* me sentir assim?" "Eu *quero* me sentir assim?"

Quando estiver num estado sem recursos, há duas opções. Primeira: você pode simplesmente ficar com ele, de maneira interessada. Acompanhe a si mesmo. Observe quais as partes do seu corpo que estão envolvidas nele e quais as que não estão. Essa maneira de ficar com o estado pode fazê-lo mudar e evoluir. Talvez você sinta cansaço e queira relaxar durante alguns minutos. Você pode sentir uma energia renovada. Seu estado mudará quando você lhe der atenção.

Segunda: você pode mudar o estado de uma maneira mais direta. Quando estiver fora do estado sem recursos, você pode lidar com qualquer problema que o tenha colocado nesse estado. Não tente solucionar um problema *no* estado sem recursos. Primeiro, mude de estado. Do contrário, ele lançará uma nuvem sobre os seus pensamentos.

Há duas maneiras de mudar o estado, que não envolvem alimento ou drogas:

- mudar a sua fisiologia;
- mudar os seus pensamentos.

A primeira coisa a fazer, quando estiver num estado sem recursos, é imediatamente fazer algo diferente. Uma das melhores maneiras é mudar o seu padrão de respiração. Todos os estados têm um padrão de respiração

característico. Por exemplo, quando você está ansioso ou em pânico, você hiperventila (isto é, respira rapidamente, com uma expiração curta). Isso produz mudanças bioquímicas que aumentam a sensação de ansiedade. A sensação de ansiedade aumenta o ritmo respiratório e um ritmo respiratório rápido cria a ansiedade. Para sentir-se mais calmo, diminua o ritmo da sua respiração e leve duas vezes mais tempo para expirar do que para inspirar. O riso é a melhor coisa para modificar o seu estado — ele quebra o padrão respiratório (e de pensamentos), da maneira mais agradável possível. O movimento físico é uma outra maneira de mudar o estado. Movimentar-se, fazer uma caminhada e exercitar-se funcionam bem.
Os estados organizam a sua fisiologia de maneira característica. A mudança na fisiologia muda o estado. Talvez seja por isso que *fingir* estar feliz possa realmente ter efeitos físicos reais. A mudança nos pensamentos não funcionará a não ser que provoque uma mudança na fisiologia — não importa se deliberada ou involuntária.

Criando um estado de recursos

Algumas vezes, você desejará criar diretamente um estado de recursos. Talvez queira experimentar os estados de recursos como faria com roupas, "vestindo-as para ver se são do tamanho certo". Há três maneiras de fazer isso:

* *Escolha um modelo*
  O seu modelo pode ser uma pessoa real ou um personagem fictício. Escolha uma ou mais pessoas que tenham as qualidades que você gostaria de ter. Como seria ter essas qualidades?

* *Fisiologia*
  Agir como se estivesse com recursos desencadeará sentimentos de recursos. Curvar os ombros, olhar para baixo e suspirar, provavelmente, provocarão pensamentos depressivos. Os pensamentos depressivos levam-no a se curvar mais e, conseqüentemente, a ter mais pensamentos depressivos. Esse é um circulo vicioso. Você pode iniciar um circulo *virtuoso* ficando ereto, olhando para cima, respirando profundamente e sorrindo. Provavelmente, isso desencadeará bons sentimentos. Você não está sendo falso — você sabe que não está feliz (ainda). Você está simplesmente mudando o seu estado.

* *Boas experiências passadas*
  Lembre-se de uma experiência realmente agradável. Em sua mente, volte àquela cena. Veja-a novamente com os próprios olhos, ouça os sons

que estão lá. Os bons sentimentos também voltarão. Nosso cérebro reage à lembrança de um acontecimento, da mesma maneira como reagiu ao acontecimento real. É assim que agem as âncoras. Uma música, uma fotografia, um cheiro, podem levá-lo diretamente de volta à experiência. Essa é a base para os talismãs. Eles são âncoras para boas experiências passadas e, assim, a pessoa sente-se com sorte no presente. Eles não funcionam pela mágica, mas pela associação. Seja qual for o sentimento de recursos, se você teve um vislumbre dele no passado, pode trazê-lo para o presente.

Crie uma âncora para essa experiência boa, para poder trazê-la para o presente na hora que desejar. É melhor usar alguma coisa que esteja naturalmente associada à lembrança — uma imagem, uma música, algum tipo de *souvenir*. Se não houver nada disso à disposição, crie uma associação. Escolha a âncora que você deseja. Sempre que você a vir, volte em sua mente e experimente outra vez a lembrança, volte para ela e sinta novamente as emoções.

As âncoras requerem prática, mas depois de fazer isso durante alguns dias a associação acontecerá de forma natural e automática e você não precisará mais pensar conscientemente na experiência. Os bons sentimentos virão por si mesmos sempre que você vir, ouvir ou saborear a âncora.

Associação e dissociação

A PNL é o estudo da estrutura da experiência subjetiva. Há duas maneiras fundamentalmente diferentes nas quais os estados podem ser estruturados, e a melhor maneira de reconhecê-las é pela experiência.

Pense numa experiência ruim — um aborrecimento, não um trauma importante. Enquanto isso, observe se você está se vendo na experiência, como numa tela de cinema ou televisão, ou se está realmente dentro da experiência, olhando com os próprios olhos, vendo-a como quando ela aconteceu.
Talvez você esteja se movendo rapidamente entre as duas.
Agora, quebre o estado. Movimente o corpo, livre-se da experiência ruim e pense em outra coisa durante alguns momentos.
Agora, pense numa experiência realmente boa, que você de fato tenha apreciado. Enquanto volta a ela, observe novamente se você está se vendo na imagem ou se realmente está dentro da experiência.
Agora, quebre o estado novamente e volte ao presente.

Quando você está olhando para si mesmo na experiência, a partir de um ponto de observação, você está *dissociado* dela. Quando você volta à experiência, olhando através dos próprios olhos, vendo, ouvindo e sentindo como se estivesse lá, então você está *associado* a ela.

A diferença mais importante é que quando você está associado experimenta os sentimentos da experiência. Quando está dissociado, automaticamente, atenua esses sentimentos.

Escolher entre associar-se e dissociar-se de uma lembrança proporciona muita liberdade emocional. Ao lembrar-se de experiências agradáveis, associe. Então, você experimentará os bons sentimentos que as acompanham. Quando se lembrar de experiências desagradáveis, dissocie. Então, você será capaz de manter uma distância emocional e aprender com elas.

É difícil aprender com nossos erros se nos associarmos às experiências passadas. Experimentamos os sentimentos desagradáveis e pulamos de volta para o presente. (É por isso que as fobias são tão resistentes — os sentimentos são tão intensos e traumatizantes que é quase impossível voltar e reavaliar a experiência inicial. A PNL pode curar fobias rapidamente, usando a dissociação para neutralizar a experiência e aprender com ela. Geralmente, a alternativa são meses de terapia dessensibilizante, essencialmente quebrando a antiga âncora e substituindo-a por uma nova.) Quando você volta, associado, a um estado negativo, está continuamente fazendo seu corpo experimentar a mesma sensação desagradável. Isso é desnecessário. Há um sábio ditado: "Aqueles que não aprendem com o passado estão fadados a repeti-lo". Quando você tiver aprendido com uma experiência desagradável, espontaneamente irá guardá-la como uma imagem dissociada.

A associação e a dissociação são maneiras de ser. Quando você está vivendo intensamente o momento presente, apreciando prazeres físicos, está associado ou, pelo menos, esperamos que esteja; do contrário, estará perdendo muita coisa. Quando você está pensativo, está dissociado. A dissociação nos protege de choques e traumas, nós "não estamos lá realmente".

A associação não é melhor do que a dissociação, pois isso depende daquilo que você quer fazer. Se você deseja analisar e aprender com as experiências, dissocie. Se deseja "estar aqui, agora" no momento presente, então associe.

Aprendendo com a experiência

Pense numa experiência negativa do passado, talvez relacionada à saúde.

Volte à experiência por um momento ou dois e observe se você está associado ou dissociado. Se estiver associado, então dissocie. Você pode fazer isso saindo de si mesmo e continuando a observar. Você também poderia fazê-lo empurrando a si mesmo e quaisquer outras pessoas dentro imagem, para longe de você. Você poderia fazer isso de outra maneira, adotando uma outra perspectiva da cena, talvez observando-a do teto.

Se você já está dissociado, então mude o seu ponto de vista. Observe a cena a partir de um ângulo radicalmente diferente.

Agora, enquanto olha para si mesmo naquela situação e a observa acontecendo à sua frente, pergunte-se: "O que eu posso aprender com essa experiência?".

Observe como os seus sentimentos mudam depois de ter aprendido.

Fruta real imaginária

Nossos pensamentos afetam diretamente nosso corpo por meio dos nossos sistemas representacionais. Imagine, por um momento, que você está segurando uma de suas frutas prediletas. Imagine-se sentindo o seu peso e textura. Ela é dura ou macia quando você a aperta? Que cor você imagina que ela tem? Diga o nome da fruta para si mesmo. Agora, feche os olhos e imagine-se cheirando a fruta. Como você se sente ao sentir o seu cheiro? Agora, você vai prová-la. Mentalmente, descasque-a se for necessário, e leve-a lentamente em direção à boca. Dê uma mordida nela para sentir o seu suco sob a língua.

Se você não salivou, deve estar dormindo. Os odores e sabores são particularmente evocativos.

O cérebro não reconhece a diferença entre corpo e mente. Quanto mais você pensar em alguma coisa acontecendo, mais o corpo-mente reage como se ela realmente estivesse acontecendo. Pense nas implicações dessa simples experiência com a fruta imaginária em sua saúde:

Aquilo que pensamos afeta diretamente nosso corpo.
Quanto mais vividamente pensamos, mais o corpo reage.

Portanto, será útil criar representações vívidas, fortes, de saúde. E, quanto mais clara e facilmente você puder usar todos os sistemas representacionais, mais controle terá sobre o seu efeito no corpo. A princípio, pode parecer estranho usar conscientemente os sistemas representacionais, mas com a prática, ficará mais fácil.

As pessoas diferem em sua habilidade para usar diferentes sistemas representacionais. Algumas não vêem imagens mentais claras e uma pequena percentagem afirma não ver nenhuma imagem. Para elas, essa é a verdade — é a sua experiência. Isso significa que elas não estão conscientes de suas imagens mentais. Todos nós visualizamos, do contrário não reconheceríamos nosso rosto, nosso carro ou nossa casa.

Se você tem dificuldade para visualizar, tente esta experiência. Comece percebendo um pedaço de vidro colorido em sua mente. Anote ou descreva num gravador aquilo que você vê, mesmo que tenha visto apenas de relance. Se isso for difícil, finja que pode vê-lo em sua imaginação. De que cor ele é? De que tamanho? Qual a sua forma?

Agora, imagine o som de uma guitarra. Qual a altura do som em sua mente? Você pode aumentar o volume? O som é alto ou baixo? Ouça o ritmo da música. Ela está sendo tocada rápida ou lentamente? Como seria essa guitarra? Descreva-a para si mesmo.

Agora, imagine estar confortavelmente deitado. Quais as sensações em seu corpo? Imagine como é o ambiente e os sons de que você se lembra, como o tique-taque de um relógio.

Para ajudá-lo a pensar com maior clareza e vivacidade, você pode usar a ligação corpo-mente. Quando quiser visualizar, desfocalize os olhos ou vire a cabeça e olhe para cima. Para ouvir sons internos com mais clareza, vire a cabeça para um lado e olhe para a esquerda. Para envolver-se num diálogo interno mais claramente, olhe para baixo e para a esquerda. Para sentir mais intensamente, olhe para baixo e para a direita.

Você provavelmente já observou as pessoas movendo os olhos enquanto pensam. Esses movimentos não são aleatórios, os olhos não se movimentam para todos os lados em sua órbita, sob a influência da gravidade! Há um significado nos movimentos. Eles são conhecidos como "pistas de acesso visual" e são uma outra maneira de nossa mente e corpo atuarem em conjunto. A PNL sugere que a maioria das pessoas olha para cima ou desfocaliza os olhos para visualizar e olha para um lado para ouvir sons internos. A maioria das pessoas olha para baixo e para a direita para evocar sentimentos e para baixo e para a esquerda para ouvir o diálogo interno. Para alguns, esse padrão é oposto: eles olham para baixo e para a esquerda para evocar sentimentos e para baixo e para a direita para o diálogo interno.

As pistas de acesso visual têm muitos usos práticos e são explicadas em detalhes nos outros livros de PNL.[3] Experimente-as, elas são úteis para ajudá-lo a ver, ouvir e sentir internamente, com mais facilidade.

---

3. Ver O'Connor, J., e Seymour, J. *Introdução à programação neurolingüística.* São Paulo: Summus, 1995; *e* O'Connor, J., e McDermott, I. *Principles of NLP.* Thorsons, 1996.

Submodalidaes

As distinções que fazemos no mundo exterior, por meio dos sentidos, também podem ser feitas em nosso mundo interior. As distinções que fazemos em nossas imagens mentais, sons e sentimentos, são chamadas "submodalidades". Elas são as qualidades do nosso mundo interior, os menores componentes de nossa experiência.

A cor e o movimento são exemplos de submodalidades visuais — duas qualidades das imagens internas. O volume e a direção são exemplos de submodalidades auditivas; a temperatura e a pressão são submodalidades cinestésicas.

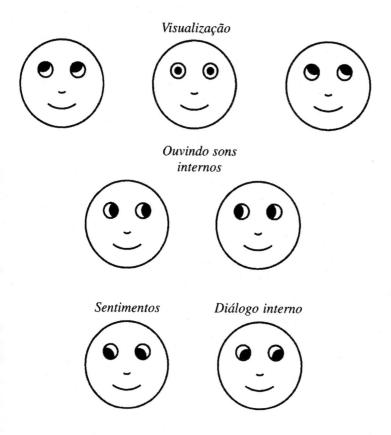

Pistas de acesso visual
N.B. Esta é a sua imagem olhando para outra pessoa

Eis algumas das distinções mais comuns entre as submodalidades:

Submodalidades visuais

- associada (vista com os próprios olhos) ou dissociada (olhando para si mesmo);
- em cores ou em preto e branco;
- com ou sem moldura;
- profundidade (bi ou tridimensional);
- localização (esquerda ou direita, para cima ou para baixo);
- distância (da pessoa com relação à imagem);
- luminosidade;
- contraste;
- nitidez (dentro ou fora de foco);
- movimento (como um filme ou um *slide*);
- velocidade (mais rápida ou mais lenta do que o normal);
- número (tela cortada ou múltiplas imagens);
- tamanho.

Submodalidades auditivas

- estéreo ou mono;
- palavras ou sons;
- volume (alto ou baixo);
- tom (suave ou ríspido);
- timbre (plenitude de som);
- localização do som;
- distância da fonte sonora;
- duração;
- contínuo ou descontínuo;
- velocidade (mais rápida ou mais lenta do que o normal);
- clareza (claro ou abafado).

Submodalidades cinestésicas

- localização;
- intensidade;
- pressão (forte ou fraca);
- extensão (tamanho);

- textura (áspera ou lisa);
- peso (leve ou pesada);
- temperatura;
- duração;
- forma.

Submodalidades são as maneiras como codificamos experiências. Todas as nossas lembranças, esperanças, crenças e temores contêm uma estrutura de submodalidade. Quando mudamos as submodalidades modificamos a estrutura de nossa experiência e, portanto, o seu significado. Quando o significado mudar, nossa resposta interna também mudará. Reveja a imagem de uma experiência agradável. Observe a cor, a luminosidade e a posição no espaço. Agora, reveja uma experiência desagradável. Muitas pessoas vêem uma imagem mais escura, com menos movimento, num lugar ligeiramente diferente. Que diferença você vê?

Começamos este livro com um exemplo da diferença entre as submodalidades "saúde" e "ser saudável".

As submodalidades lhe dão controle sobre a sua experiência interna. Elas são uma maneira de aplicar flexibilidade ao pensamento na busca da saúde.

Linhas temporais

Nós usamos uma ampla variedade de submodalidades para falar sobre o tempo. Falamos do "passado distante e indistinto", "um grande futuro à nossa frente", "olhar para trás e rir" e "o tempo parou". Seja qual for o tempo real, parecemos pensar nele espacialmente.

Como você organiza o tempo em sua mente para poder diferenciar as lembranças das esperanças futuras? Como você sabe que alguma coisa aconteceu ontem e não há cinco anos? Você lhes confere diferentes submodalidades.

Pense numa experiência passada. De que direção ela parece vir? Agora, pense em planos ou esperanças para o futuro. De que direção eles parecem vir? Imagine uma linha ligando passado e futuro. Essa é a sua linha temporal.

Muitas pessoas têm a linha temporal com o passado à esquerda, o momento presente à frente e o futuro à direita. Isso é chamado "através do tempo". A outra disposição comum é ter o passado atrás de si, o futuro à sua frente e o momento presente dentro de seu corpo. Isso é conhecido como "no tempo".

As linhas temporais são fascinantes. Elas têm muitas utilidades e implicações.[4] O mais importante para a saúde positiva é ser capaz de ver um futuro que o atraia para a frente. Até onde seu futuro se estende à sua frente e lhe parece convidativo? É importante trabalhar com a linha temporal de pacientes seriamente enfermos, porque a esperança vem do fato de sermos capazes de "ver" um futuro e arrumar o passado.

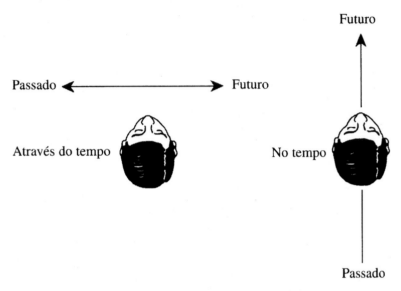

Linhas temporais no tempo e através do tempo

Saúde passada, presente e futura

No Capítulo 1, você resumiu o que significava estar saudável. Agora, você pode torná-lo real. A sua definição pode ter incluído algumas palavras abstratas como "felicidade" "boa forma" ou "bem-estar". O que as suas palavras significam na experiência?

Crie uma imagem de si mesmo estando saudável — realmente saudável. Faça uma imagem dissociada. O que você vê? Não importa exatamente o que você esteja fazendo na imagem, desde que ela o satisfaça e signifique que você realmente esteja saudável. Você pode estar "irradiando saúde".

---

4. Ver James, T., *Timeline therapy and the basis of personality*. Meta Publications, 1988. Ver também O'Connor, J., e Seymour, J. *Introdução à programação neurolingüística*. São Paulo: Summus, 1995.

Agora, percorra a lista de submodalidades visuais (*ver pág. 64*) e experimente mudar a sua imagem, tornando-a ainda mais expressiva da sua vibrante saúde. Por exemplo, a segunda submodalidade na lista é a cor. Se a sua imagem for em cores, então mude-a para preto e branco, se for em preto e branco, acrescente cores.
Qual delas é mais atraente?
A próxima submodalidade é com ou sem moldura?
Se a sua imagem estiver emoldurada, elimine a moldura.
Se for sem moldura, acrescente uma moldura.
Como você se sente com a mudança?
Faça o mesmo com todas as submodalidades e mantenha quaisquer mudanças que intensifiquem os sentimentos positivos que a imagem lhe proporciona.

Agora, ouça quaisquer sons presentes em sua imagem. Use a lista de submodalidades auditivas (*ver pág. 64*). Você pode intensificar os bons sentimentos com aquilo que ouve? Mantenha as mudanças que lhe agradarem.

Associe-se à imagem. Você pode fazer isso entrando nela ou trazendo-a para si em sua imaginação.
Verifique os seus sentimentos. Esse é um estado de saúde realmente positivo para você?
Há alguma coisa que você possa fazer para melhorá-lo?
Se houver, saia novamente da imagem e continue experimentando as submodalidades até ficar satisfeito.

Quando estiver satisfeito, você terá descoberto o que significa estar saudável, como uma experiência subjetiva — você transformou as palavras em realidade.
Faça uma lista das suas submodalidades de saúde positiva. Você pode usá-las no futuro, sempre que quiser visualizar a cura.
O próximo estágio é colocar a imagem dissociada em sua linha temporal e deixá-la lá.

Imagine sua linha temporal estendendo-se à sua frente. Pegue a sua imagem e os sons de estar saudável e encaixe-os em seu futuro, colocando-os no lugar pertencente ao futuro na sua linha temporal.
Como você se sente com aquilo que vê?
Como você se relaciona com esse futuro saudável?
Ele lhe parece realista e viável?
Em que distância no futuro você colocou a imagem?
Há alguma coisa que poderia impedi-lo de alcançar esse futuro?

67

Experimente colocar a imagem em diferentes pontos em seu futuro.
Coloque-o a uma semana, a partir de agora.
Um mês, a partir de agora.
Um ano, a partir de agora.
Três anos, a partir de agora.
Cinco anos, a partir de agora.
Você tem reações diferentes?
Que relacionamento você deseja estabelecer com esse você saudável no futuro?
Você se sente atraído para esse futuro?
Que passos precisa dar para esse futuro chegar a você?
O que diria a esse futuro você?
Que perguntas lhe faria?

Agora vá, e torne-se aquele futuro você, saudável.
Associe-se a esse futuro você.
Agora, como esse "futuro você", olhe para trás para o "atual você".
O que sente?
Que conselhos poderia dar ao atual você para que ele possa alcançá-lo no lugar em que você está?
Que resposta poderia dar às perguntas que ele lhe fez?
Que perguntas lhe faria?

Finalmente, dê um passo para o lado e imagine que pode ver tanto o futuro você, realmente saudável no futuro, e o atual você.
Qual a ligação entre eles?
O que você pode aprender com ambos?

Volte ao atual você.

Esse exercício é muito poderoso. Nele, estar saudável torna-se incomparavelmente real para você.
Com os sistemas representacionais e as submodalidades, você pode criar esse estado saudável, exatamente como deseja. Ao colocá-lo em sua linha temporal, no futuro, você estabelece uma relação entre quem é agora e quem deseja ser. Você pode ver o que precisa mudar e como começar.

REFLEXÕES

A pessoa infeliz é o alvo para todo e qualquer tipo de doença.
B. Larson, There's a lot more to health than not being sick.
(*Word Books*, 1984)

Um coração alegre é um bom remédio, mas um espírito deprimido seca os ossos.

Provérbios 17:22

Se eu pedisse aos pacientes que aumentassem os níveis de imunoglobulina sangüínea ou de linfócitos T, ninguém saberia como fazê-lo. Mas, se eu puder ensiná-los a amar os outros e a si mesmos totalmente, as mesmas mudanças ocorrerão automaticamente. A verdade é: o amor cura.

Bernie Siegel, *Love, medicine and miracles*
(Harper and Row, 1986)

Os psicólogos clínicos e experimentais, sem sombra de dúvida, provaram que o sistema nervoso humano não consegue diferenciar entre uma experiência "real" e uma experiência imaginada intensamente e em detalhes.

Maxwell Maltz, *Liberte sua personalidade*. (Summus, 1981).

A arte da medicina consiste em divertir o paciente enquanto a natureza cura a doença.

Voltaire

CAPÍTULO 4

CRENÇAS E SAÚDE

As crenças são nossos princípios orientadores. Nós agimos como se elas fossem verdade, quer elas sejam ou não. A PNL adota uma visão pragmática das crenças — elas são os princípios nos quais baseamos nossas ações, não necessariamente aquilo que afirmamos acreditar. As crenças são generalizações baseadas na experiência passada, moldando reações futuras. Elas não são fatos, embora tendamos a observar fatos que as comprovem, ignorando as contradições. Elas não são lógicas nem podem ser comprovadas. Elas são as hipóteses básicas que trazemos para nossa vida cotidiana.

Quão saudável você acredita ser? Há diversos estudos fascinantes realizados por epidemiologistas,[1] nos quais pediram às pessoas para classificar a sua saúde global como excelente, boa, satisfatória ou insatisfatória. Descobriu-se que essa autoclassificação era uma excelente previsão do tempo que viveriam. Os resultados também eram verdadeiros mesmo quando o sexo, a educação, a renda e a idade eram constantes. No mais, as pessoas que *acreditavam* não ter boa saúde tinham três vezes mais probabilidade de morrer nos próximos sete anos. Aquilo que acreditamos a respeito da nossa saúde pode ter mais influência do que as avaliações objetivas da saúde.

Como é possível que pessoas com artrite e pressão sangüínea elevada classifiquem a sua saúde como boa, enquanto aquelas que sofrem apenas de resfriados brandos classifiquem-na como insatisfatória? Porque a saúde é uma experiência subjetiva, sua realidade diária, e não alguma coisa que pode ser medida e comparada com outras.

O quanto você se considera saudável depende das suas evidências para saúde e das suas comparações. É importante ser realista. Quando saúde significa cinco anos sem nenhum tipo de moléstia, mais a capacidade

---

1. Kaplan G., e Camacho, T. "Perceived health and mortality: a nine year follow-up of the human population laboratory cohort". *American Journal of Epidemiology* 11 1983, pp.292-304.
Veja também Mossey, J., e Shapiro, E. "Self-rated health: a predictor of mortality among the elderly". *American Journal of Public Health* 72, 1982, pp.800-8.

de participar de uma maratona, então, é provável que poucas pessoas se definam como saudáveis. Entretanto, se a saúde for definida como o equilíbrio e a habilidade de curar a si mesmo, então é possível ser uma pessoa fundamentalmente saudável que, por acaso, está doente. As comparações irrealistas influenciam nossas percepções e estas influenciam nossa saúde.

A sua maneira de definir a saúde afeta sua opinião sobre a própria saúde. O quanto você acredita ser saudável afeta a duração do seu tempo de vida.

Causa e efeito

As crenças tentam explicar causa e efeito. Causa e efeito são um bom princípio quando um acompanha o outro, rapidamente, e com certeza. Quando você corta a mão, ela imediatamente sangra. Quanto maior a distância entre dois eventos, menor a facilidade para afirmar que um "provocou" o outro, pois muitos outros eventos terão sido incluídos na cadeia.

É muito difícil fazer quaisquer afirmações de causa-efeito com relação à saúde. O corpo humano é um dos sistemas mais complexos no universo conhecido e a tendência é existirem causas e associações múltiplas. Alguns fatores são necessários, porém, não suficientes para provocar moléstias. O vírus da influenza "provoca" a gripe — mas só quando estão presentes muitos outros fatores, senão todas as pessoas do mundo estariam constantemente gripadas.

O corpo humano funciona como um sistema, sempre tentando se curar, mesmo quando parece estar fazendo o contrário. Por exemplo, a osteoporose é uma redução progressiva da densidade óssea. O corpo tira cálcio dos ossos e eles se tornam mais frágeis. Por que o corpo precisa tirar cálcio dos ossos? Para continuar vivo. Ele necessita de determinado nível para manter funções nervosas adequadas. Sua vida depende da utilização do cálcio pelo corpo. Quando o corpo é incapaz de absorver níveis adequados de cálcio dos alimentos, ele precisa tirá-lo dos ossos. Os alimentos contêm o cálcio adequado, desde que o corpo seja capaz de absorvê-lo, porém, muitos alimentos dificultam sua utilização pelo corpo. O leite de vaca contém muito cálcio, mas também um nível de fósforo suficientemente elevado para interferir em sua absorção. A proteína animal também interfere na absorção de cálcio. Quanto mais ingerir proteína animal, mais cálcio você eliminará. Uma dieta tipicamente ocidental contém 300% da proteína necessária para uma alimentação adequada. Uma dieta contendo a quantidade de cálcio adequada não é útil se o corpo não puder absorvê-lo. Pode haver um componente alimentar significativo na osteoporose.

71

Muitos sintomas são uma tentativa do corpo para curar a si mesmo. A inflamação ajuda a levar mais sangue e linfa para o local prejudicado. A temperatura elevada e a febre permitem que o sistema imunológico trabalhe mais rapidamente. Quando temos uma infecção, o corpo produz substâncias químicas que aumentam o nível do nosso "termostato", no hipotálamo do cérebro, que controla a temperatura. Quando o sistema imunológico precisa vencer a infecção, essas substâncias químicas não são mais produzidas e o corpo transpira na tentativa de esfriar.

Crenças e significado

As crenças dão significado às experiências, oferecem estabilidade e compreensão e isso explica por que as pessoas sentem uma cruel satisfação quando podem dizer: "Eu sabia que isso iria acontecer", quando ocorre uma desgraça. As crenças formam um sistema e juntam-se para formar uma estrutura que proporciona coerência às nossas experiências.

Algumas vezes, mudar uma crença colocará outras em dúvida. Por exemplo, se as emoções podem fortalecer ou enfraquecer o sistema imunológico, isso *significa* que eu tenho algum controle quando estou doente.

Geralmente, as moléstias graves abalam crenças. Um diagnóstico de câncer, por exemplo, é uma mudança de crença assustadoramente direta. Mesmo as moléstias sem importância têm significado. Como você reage quando está doente? É um choque? Você fica aborrecido? A doença é alguma coisa da qual você precisa se livrar o mais rapidamente possível para poder voltar a ser como era antes? Você acha que precisa continuar como sempre? A doença é um sinal de fraqueza? Muitas pessoas são insensíveis com quem está doente; elas acreditam que, se elas podem continuar, todos também deveriam poder.

As crenças influenciam a recuperação da doença; 20 a 30% das pessoas que têm um ataque cardíaco jamais se recuperam totalmente, porque se comportam como se fossem inválidas. Os médicos costumavam aconselhar esses pacientes a descansar, mas agora reconhecem que eles precisam retornar, o máximo possível, à atividade anterior. Do mesmo modo, os efeitos secundários de danos físicos podem restringir sua atividade, a não ser que você faça exercícios e fisioterapia para recuperar o máximo possível de amplitude de movimentos.

Robert Lewin, professor de reabilitação da Universidade Hull, tem um programa de reabilitação para pacientes cardíacos usado em mais de oitenta hospitais do Serviço Nacional de Saúde.[2] Esse programa visa, prin-

---

2. Kent, Anne. "Hope for a cure". *The Sunday Times*, 19 nov., 1995.

cipalmente, mudar a maneira como os pacientes pensam em sua doença. Ele relata que 80% dos pacientes que sofreram um ataque cardíaco atribuem sua doença a fatores que sentem não poder mudar, como preocupações, estresse e excesso de trabalho. Esses pacientes não acreditam ter controle sobre suas vidas. Essas crenças provocam mais ansiedade e depressão, formando uma espiral descendente viciosa, pois a depressão duplica o risco de morte prematura. Talvez você tenha uma recuperação total se acreditar nisso.

As crenças da medicina

Os princípios do atual modelo de tratamento médico ocidental:
1. Doença é um processo patológico em que o corpo humano ultrapassa medidas normais, biologicamente definidas. E ela pode ser causada:
   • pelo excesso de alguma coisa (por exemplo, luz ultravioleta, colesterol);
   • pela falta de alguma coisa (por exemplo, vitaminas, minerais, insulina);
   • por alguma coisa intrinsecamente prejudicial (bactérias, vírus, radiação).
2. Toda moléstia tem uma causa biológica.
3. Moléstia e doença estão localizadas no corpo do paciente.
4. A causa inicial de uma moléstia geralmente vem de fora do corpo do paciente.
5. O tratamento ocorre por meio da intervenção física (por exemplo, cirurgia, drogas), para eliminar ou diminuir o que está causando a moléstia ou doença.
6. É possível, pela pesquisa médica, encontrar uma cura para todas as moléstias e doenças que o corpo herda.
7. Os médicos entendem de doença. Eles são os especialistas. Os pacientes não entendem.
8. Médicos lidam com doença e moléstia. Pacientes são pessoas com doenças e moléstias. Portanto, os médicos lidam com pessoas.

Essas são crenças limitadoras, porém, muito difundidas. Se desejamos modificá-las e ampliá-las, precisamos nos tornar conscientes das suas conseqüências, de como pensamos a respeito da saúde e naquilo que fazemos quando ficamos doentes.

Explorando crenças sobre saúde

Como você completaria as frases seguintes? O que isso lhe mostra com relação às suas crenças?

Estar saudável significa...
Se estou saudável, posso...
Estar completamente saudável significaria mudar...
Se eu fosse cuidar da minha saúde isso significaria...
Quando estou doente, isso significa que...

As coisas que me impedem de estar saudável são...
As coisas que me ajudam a estar saudável são...

Agora, leia as respostas das duas últimas perguntas e inverta-as. Pense em como essas coisas que você considera barreiras para a saúde poderiam realmente ajudá-lo a se tornar mais saudável.

Então, pense nos motivos pelos quais essas coisas, que inicialmente você considerou úteis para estar saudável, poderiam realmente impedi-lo.

Eis algumas crenças limitadoras sobre saúde, emparelhadas com a crença de apoio oposta. Complete ambas.
O que é verdade para você?
O que você gostaria que fosse verdade para você?
Grande parte depende do que estar saudável significa para você.

Eu não mereço estar saudável porque...
Eu mereço estar saudável porque...
Talvez eu não recupere a saúde porque...
Eu vou recuperar a saúde porque...

É errado desejar estar saudável porque...
É certo desejar estar saudável porque...

Para mim, não é possível estar totalmente saudável porque...
Para mim, é possível estar totalmente saudável porque...

Quando você está livre para definir a saúde para si mesmo, existem quaisquer fatos que indiquem que você precisa acreditar na primeira frase desses pares, não na segunda?

Eis algumas crenças comuns. O que você acha delas? Há alguma na qual você acredita, mas em que gostaria de não acreditar?
Quando estou com dor de cabeça é melhor tomar um comprimido.
É melhor tratar a indigestão com um antiácido.
Os médicos devem ser obedecidos.
Não conheço o meu corpo o suficiente para cuidar da minha saúde.
As moléstias são inevitáveis.
As dores fazem parte do envelhecimento.
Quanto mais remédios eu tomar, mais saudável ficarei.
O parto é perigoso e precisa ser realizado no hospital.
Não posso me livrar da dor sem algum tipo de tratamento médico.
Eu sou responsável pela minha doença.
Se um germe escolher o seu nome, não há nada que você possa fazer.
Tenho pouca influência sobre a minha saúde.
Minha saúde é determinada pela minha hereditariedade — tenho sorte ou não.
A medicina deve ser deixada para os profissionais.
Para ficar realmente saudável, eu teria de desistir de todas as coisas de que gosto.
Os médicos são inúteis.
Você deve agüentar a dor sem reclamar.
Se um problema de saúde me acompanhou durante anos, levará anos para curá-lo.
Mudar é difícil.
Quando você tiver .... (preencha o espaço) anos, com certeza, sua saúde se deteriorará.
Não posso controlar os meus sentimentos.
As pessoas são, ou não, congenitamente saudáveis.

Finalmente, em que você acredita com relação a ficar doente?
Como você sabe que está doente?
O que a doença significa para você?
Quantas das frases seguintes significariam que você está doente?
Há alguma frase que você gostaria de acrescentar a esta lista?
Sinto dor.
Estou infeliz.
Estou cansado.
Sinto-me fraco.

Não quero comer.
Não sinto vontade de estar com as pessoas.
Preciso me deitar durante o dia.
Não consigo pensar com clareza.
Não quero sair da cama pela manhã.
Não posso trabalhar.
As pessoas me dizem que eu estou doente.
Um médico diz que estou doente.
Eu vomito.
Tenho febre.
Preciso consultar um médico.
Sinto-me ansioso e indisposto.
Não posso fazer as coisas de que gosto.
Não sei o que há de errado comigo.

Para você, o que significa lesão?
Quantas das frases seguintes, significam que você tem alguma lesão? Você acrescentaria outras frases à lista?

Não posso andar.
Não posso praticar esportes.
Preciso ir para o hospital.
Tenho ossos quebrados.
Sinto dor.
Demoro para ficar curado.
Preciso consultar um médico.
Há um hematoma.
Preciso ficar na cama.
Perco sangue.
Não posso usar nenhuma parte do meu corpo como normalmente faço.

Agora mesmo, você pode colocar em prática esse material sobre as crenças.

Pense numa área de saúde da qual você não esteja obtendo o que deseja.
Escreva uma explicação para os motivos de você não estar obtendo aquilo que deseja.
Que crenças você teria de mudar para aumentar a chance de conseguir aquilo que deseja?

Até que ponto um observador imparcial concordaria com a sua explicação? Você pode separar as suas crenças dos fatos?

Independentemente de sua veracidade, todas as crenças têm conseqüências, pois agimos de acordo com elas. As crenças são reveladas pelo que você faz, não pelo que você diz. Elas também têm conseqüências bioquímicas no corpo. As crenças podem ser tóxicas — o corpo sofre o desgaste de nossas crenças. Como vimos, a hostilidade, a depressão e a sensação de impotência originam-se nas crenças a respeito de nós mesmos e do mundo, e todas são perigosas para a saúde. Muitas crenças sobre saúde pressupõem, embora isso nunca tenha sido confirmado, que somos impotentes frente aos ataques de germes predatórios.

As listas anteriores são maneiras de explorar suas crenças a respeito da própria saúde: aquilo que é possível; em que você acredita, que termina sua participação e começa a do médico. Você poderia pensar nas implicações mais amplas. Por exemplo, uma aspirina provavelmente eliminará a dor de cabeça, mas não eliminará a tensão muscular que pode tê-la provocado. Você bloqueou o sinal que lhe diz que alguma coisa está errada.

Verdadeiro ou falso?

Quantas destas afirmações você acha que foram confirmadas pela pesquisa médica?
1. O único fator com maior probabilidade de causar um ataque cardíaco nos adultos é a hostilidade crônica nos relacionamentos.
2. As pessoas podem sofrer ataques de asma ficando perto de flores artificiais.
3. Manter um diário sobre sentimentos relacionados a acontecimentos importantes na vida proporciona um efeito positivo mensurável no sistema imunológico.
4. O índice de mortalidade dos homens que, pelo menos uma vez por semana, prestam serviços voluntários é metade do índice daqueles que não o fazem.
5. Os analgésicos que produzimos no corpo — as endorfinas e encefalinas — são dez vezes mais poderosos do que a morfina.
6. Observar peixes tropicais num aquário diminui a pressão sangüínea e a freqüência cardíaca.
7. Há pessoas que ajustam sua visão para a hipermetropia, miopia ou normal, mudando a curvatura do globo ocular tão rapidamente, que um oftalmologista prescreveria diferentes lentes.

Talvez você tenha adivinhado que todas essas afirmações foram confirmadas por pesquisas, com exceção da de número 5 (Nossos analgésicos são mais de cem vezes mais fortes do que a morfina.)[3]

Descobriu-se que a hostilidade é mais importante no desenvolvimento de ataques cardíacos do que qualquer influência alimentar ou ambiental.[4] Os estudos não afirmam que a raiva é sempre ruim. O que literalmente "parte o seu coração" é a hostilidade como estilo de vida — em que pessoas e acontecimentos são considerados ameaças pessoais e você reage com ansiedade e está sempre na defensiva para conservar o que é seu, como se os outros fossem roubá-lo. Determinadas crenças são necessárias para agir assim.

As pessoas podem sofrer ataques de asma provocados por flores artificiais, desde que acreditem que as flores são verdadeiras.[5] Nosso sistema imunológico não reage à realidade, mas, sim, àquilo que pensamos e acreditamos ser real. Isso reforça a mensagem de que, ao modificar suas percepções, você pode modificar a resposta do sistema imunológico.

Foi demonstrado que escrever um diário proporciona benefícios à saúde. O psicólogo James Pennebaker fez um estudo com um grupo de alunos, ao qual pediu para anotar os sentimentos relacionados a experiências traumatizantes e perturbadoras. Um grupo de estudantes, de controle, escreveu sobre acontecimentos pouco significativos. O estudo foi realizado durante quatro dias. Os estudantes que anotaram em seu diário os acontecimentos perturbadores, fizeram menos consultas médicas nos seis meses seguintes. Pennebaker também descobriu que a função do sistema imunológico desses estudantes melhorara, seis semanas após o estudo de quatro dias.[6] Contar os sentimentos, mesmo para um diário, parece bom para a alma. Talvez isso ajude porque quando colocamos os traumas para fora, podemos nos dissociar deles, aprender com eles e analisá-los com maior imparcialidade.

O trabalho voluntário é uma maneira de ir além de si mesmo e juntar-se aos outros. É o oposto da hostilidade absorvida em si mesma. Um amplo estudo sobre saúde, realizado em Tecumsah, Michigan, acompanhou

---

3. Ornstein, R., e Sobel, D. *The healing brain.* Simon and Schuster, 1987.
4. Williams, R. "Curing Type A: the trusting heart". *Psychology Today.* Jan./Fev., 1989, pp. 36-42.
5. Mackenzie, J. "The production of the so-called 'rose cold' by means of an artificial rose". *American Journal of Medical Science* 9, 1886, pp.45-57. Ver também Ader, R. (ed.). *Psychoneuroimmunology.* Academic Press, 1981.
6. Pennebaker, J., Hughes, C., e O'Heeron, R. "The psychophysiology of confession: linking inhibitory and psychosomatic processes". *Journal of Personality and Social Psychology* 52, (4), 1987, pp.663-76. Ver também: Pennebaker, J. "Confiding traumatic experiences and health", in: Fisher, S., e Reason, J. (eds.). *Handbook of life stress: cognition and health.* John Wiley and Sons, 1988.

quase três mil pessoas durante dez anos. O índice de mortalidade dos homens que realizavam trabalho voluntário era duas vezes e meia menor do que o daqueles que não realizavam esse trabalho.[7]

Se você já observou um peixe tropical num aquário, conhece o tipo de descontração que eles induzem. Seus movimentos graciosos são lentos e harmoniosos. Há algo de belo e envolvente no ato de olhar para a vida, que os padrões abstratos não conseguem imitar. Em estudos de pessoas com pressão sangüínea elevada, descobriu-se que observar peixes tropicais num aquário diminuía a pressão sangüínea. Observar um aquário vazio aumentava a pressão sangüínea e eles ficavam entediados.[8] Duvidamos que você precise comprar um aquário tropical para sentir o efeito. O estado relaxante e harmonioso que ele induz é o benefício.

As mudanças na visão foram encontradas em pessoas com Distúrbios Múltiplos de Personalidade (DMP). Essas pessoas parecem alojar diferentes personalidades que surgirão em diferentes épocas. Cada personalidade pode pensar que é única e negar a existência das outras. Os DMP quase sempre são o resultado de trauma na infância, em que uma ou mais partes da pessoa dissociou-se completamente do resto. Uma personalidade pode ter boa visão, enquanto outra pode ser míope.[9] Isso significa que a visão não pode ser determinada ou todas as personalidades, partilhando os mesmos olhos, teriam a mesma visão.

As crenças são como bens

Falamos sobre crenças como se elas fossem bens. A linguagem é particularmente reveladora. Nós "temos" crenças. Podemos "adotá-las" ou "adquiri-las", e podemos "herdá-las". Dizemos que as pessoas "mantêm" crenças e "agarram-se" a elas. Quando desistimos delas, as "rejeitamos", as "abandonamos" ou as "perdemos". Se as crenças são bens, podemos ser possessivos. Algumas poderiam ser heranças preciosas, outras objetos do dia-a-dia. Revelamos algumas, outras são muito valiosas para serem mostradas para todos. As escolhemos de muitas maneiras e, como a

---

7. House, J., Robbins, C., e Metzner, H. "The association of social relationships and activities with mortality". *American Journal of Epidemiology* 116, 1982, pp.123-40.
8. Katcher, A., et al. "The physiological consequences of interaction with the living environment", in: Katcher, A., e Beck, A. (eds.). *New perspectives on our lives with animal companions*. University of Pennsylvania Press, 1983.
9. Goleman. D. "Probing the enigma of multiple personality". *The New York Times*, 28 jun., 1988.

mobília ou a decoração, elas são escolhidas de modo a não entrarem em conflito. Podemos gostar de algumas crenças, mas elas não "combinam" com a decoração. Se você pensasse nas crenças como bens que pudesse escolher e rejeitar deliberadamente, não aleatoriamente, como você decoraria e mobiliaria o seu mundo interno?

Crenças úteis

Se você está acostumado a considerar as crenças simplesmente como falsas ou verdadeiras, leia novamente este título. A PNL sugere que é útil substituir a idéia de crenças pela de "pressuposições". Pressuposições são princípios de ação. Elas são como crenças, mas você as escolhe. Você não sabe se elas são verdade ou não, mas pode agir como se fossem e prestar atenção aos resultados que obtém. Isso é muito razoável, porque nunca sabemos realmente se aquilo que acreditamos é verdade, mas as conseqüências são suficientemente reais.

Você mantém as pressuposições enquanto obtém resultados que melhoram sua saúde e bem-estar. Você as modifica quando não obtém resultados que lhe agradem. Uma vez que as crenças agem como profecias auto-realizadoras, ao agir como se elas fossem verdade, é mais provável que você obtenha resultados que estão de acordo com elas.

Que pressuposições você gostaria de ter sobre saúde e moléstia? Quais seriam positivas e lhe dariam apoio?

Gostaríamos de fazer algumas sugestões:

- *Seu corpo é naturalmente saudável.*

A principal atividade do corpo é sobreviver e reparar a si mesmo. Ele se cura naturalmente. Sempre que nos cortamos, vemos a ação da cicatrização para curar o ferimento. A pele cicatriza, a ferida é curada. Mesmo nas piores circunstâncias, o corpo tentará curar-se e sobreviver. Com o trabalho necessário, ele pode se curar de qualquer doença. O problema é saber qual é o trabalho necessário. Moléstia e doença são estados nos quais o corpo está fora de equilíbrio. A cura é o retorno à saúde, um retorno ao equilíbrio. Isso também significa que você pode confiar em seu corpo. As mensagens que ele lhe dá, na forma de dor ou moléstias, são sinais de que alguma coisa está errada. Ele precisa de atenção. O corpo não é um inimigo caprichoso que irá decepcioná-lo na primeira oportunidade.

- *Você pode aprender com cada moléstia.*

Valorize a maravilhosa capacidade de cura do seu corpo e lembre-se do que aconteceu antes de ficar doente. Quais os fatores que, na sua opinião, contribuíram para a moléstia? Alguns fatores estarão fora do seu controle. Mas haverá alguns dentro do seu controle que você poderá mudar.

• *Corpo e mente são um único sistema — o mesmo eu.*
Aquilo que você pensa afeta o seu corpo e aquilo que você faz com o seu corpo afeta os seus pensamentos. Isso lhe dá controle e influência. Você pode evitar os pensamentos que prejudicam sua saúde e cultivar aqueles que a melhoram.

• *Sintomas são sinais.*
Descubra o que o sinal significa, em lugar de imeditamente tentar eliminá-lo. Quando você presta atenção ao que o seu corpo está lhe dizendo, está se acompanhando e descobrindo níveis mais profundos de si mesmo.

As submodalidades das crenças

As crenças têm uma estrutura de submodalidade. Nós representamos as coisas nas quais acreditamos, de modo diferente daquelas das quais duvidamos, ou não acreditamos.

Pense em alguma coisa na qual você acredita. Nada controverso. Alguma coisa banal, como: o sol nascerá amanhã ou, um país que você nunca visitou realmente existe. Agora, enquanto pensa nisso, observe as qualidades da sua imagem. Anote a estrutura da submodalidade da crença baseando-se na lista de submodalidades nas páginas 64-5. Preste atenção principalmente ao tamanho e nitidez da imagem e onde ela parece estar em seu campo visual. O contexto exato da imagem não é importante. Se uma submodalidade da lista não fizer sentido para você ou não for adequada, deixe-a de lado. Se observar uma qualidade da imagem ou um som que não constam da lista, anote-os também.

Então, pense em alguma coisa da qual você duvida. Uma coisa óbvia, por exemplo, o seu sapato vai se transformar num elefante. Olhe a imagem que você tem disso. O contexto não importa. Verifique a submodalidade dessa dúvida percorrendo a lista nas páginas 64-5, como fez com a crença. Elas serão diferentes, de maneira interessante, das submodalidades da crença.

Não confunda o seu sentimento de certeza a respeito da crença com uma submodalidade. O sentimento de certeza é uma reação à estrutura da submodalidade e não parte dela. Igualmente, o sentimento de dúvida que você experimenta não é parte das submodalidades, mas sua reação à sua maneira de representá-la.

Mudando crenças

Talvez você tenha encontrado algumas crenças que deseja mudar. Você acredita que possa mudar as suas crenças? Você já deve ter feito isso no passado, do contrário ainda acreditaria em tudo que acreditava quando era criança. Todos nós temos um mausoléu pessoal cheio de relíquias de crenças abandonadas.

Você não pode apenas abandonar crenças, pois isso deixaria um buraco negro em seu universo mental. É preciso substituí-las por outra crença que você prefira. Na PNL há muitas técnicas formais para trabalhar com crenças e modificá-las.[10]

Quando descobrir uma crença que gostaria de mudar, pergunte-se:

O que essa crença está fazendo para a minha saúde?
Ela melhora a minha saúde?
O que estou fazendo, baseado nessa crença, que prejudica minha saúde?
Como essa crença me ajuda?

Você pode começar a sentir dúvidas sobre a antiga crença. Ela é verdade em todas as circunstâncias? Todos acreditam nela? Se não acreditam, por quê? Comece a observar situações que não se encaixam bem em sua antiga crença. Pense em todas as crenças sobre saúde que surgiram e desapareceram na literatura médica durante a última década. A ciência médica pode errar e errou. Visite o seu mausoléu de antigas crenças. O que você encontra lá?

Então, pergunte-se:

Em que eu gostaria de acreditar?
Como minha saúde seria melhor com essa nova crença?
Como minha saúde poderia piorar com essa nova crença?
Qual a melhor coisa que poderia acontecer com base em minha antiga crença?
Qual a melhor coisa que poderia acontecer com base em minha nova crença?
O que poderia me impedir de adotar essa nova crença?
O que existe em minha vida que já se encaixa nessa nova crença?

---

10. Dilts, R. *Changing belief systems with NLP*. Meta Publications, 1990. Ver também Dilts, R., Hallbom, T., e Smith, S. *Crenças: caminhos para a saúde e o bem-estar*. São Paulo: Summus, 1993.

Como essa minha nova crença se encaixa em minha autoconsciência plena?

Você descobrirá que, não apenas é possível modificar uma crença, como também é fácil, desde que:

- Ela seja substituída por uma crença que você prefira.
- Você mantenha os benefícios que a antiga crença lhe proporcionou.
- A nova crença esteja em harmonia com sua autoconsciência.

Então, aja de acordo com a nova crença!

REFLEXÕES

Deus cura e o médico manda a conta.

Mark Twain

Não são as coisas que não sabemos que nos colocam em dificuldades. São as coisas que sabemos e que não são exatamente o que pensamos.

Artemus Ward

Os médicos despejam drogas, das quais pouco sabem, para curar doenças das quais sabem menos, em seres humanos dos quais nada sabem.

Voltaire

CAPÍTULO 5

O EFEITO PLACEBO

A medicina utiliza o enorme poder das crenças, sob outro nome. Os médicos prescrevem crenças na forma de placebos. Geralmente, um placebo é limitadamente definido como "uma substância inerte, que tem seu efeito graças às expectativas dos pacientes, não tendo nenhum efeito direto na condição para a qual foi prescrita". Mas, como veremos, é difícil separar efeitos diretos e indiretos, e um placebo pode ser uma substância, um procedimento ou um arranjo de palavras. Só é necessário mobilizar as crenças do paciente e, assim, o seu sistema imunológico. Este capítulo é sobre o efeito placebo que, como as crenças, expectativas e confiança, por meio de diferentes formas, pode curar moléstias e influenciar a saúde e o sistema imunológico.

A droga mais testada

Qual droga tem sido submetida ao maior número de rigorosos testes clínicos? O placebo. Ele também é a droga mais usada na história da medicina. Os placebos são tão bem pesquisados porque todas as drogas são submetidas a testes duplo cego para avaliar sua potência e efeitos colaterais. Um grupo de pacientes recebe a droga em teste ou uma substância inerte — o placebo. Geralmente, "placebo" é sinônimo de "pílula de açúcar". Os resultados são monitorados. O teste é chamado "duplo cego" porque nem os que o aplicam, nem os pacientes, sabem quem recebe a droga e quem recebe o placebo. Os pacientes não devem saber porque aquilo que eles esperam afetará os resultados. Os pesquisadores não devem saber porque suas crenças e expectativas influenciam os pacientes, que podem captar indícios pelo tom de voz e linguagem corporal. As crenças são contagiosas.

O placebo é uma prescrição em branco, na qual escrevemos nossas crenças e expectativas, um cheque em branco para a saúde. Ele pode ser uma pílula inerte. Pode ser uma cirurgia. Pode ser uma droga potente que não tem efeito direto sobre a moléstia para a qual é prescrita. O efeito placebo transforma diretamente em realidade material as nossas crenças sobre o tratamento, algumas vezes, de maneira surpreendente. Ele mostra os nossos poderes naturais de cura em ação e contradiz diretamente a idéia de que a moléstia está apenas no corpo.

A próxima penicilina?

Embora os placebos sejam efetivos numa grande percentagem de casos, o treinamento médico e os livros de medicina não lhes dão muita atenção. Eles são tratados como uma curiosidade embaraçosa pelos setores menos importantes da medicina, mas, na realidade, são fundamentais. A sua posição é análoga à da penicilina, o primeiro antibiótico e uma das drogas mais úteis jamais descoberta. Os pesquisadores que tentavam cultivar bactérias sentiam-se frustrados porque o mofo da penicilina também crescia e contaminava os experimentos. Era um aborrecimento, pois ele matava as culturas de bactérias. Quando os pesquisadores pararam de tentar livrar-se dele e perceberam o que ele estava fazendo, extraíram a droga fenomenal do mofo e, provavelmente, transformaram a prática da medicina. O mofo era mais importante do que os experimentos que arruinara.

A palavra "placebo" vem do latim, "eu agradarei", e pode ter-se originado da idéia de que o paciente ficava bom para agradar ao médico ou de que o médico dava alguma coisa só para agradar ao paciente. Em ambos os casos, o tratamento não tem valor "médico". Embutida nesta definição, está a crença de que os tratamentos podem ser divididos naqueles que funcionam devido à sua eficiência biológica e naqueles que não funcionam, e cuja cura é efetuada por tratamentos que possuem efeitos fisiológicos comprovados na moléstia do paciente. É precisamente essa a crença que os placebos colocam em dúvida. Há tratamentos que podem e realmente curam todo tipo de moléstia numa grande percentagem de casos, algumas vezes milagrosamente, embora, de acordo com o modelo tradicional da medicina, não deveriam ter nenhum efeito. O que está acontecendo?

O placebo

O atenuante da dor consistentemente mais efetivo
Foram realizados muitos estudos duplo cego sobre a eficiência dos placebos no alívio da dor. Geralmente, os placebos são 55%

tão eficazes no alívio da dor quanto a morfina. Em outras palavras, a redução da dor com o placebo é 55% da redução da dor alcançada pela morfina.[1]
Numa típica situação clínica, 25% dos pacientes não obterão alívio com nenhum medicamento, mesmo com a morfina. Cerca de 40% dos pacientes obterão um considerável alívio com a morfina, porém, poucos benefícios com um placebo. Cerca de 35% de todos os casos receberão tanto alívio com um placebo quanto com a morfina.[2]
Os placebos também são 59% tão eficientes na diminuição da depressão quanto as drogas psicotrópicas tricíclicas.[3]

Um camundongo em maio mantém o médico afastado

O sucesso da medicina contou com o efeito placebo. A história da medicina está repleta de tratamentos que poderiam não ter tido nenhum efeito direto sobre a moléstia para a qual foram prescritos, a não ser torná-la pior. Uma prescrição romana para uma vida saudável era comer um camundongo vivo no início de cada mês (presumivelmente, porque nada pior poderia acontecer durante o resto do mês). Na Europa, durante o século XIX, a sangria e a purgação eram consideradas essenciais. Quando foram desacreditadas, os médicos começaram a prescrever grandes quantidades de opiatos, álcool e, depois, cocaína. Esses são *placebos ativos* — drogas poderosas que têm efeitos fisiológicos profundos, porém, não na doença para a qual foram prescritas. Pelo menos, uma pílula de açúcar não causa nenhum dano.

Atualmente, rimos de alguns curiosos tratamentos médicos do passado: sangue de morcego, dentes de crocodilo, cabelos de um crânio. Entretanto, eles funcionavam. De vez em quando. E não devido às suas propriedades medicinais. E o que dizer das prescrições modernas? Os médicos prescrevem uma ampla variedade de placebos ativos. Os antibióticos são receitados para o resfriado comum, apesar de não terem nenhum efeito sobre infecções viróticas. Fortificantes e xaropes para tosse não

---

1. Evans, F. "Expectancy, therapeutic instructions and the placebo response". in: White, L., Tursky, B., e Schwartz, G. (eds). *Placebo: theory, research and mechanism.* Guildford Press, 1985, pp.215-28.
2. Evans, F. "The placebo response in pain control". *Psychopharmacology Bulletin* 17 (2), 1981, pp.72-9.
3. Morris, J. e Beck, A. "The efficacy of antidepressant drugs". *Archives of General Psychiatry* 30 1974, pp.667-74.

têm efeito direto sobre as moléstias para as quais são prescritos. Os tranqüilizantes são o placebo moderno mais amplamente prescrito, talvez amplamente demais. Eles também podem causar dependência. Os tranqüilizantes são os herdeiros diretos dos opiatos que eram prescritos no século XIX. Uma pessoa cínica concluiria que são gastos milhões com essas drogas porque elas são muito mais caras do que pílulas de açúcar.

Alguns mitos sobre os placebos

• *Somente drogas podem ser placebos.*
Não. Qualquer coisa que mobilize as expectativas e crenças de uma pessoa a respeito da saúde pode agir como um placebo, incluindo a cirurgia.

• *Os placebos só funcionam para sintomas psicológicos.*
Não. Eles funcionam para uma ampla variedade de moléstias, incluindo artrite, asma, sangramento e obesidade. Eles têm um efeito fisiológico mensurável. Quando os placebos aliviam a dor, algumas vezes os médicos concluem que ela era imaginária, mas não existe dor imaginária. A dor é real para quem a sofre.

• *Um placebo é um composto inerte.*
Não. As pessoas têm expectativas a respeito de drogas ativas que podem melhorar ou agir contra os efeitos naturais da droga.

• *O efeito placebo é evocado porque as pessoas são levadas a acreditar que estão recebendo alguma coisa que funciona, quando não estão.*
Não. Qualquer tratamento que melhore as expectativas e a sensação de controle de uma pessoa pode proporcionar a resposta placebo.

• *A resposta placebo é muito fraca.*
Não. O efeito estimula endorfinas. Esses analgésicos naturais são cem vezes mais poderosos do que a morfina. Os placebos também podem neutralizar o efeito de muitas drogas poderosas.

• *O efeito placebo é sempre benéfico.*
Não. O efeito placebo acompanha a expectativa e a crença. Quando os pacientes acreditam que estão recebendo uma droga com efeitos colaterais desagradáveis, podem apresentar esses efeitos colaterais com o placebo. Por exemplo, num estudo com a droga Mephenesin,

um placebo, produziu efeitos colaterais quase idênticos: insônia, náusea e enjôo.[4]

- *Somente pessoas histéricas, ingênuas e sensíveis reagem aos placebos.* Não. Não há evidência de que um tipo de personalidade reaja mais fortemente do que outro. Os placebos funcionam com todos os tipos de personalidade.

- *Os placebos necessariamente incluem a ilusão.* Não. Pode haver um efeito placebo mesmo quando os pacientes *sabem* que estão recebendo uma pílula de açúcar. Num estudo realizado na Faculdade de Medicina Johns Hopkins, quinze pacientes ambulatoriais de uma clínica psiquiátrica para o tratamento da ansiedade receberam pílulas de açúcar durante uma semana. Eles sabiam que estavam tomando pílulas de açúcar e que elas haviam ajudado muitas pessoas. Dos quinze pacientes, catorze relataram uma significativa diminuição da ansiedade. Nove atribuíram os benefícios diretamente às pílulas. Seis estavam convencidos de que as pílulas continham um ingrediente ativo. Três relatavam efeitos colaterais, como visão embaçada e boca seca.[5]

Cirurgia placebo

Qualquer forma de tratamento pode provocar o efeito placebo. Na década de 1950, um tratamento cirúrgico comum para a angina era fazer uma ligadura ao redor da artéria mamária interna, próxima ao coração. Os médicos argumentavam que, ao amarrar a artéria, o sangue era desviado para o coração e o fluxo sangüíneo aumentado ajudava a aliviar a dor de angina.

Um estudo controlado foi realizado para verificar até que ponto a melhora poderia ser devida ao efeito placebo.[6] Os pacientes eram informados de que faziam parte de um estudo, mas não eram informados de que alguns não seriam submetidos à cirurgia. Foram preparados alguns envelopes selados, contendo instruções para amarrar a artéria ou para não

---

4. Wolf, S. "The pharmacology of placebos". *Pharmacological Reviews* 11, 1959, pp.689-714.
5. Park, L. e Covi, L. "Nonblind placebo trial". *Archives of General Psychiatry* 12, 1965, pp.336-45.
6. Cobb, L., Thomas, G., Dillard, D., Merindino, K., e Bruce, R. "An evaluation of internal-mammary artery ligation by a double blind technic". *New England Journal of Medicine* 260, 1959, pp.1115-18.

fazer nada. Na metade de cada cirurgia, o cirurgião escolhia aleatoriamente um envelope e seguia as instruções — um estranho procedimento para o cirurgião. Setenta pacientes participaram do estudo. Cinco dos oito pacientes, realmente submetidos à cirurgia, relataram sentir-se muito melhor. E também cinco dos nove pacientes da falsa cirurgia. Um grupo de cépticos repetiu o experimento. Nem os pacientes nem o médico que os avaliava sabia quem tinha-se submetido à cirurgia. Houve uma marcante melhora em dez dos treze pacientes realmente submetidos à cirurgia e nos cinco que haviam sido submetidos à falsa cirurgia.[7] A cirurgia foi formalmente desacreditada como um tratamento para a angina e não é mais realizada. Ela não eliminava riscos e não tinha efeito sobre a longevidade. (Atualmente, um estudo como esse não seria aprovado por um comitê ético.)

Na Dinamarca, quinze pacientes foram submetidos a uma cirurgia para a doença de Ménière — um distúrbio do ouvido interno que provoca surdez e vertigem. Quinze pacientes submeteram-se à cirurgia placebo. Um acompanhamento de três anos, de ambos os grupos, mostrou que dez pacientes em cada grupo obtiveram um alívio quase total dos sintomas.[8]

Mesmo em cirurgias simples, com benefícios comprovados, um bom resultado não depende apenas da habilidade do cirurgião com o bisturi. Os pacientes que são visitados pelo anestesista na noite anterior à cirurgia, informados do que vai acontecer e tranqüilizados, geralmente precisam de menos anestésicos no dia seguinte, passam melhor na cirurgia, recebem alta mais rapidamente e apresentam menos queixas pós-operatórias. O eminente cirurgião J. Finney que, durante muitos anos, foi professor de cirurgia na Faculdade de Medicina Johns Hopkins, afirmou publicamente que não operaria nenhum paciente que expressasse o temor de não sobreviver à cirurgia.[9]

Há também evidência de que os pacientes anestesiados podem ouvir o que os cirurgiões dizem a seu respeito. Sob hipnose, os pacientes se lembraram de comentários feitos a seu respeito durante a operação, posteriormente confirmados pelas pessoas presentes. Quando esses comentários são negativos e lançam dúvidas sobre a recuperação, os pacientes ficam preocupados.[10] Alguns médicos sugeriram pendurar um cartaz em todas as salas de cirurgia, com os dizeres: "Cuidado, o paciente está ouvindo".

---

7. Diamond, E., Kittle, C., e Crockett, J. "Comparison of internal mammary artery ligation and sham operation for angina pectoris". *American Journal of Cardiology* 5, 1960, pp.484-86.
8. Thomsen, J., *et al.* "Placebo effect in surgery for Ménière's disease: three year followup". *Otolaryngology — Head and Neck Surgery* 91, 1983, p.183.
9. Finney, J. "Discussion of papers on shock". *Annals of Surgery* 100, 1934, p.746.
10. Cheek, D., e Rossi, E. *Mind body therapy*. Norton, 1988, pp.113-30.

Medicina forte

O efeito placebo é muito poderoso. Ele pode reverter o efeito normal de uma droga. Num estudo, em que uma mulher sofria de forte náusea, a droga que a aliviou foi o xarope de ipecacuanha — geralmente administrada para *induzir* o vômito.[11] A droga funcionou porque os médicos lhe disseram que era uma nova e "poderosa droga milagrosa" que aliviaria sua náusea. Sua crença reverteu a ação habitual da droga farmacológica. O efeito placebo não está limitado a moléstias menores. Ele pode funcionar com doenças graves, como o câncer. Consideremos a história do sr. Wright, relatada pelo dr. Philip West, um dos médicos envolvidos no caso.[12] O sr. Wright sofria de um câncer avançado dos nódulos linfáticos — um linfossarcoma. Ele tinha enormes tumores, do tamanho de uma laranja, no pescoço, axilas, virilha e abdômen. Ele estava próximo da morte; tudo que os médicos podiam fazer era receitar uma medicação para aliviar a dor. Eles não tinham nenhuma esperança, mas o sr. Wright tinha. Ele tinha certeza de que logo descobririam uma nova droga. Quando uma nova droga chamada Krebiozen ia ser testada na clínica em que o sr. Wright estava morrendo, ele implorou para fazer parte do experimento. Seus desejos prevaleceram, embora, na realidade, ele não devesse ter sido incluído, pois só eram aceitáveis pacientes com uma expectativa de pelo menos três meses de vida.

Na primeira semana, o sr. Wright recebeu três injeções. Ele, que estivera acamado durante semanas, começou a andar pela enfermaria conversando com as enfermeiras, dois dias após a primeira injeção. Os tumores diminuíram, apresentando a metade de seu tamanho original. Dez dias depois, ele recebeu alta do hospital. Duas semanas antes, ele respirava por meio de uma máscara de oxigênio e, agora, estava voando em seu avião particular a 12 mil pés de altura. Nenhum dos pacientes que receberam a droga estava melhor do que ele. Os experimentos clínicos com o Krebiozen continuaram, mas os relatórios foram insatisfatórios. Parecia que, oficialmente, a droga era inútil.

Ao ouvir isso, o sr. Wright ficou deprimido e, após dois meses de saúde perfeita, voltou ao estado original. Os tumores voltaram a crescer e, novamente, ele estava próximo da morte. O médico que o tratava deu-lhe esperanças, dizendo-lhe que os experimentos clínicos foram insatisfatórios porque a droga original deteriorou-se com o tempo, mas que um "produto

---

11. Wolf, S. "Effects of suggestion and conditioning on the action of chemical agents in human subjects: the pharmacology of placebos". *Journal of Clinical Investigation* 1950, (29), 1959, pp.100-9.

12. Klopfer, B. "Psychological variables in human cancer". *Journal of Projective Techniques* 21, 1957, pp.331-40.

novo, super-refinado, duplamente potente deveria chegar amanhã". Isso não era verdade, mas o sr. Wright recuperou a esperança e esperou o "novo produto" com muita expectativa. Com grande efeito dramático, o médico aplicou a primeira injeção do "novo preparado, duplamente forte". Na verdade, o médico injetou-lhe *água*. Dessa vez, o sr. Wrigth recuperou-se ainda mais rapidamente. Logo, ele estava de volta à vida normal, voando em seu avião, gozando de boa saúde. As injeções de água continuaram. Após dois meses, a fraude do Krebiozen explodiu. A imprensa anunciou que a Associação Médica Americana avaliara os experimentos e chegara à conclusão de que o Krebiozen era inútil no tratamento do câncer. Alguns dias depois, o sr. Wright foi internado, gravemente doente. Seus tumores haviam retornado e ele morreu dois dias depois. Esse pode ser o único experimento com o placebo puro, jamais realizado por um médico em um paciente de câncer.

Essa é uma história extraordinária. O que fez diferença não foram os fatos objetivos a respeito da droga, mas aquilo em que o sr. Wright acreditava — a sua realidade subjetiva. A PNL está muito interessada em histórias assim. Como isso foi possível? Até onde sabemos, o sistema imunológico do sr. Wright era normal, portanto, um sistema imunológico normal simplesmente fizera milagres. Será que todos nós possuímos esse potencial para nos curarmos — e, se isso for verdade, como podemos utilizá-lo?

Muitos médicos aconselham tratar o maior número de pacientes com novas drogas, enquanto elas ainda têm o poder para curar. Isso não é tão cínico quanto possa parecer. As novas drogas apresentam melhores resultados quando são introduzidas pela primeira vez e o entusiasmo está no auge. À medida que o ardor por uma droga diminui, o mesmo ocorre com a sua eficácia. Quando ela é considerada menos eficaz do que o esperado, o entusiasmo diminui ainda mais. A droga não mudou, mas as crenças dos pacientes e médicos sim.

Por exemplo, em 1957 o propoxifeno foi comercializado com o nome de Darvon, como um remédio para a dor. Ele foi amplamente receitado como um analgésico seguro e eficaz. Entretanto, as combinações com aspirina e outros analgésicos logo se tornaram mais populares e, por volta de 1970, o entusiasmo pelo Darvon começou a diminuir. Os viciados em heroína começaram a injetá-lo intravenosamente e os médicos questionaram se ele era realmente tão bom quanto as antigas drogas. Logo depois, ele foi recolhido. Os médicos interpretaram a diminuição do retorno como um sinal de que a droga jamais fora tão boa quanto pensavam, e não como um declínio devido ao enfraquecimento do efeito placebo.

Eu não agradarei

O efeito placebo não aparece apenas convenientemente com o objetivo de curar. Ele está baseado em nossas expectativas, esperanças e temores e, algumas vezes, parece criar aquilo que tememos. Quando os placebos eliciam efeitos colaterais indesejáveis, são chamados de "nocebos", que significa "Eu não agradarei".

Num estudo realizado no hospital Queen Elizabeth, em Birmingham, disseram a quatrocentos pacientes para esperarem perda de cabelo devido à quimioterapia à qual estavam sendo submetidos. Mais de cem pacientes receberam uma pílula inerte em lugar da quimioterapia e, mesmo assim, houve queda de cabelo.

O efeito nocebo aumenta tremendamente quando outras pessoas confirmam nossos temores. Aqui, ingressamos no reino da psicologia de massa. O medo parece ser mais contagioso do que a esperança.

Um exemplo do efeito negativo do placebo ocorreu numa partida de futebol americano no Parque Monterey, Califórnia, em 1987.[13] Quatro pessoas ficaram doentes sem nenhum motivo aparente. O médico de plantão descobriu que todas haviam tomado refrigerantes de máquinas. Temendo uma contaminação das máquinas, parecia mais seguro avisar a multidão pelo alto-falante, para não usar as máquinas, uma vez que poderiam provocar envenenamento.

As autoridades tinham a melhor das intenções, mas se tivessem previsto o que aconteceria a seguir, teriam pensado duas vezes. As pessoas começaram a desmaiar e a vomitar em todas as barracas. Muitas abandonaram o jogo. Subitamente, quase duzentas pessoas ficaram tão doentes que não conseguiam andar e foi preciso chamar ambulâncias de cinco hospitais para levá-las. Cem pessoas foram hospitalizadas.

Descobriu-se, rapidamente, por meio de uma investigação, que a máquina de refrigerantes era totalmente inocente. Quando *essa* notícia foi divulgada, as pessoas se recuperaram milagrosamente, e os pacientes internados sentiram-se melhor e foram liberados.

A multidão aumentou o efeito, mas, com freqüência, o medo é tão convincente quanto a esperança. Quando sentimos medo de ficar doentes, o medo e a desconfortável autoconsciência que ele produz podem criar doenças a partir do nada. Há alguns anos, Joseph comprou alguns rocamboles para o almoço e estava na metade do terceiro quando sua esposa lhe mostrou que havia mofo neles. Joseph olhou a embalagem e percebeu que a data de validade estava vencida e, de repente, tornou-se

---

13. Citado em Cousins, N. *The healing heart.* Norton, 1983.

muito consciente do seu estômago. O que há pouco tinham sido momentos agradáveis, agora tornaram-se mais sinistros. Será que ele ia vomitar? Será que deveria provocar o vômito? Que horrores desconhecidos cresciam no pão mofado? O medo não é bom para a digestão, mas o pão continuou lá. Joseph passou a tarde num estado de ansiedade e só se sentiu realmente seguro 48 horas mais tarde.

O médico é parte do tratamento

Confiar no médico é uma parte essencial do efeito placebo. Pílulas, poções ou cirurgia agem como placebos, mas de onde vem a sua autoridade? Do médico.

Muitos de nós vamos ao médico apenas para conversar — não necessariamente para obter uma receita por escrito, mas uma dose de relacionamento. O médico está lá para ajudar o paciente a ficar bom, algumas vezes, simplesmente, preocupando-se com ele.

Nós reagimos à totalidade do tratamento, não apenas às drogas. Reagimos ao modo de falar dos médicos, às mensagens que eles transmitem pelas palavras e pela linguagem corporal. Quando sentimos medo ou dor, nossos sentidos ficam aguçados e procuramos extrair um significado de cada nuança. Nós queremos confiar, precisamos confiar. Estamos muito vulneráveis à sugestão. Um diagnóstico de câncer, apresentado rudemente, pode ser como uma sentença de morte, um pronunciamento do fim; tem o mesmo efeito de uma maldição.

Mesmo em assuntos pouco importantes, aquilo que os médicos dizem influencia o que os pacientes esperam e, conseqüentemente, o que provavelmente sentirão. Recentemente, Joseph estava no dentista obturando o dente, sem nenhuma anestesia. O dentista disse-lhe: "Você não deverá sentir nenhuma dor. Diga-me se sentir qualquer dor e eu paro imediatamente". Ele pretendia ser tranqüilizador. Joseph ouviu claramente toda a frase, mas uma palavra destacou-se acima das outras: "... dor ..." De repente, ele esperou sentir dor e ficou atento a ela, para poder informar o dentista. Ele teria se sentido melhor se o dentista tivesse dito: "Você pode ficar perfeitamente confortável enquanto obturo esse dente. Se não estiver confortável, diga-me e eu pararei imediatamente". Isso sugere: "... fique confortável ...". O mesmo princípio aplica-se quando alguém diz: "Isso não vai DOER". Quem eles estão tentando enganar? Os médicos receitam expectativas, bem como tratamentos, e nós fornecemos a realidade — a nossa realidade.

Em 1987, K. Thomas, um clínico geral, realizou um interessante estudo, relatado no *British Medical Journal*.[14] Ele escolheu duzentos pacientes para os quais não conseguira fazer um diagnóstico específico — eles sofriam de sintomas generalizados, como dor de cabeça, tosse e cansaço — e dividiu-os em dois grupos. Então, com o primeiro grupo, fez uma consulta positiva, com um diagnóstico firme e uma forte confirmação de que, em breve, iriam se recuperar. Ao segundo grupo, disse não saber bem o que havia de errado com eles, pedindo que voltassem em alguns dias caso não melhorassem. Metade dos pacientes de cada grupo recebeu uma receita.

No final de duas semanas, 64% do grupo que tivera a consulta positiva estava melhor. Por outro lado, apenas 39% do outro grupo melhorou. Ter uma receita não fez muita diferença; 53% daqueles que melhoraram tinham uma receita; 50% dos que não receberam uma receita, também melhoraram.

Esse estudo, muito interessante, sugere duas coisas. Primeiro, uma consulta positiva tem uma influência significativa na recuperação do paciente e, em alguns casos, é mais poderosa do que o efeito placebo da medicina real. Os médicos podem dizer francamente aos pacientes que eles estão tomando placebos inativos — pílulas de açúcar — e, ainda assim, a resposta placebo irá ocorrer. Parece que os pacientes prestam mais atenção àquilo que o médico expressa com o seu tom de voz e linguagem corporal. Naturalmente, os médicos já viram pílulas de açúcar provocar extraordinárias reações de cura. Eles sabem e acreditam que elas têm um efeito. Talvez seja essa crença que os pacientes captam para fazer o placebo funcionar. Certamente, não é necessário enganar.

Segundo, nós confiamos no tratamento, principalmente porque confiamos na pessoa que o prescreve. Na cultura ocidental, os médicos têm enorme poder e prestígio. Eles são os herdeiros de uma tradição de cura que remonta à Idade da Pedra. A outra emoção por trás de qualquer consulta médica é o medo. O espectro da mortalidade ronda todas as salas de consulta. Na verdade, os médicos geralmente desconfiam de um paciente calmo e relaxado, pois isso é muito raro. Quando consultamos um médico, captamos um rápido vislumbre do mistério da vida e da morte. O médico tem conhecimento e conhecimento é poder. O médico pode fazer o corpo ser novamente nosso amigo. Quando os médicos fazem uma prescrição, eles o fazem com conhecimento e poder. Mas essa autoridade não é suficiente. O *rapport* entre médico e paciente é essencial para um tratamento realmente eficaz. Sempre há médicos que se relacionam bem com

---

14. Thomas, K. "General practice consultations: is there any point in being positive?" *British Medical Journal* 294, 1987, pp.1200-2.

os pacientes, que são populares e cujos pacientes parecem se recuperar mais rápido, com menos complicações. Esse efeito é causado não apenas pelo que eles fazem, mas por quem eles são. De certo modo, o médico é um placebo. Muitas pessoas sentem-se melhor simplesmente porque foram ao médico. Elas são tranqüilizadas; recebem uma explicação para a sua moléstia e esperam se recuperar. Algumas, nem se preocupam em tomar o remédio. Um bom médico é aquele que tranqüiliza, que trata a pessoa assim como o sintoma. Se apenas o corpo precisasse de tratamento, o efeito placebo não existiria. Os médicos que lidam com pacientes precisam das habilidades para criar *rapport*. Aqueles que não as possuem ficariam melhor num campo da medicina no qual não tivessem contato com pacientes. O *rapport* cura.

Um dos temas constantes nos treinamentos de PNL para médicos, realizados por Ian, é a sensação de que eles realizam um trabalho melhor nas pessoas com as quais têm *rapport*. O *rapport* estabelece uma aliança de cura e aumenta a satisfação profissional unindo-os novamente ao propósito que os fez ingressar na profissão — eles se preocupam com as pessoas.

É particularmente importante tranqüilizar e inspirar confiança em pacientes hospitalizados. O ambiente é impessoal, eles estão isolados dos amigos e familiares e ansiosos com relação à sua doença. O que acontece é que, algumas vezes, os médicos falam dos pacientes em sua presença, como se eles não estivessem lá, despersonalizando-os e reduzindo-os aos seus sintomas físicos. Isso pode fazer o paciente sentir-se mais desamparado e zangado, e esses sentimentos pioram suas condições.

As submodalidades de placebos

As pílulas precisam *parecer* eficazes, bem como ter o efeito desejado; do contrário, as pessoas não desejarão tomá-las. Como você se sentiria tomando uma cápsula roxa para dor de cabeça?
Que efeito você esperaria destas?

- uma pequena pílula branca;
- uma grande pílula branca;
- uma pequena cápsula roxa;
- um tablete preto;
- uma pílula vermelha;
- uma pílula azul.

Qual você acha que teria um efeito maior: uma pílula ou uma cápsula?

As companhias farmacêuticas pesquisam as submodalidades de seus produtos, bem como sua composição química. Muitos estudos descobriram que o tamanho, a forma e a cor das pílulas levam as pessoas a esperar determinados efeitos.[15] Um empresa de pesquisa de mercado em Manchester, chamada Scantest, passou dois anos testando as reações dos consumidores a pílulas de diferentes formas, cores, tamanhos e consistência de acabamento, em um estudo solicitado pela Sandoz, fabricante suíça de medicamentos. Uma pílula deve ser parecida com aquilo que ela faz. As pílulas azuis tendem a ser percebidas como sedativos, as cor-de-rosa, como estimulantes. As pílulas maiores são consideradas mais eficazes do que as menores e as amargas, mais fortes do que as doces. As cápsulas são consideradas mais potentes do que os tabletes, de qualquer tamanho. Uma injeção geralmente é considerada mais poderosa do que ambos. As pessoas esperam que as cápsulas amarelas ou cor de laranja alterem o humor, seja como estimulantes ou como calmantes. Cores "estranhas" como preto ou lilás poderiam ser alucinógenos (a música pop ancorou a cor roxa aos psicodélicos.) As cápsulas ou tabletes cinza ou vermelho escuro, geralmente, são consideradas sedativas.

Até mesmo o nome de marcas parece ter um efeito. Num estudo sobre alívio para a dor de cabeça, 40% do grupo recebendo placebos sem marca relataram uma redução na dor; 50% relataram alívio com placebos com marca, 56% com aspirina sem marca e 60% com aspirina com marca.[16] Portanto, a aspirina foi ligeiramente mais eficaz do que uma pílula de açúcar no alívio de dores de cabeça, mas a eficácia de cada uma foi intensificada por uma marca familiar.

O paradoxo de placebos

Com freqüência, os médicos são ambivalentes com relação aos placebos, ficando presos em armadilhas criadas por eles mesmos e acreditando que a cura é realizada apenas por drogas ou cirurgia, que afetam diretamente o corpo. Eles sabem que uma pílula de açúcar não afeta diretamente uma moléstia, portanto, é difícil prescrevê-la congruentemente. Eles também acreditam que o placebo pode ter um efeito notável e inexplicável, mas, para que isso aconteça, precisam fazer o paciente acreditar que ele é uma droga potente.

---

15. Blackwell, B., Bloomfield, S., e Buncher, C. "Demonstration to medical students of placebo response and non drug factors". *Lancet* 1, 1972, pp.1279-82.
16. Branthwaite, A., e Cooper, P. "Analgesic effect of branding in treatment of headaches". *British Medical Journal* 282, 1981, pp.1576-8.

Esse é um paradoxo apenas aparente. O efeito placebo é um poder de cura que todos nós possuímos. O placebo é a desculpa que temos para utilizá-lo. Qualquer tratamento bem-sucedido precisa usar os nossos poderes de cura. Com exceção de alguns casos, os médicos sempre têm uma escolha para o tratamento que prescrevem. Existem muitos tratamentos disponíveis, tanto médicos quanto cirúrgicos, e nenhum tratamento funciona o tempo todo, incluindo os placebos. Nossas crenças podem intensificar, cancelar ou reverter o tratamento. O importante é o médico se sentir congruente em relação ao tratamento prescrito. Quando médico e paciente acreditam que o tratamento pode ser eficaz, o paciente melhora em cerca de 70% dos casos,[17] mesmo quando o tratamento é um placebo. A congruência cura.

O tratamento mais bem-sucedido tem quatro aspectos:

• a congruência do médico;
• a crença congruente do paciente;
• o *rapport* entre médico e paciente;
• o efeito fisiológico direto do tratamento.

O último aspecto nunca é suficiente por si mesmo.

Conclusões

Que remédio precisamos para nos ajudar a curar? A resposta será diferente para cada pessoa. A medicina sempre foi pragmática. Como a PNL, ela utiliza aquilo que funciona. Nesse sentido, elas são aliadas. O tratamento médico nunca é apenas mental ou físico, é um pouco de ambos, algumas vezes mais de um, outras, mais de outro. Os placebos agem na terra de ninguém da medicina, onde a fisiologia e a crença trabalham em conjunto e é difícil determinar onde termina o tratamento externo e onde começa o poder de cura do corpo-mente-espírito humanos. Nós reagimos ao significado, bem como à forma do tratamento.

Você possui grande poder para curar e não sabe como faz isso; nem há uma explicação médica coerente. Mas a sua congruência e crença no tratamento e no médico que o prescreve é tão importante quanto o próprio tratamento; sua atitude em relação a ele irá intensificá-lo ou prejudicá-lo significativamente. Quando você acredita que a cura é um processo longo e

---

17. Roberts, H. "The magnitude of non specific effects". Dissertação apresentada na Conference on Examining Research: Assumptions in Alternative Medical Systems, National Institute of Health, Bethesda, 11-13 de jul., 1994.

difícil e que jamais voltará a ter uma saúde perfeita, são essas as instruções que está dando para si mesmo. Dê a si mesmo algumas sugestões positivas. Dê sugestões positivas aos outros também. Seja congruente com relação ao tratamento que aceita. Confie em si mesmo. Curar é uma coisa natural.

REFLEXÕES

Placebo: Uma substância ou preparado inativo receitado para satisfazer à necessidade simbólica do paciente por uma terapia com drogas e usado em estudos controlados para determinar a eficácia de substâncias medicinais. Também um procedimento sem valor terapêutico intrínseco, realizado para tais propósitos.
Dorland's Illustrated Medical Dictionary, 26ª. ed., 1981.

A freqüência com que os placebos eram usados variava inversamente com a inteligência combinada do médico e do seu paciente.
R. Platt, "Two essays on the practice of medicine".
Lancet 2, 1947, p.305-7.

O médico que não tem um efeito positivo em seus pacientes deve tornar-se patologista ou anestesista. Se o paciente não se sente melhor com a sua consulta, você está no jogo errado.
J. Blau, "Clinician and placebo". *Lancet 1* 1985, p.344.

Por que é uma fraude dar um placebo, se grande parte da terapêutica moderna não é melhor do que um placebo? Será que a credulidade de um médico de bom coração é preferível (e mais ética) ao ceticismo daquele cuja prescrição é farmacologicamente inerte, quando os resultados são os mesmos?
"Shall I please?" Editorial, *Lancet 2*, 1983, pp.1465-6.

Deveríamos tratar tantos pacientes quantos possíveis com uma nova droga enquanto ela ainda tem o poder de curar.
Sir William Osler

Trinta e cinco por cento a 45% de todas as prescrições são para substâncias incapazes de ter um efeito na condição para a qual são prescritas.
S. Bok, "The ethics of giving placebos",
Scientific American 3231 (5), 1974.

Três das quatro drogas mais comumente prescritas tratam de doenças não-específicas.
H. Holman, "The 'excelence' deception in medicine".
Hospital Practice 11 (4), 1976.

CAPÍTULO 6

O SISTEMA IMUNOLÓGICO — NOSSA IDENTIDADE FISIOLÓGICA

Como o corpo cura a si próprio? Como as crenças e expectativas realizam a sua mágica medicinal? De que modo estados como solidão, hostilidade e depressão destroem nossa saúde? Como os estados positivos de amor e compaixão podem curar? A medicina busca explicações. Como, exatamente, isso funciona?

Mente e corpo são um único sistema. Sentimos isso o tempo todo. Diariamente, o percebemos quando imaginamos o sabor de uma boa comida e salivamos, ou quando imaginamos um desastre e sentimos aquele aperto na boca do estômago. Isso é fortemente experimentado quando nosso corpo reage às fantasias sexuais. E é confirmado quando pensamos nas pessoas que amamos; o coração bate mais rápido e nos sentimos amorosos e amados. De algum modo, o pensamento transforma-se em sensação. O pensamento leva à ação — e não faz nenhuma diferença se ele está ou não baseado na realidade. Provavelmente, cada um de nós já sentiu um terror paralisante em algum momento da vida — num sonho.

O fio da teia

Nossos pensamentos provocam efeitos físicos em todos os principais órgãos por meio de três sistemas:

- o sistema nervoso autônomo;
- o sistema endócrino;
- o sistema imunológico.

O sistema nervoso autônomo percorre o corpo como os fios de uma teia. Ele tem duas ramificações: uma que nos energiza e outra que nos relaxa. O sistema simpático é a parte energizante, aquela que nos coloca num estado de prontidão para enfrentar desafios ou perigos. As terminações nervosas secretam neurotransmissores que estimulam as glândulas supra-renais para secretar poderosos hormônios, a norepinefrina e a epinefrina, que aumentam os batimentos cardíacos e o ritmo respiratório, influenciando a digestão pela secreção de ácidos no estômago. Aquela sensação de ansiedade na boca do estômago é cortesia do sistema nervoso simpático.

Se o sistema nervoso simpático é o interruptor "ligado", o sistema parassimpático é o interruptor "desligado". As terminações nervosas parassimpáticas secretam outros neurotransmissores que diminuem a pulsação e o ritmo respiratório. As respostas parassimpáticas são o conforto, o relaxamento e, finalmente, o sono. Quando nos sentamos, ouvimos música e nos perdemos em devaneios, é o sistema parassimpático que relaxa nosso corpo.

Intimamente associado ao sistema nervoso autônomo está o sistema endócrino, formado por diversos órgãos que secretam hormônios — substâncias que regulam o crescimento, o nível de atividade e a sexualidade. O sistema endócrino transforma os pensamentos em sensações corporais e ações reais. Ele também secreta hormônios conhecidos como endorfinas e encefalinas, que parecem regular as reações ao estresse e à dor, afetando o humor e o apetite, bem como alguns processos de aprendizagem e memorização. A glândula pituitária, localizada na base do cérebro, é o centro controlador de todo o sistema endócrino. As glândulas supra-renais, localizadas acima dos rins, secretam hormônios conhecidos como corticosteróides, e muitos deles agem de modo semelhante ao do sistema nervoso simpático, preparando o corpo para a ação.

O imunológico é o terceiro principal sistema do corpo. Seu trabalho é nos manter saudáveis, protegendo-nos contra antígenos externos como bactérias e vírus, bem como internos, como células tumorais.

O sistema nervoso autônomo (incluindo o cérebro), o sistema endócrino e o sistema imunológico estão entrelaçados. Eles são como três nascentes de água, de cores diferentes, borbulhando no mesmo rio, e não três rios separados. O rio é o fluxo e o refluxo de nossa vida e, apesar de algumas vezes percebermos lampejos da cor límpida de cada sistema, no total eles são inseparáveis.

Os três sistemas trocam informações por meio de neurotransmissores formados por proteínas denominadas neuropeptídeos. Eles produzem os seus efeitos porque têm exatamente a estrutura química certa para se encaixar num receptor em outra célula, que pode estar muito longe do local onde foram produzidos. Seus efeitos são específicos. Mais de sessenta diferentes neuropeptídeos foram identificados, e não sabemos quantos existem no total.

O sistema límbico, a parte do cérebro que lida com as emoções, é o ponto focal dos receptores de neuropeptídeos.[1] O sistema nervoso, o sistema imunológico e o sistema endócrino fazem e recebem neuropeptídeos e, a qualquer momento, pode haver muitos neuropeptídeos flutuando no corpo esperando para atacar receptores específicos. A ligação entre os neuropeptídeos e seus receptores é a bioquímica das emoções.

As células do sistema imunológico têm receptores para todos os neuropeptídeos e podem produzir o mesmo tipo de hormônios neuropeptídeos, os quais se pensava só pudessem ser encontrados no cérebro.[2] O sistema imunológico ouve as nossas emoções por meio dos seus receptores de neuropeptídeos; pelos neurotransmissores ele envia sinais para o cérebro e este influencia o sistema imunológico da mesma maneira. O cérebro monitora e reage ativamente às respostas imunológicas.

Há uma ligação ainda mais direta e surpreendente entre o sistema imunológico e o cérebro. Algumas células do sistema imunológico entram no cérebro e tornam-se células gliais — um tipo de célula conjuntiva no cérebro. As células do sistema imunológico também podem produzir um hormônio, a adrenocorticotrofina (ACTH), que estimula a glândula supra-renal.[3]

Os sistemas nervoso, endócrino e imunológico agem em conjunto transformando os pensamentos em fisiologia. Muitos dos efeitos do sistema nervoso autônomo e do sistema endócrino são óbvios e imediatos. Quando você faz uma imagem mental de alguém que ama, o coração bate mais rápido. Você obtém um *feedback* imediato, portanto, é fácil perceber a ligação. A ligação não é óbvia com o sistema imunológico. Nós não obtemos um *feedback* imediato do efeito de nossas imagens e estados emocionais sobre o sistema imunológico, mas deve haver um efeito, pois os sistemas nervoso e imunológico transmitem as suas mensagens da mesma maneira, com os mesmos neuropeptídeos. Os mecanismos existem para que o sistema imunológico afete e seja afetado pelos pensamentos e emoções.

Parece que a mente e a inteligência não se limitam à massa. Pesando pouco mais de 1 kg de matéria branco-acinzentada entre nossas orelhas — elas estão distribuídas por todo o corpo.

Um experimento fascinante descrito no *International Journal of Neuroscience*[4] sugere possibilidades de afetar o sistema imunológico por

---

1. Pert, C., Ruff, M., Weber, R., e Herkenham, M. "Neuropeptides and their receptors: a psychosomatic network". *Journal of Immunology* 135 (2) (1985).
2. Blalock, E., Harbour-McMenamin, D., e Smith, E. "Peptide hormones shaped by the neuroendocrine and immunologic systems". *Journal of Immunology* 135 (2) (1985), pp.858-61.
3. Smith, E., e Blalock, E. *Journal of the Proceedings: National Academy of Science* 78 (1981) p.7530.
4. Hall, H. *et al.*, "Voluntary modulation of neutrophil adhesiveness using a cyberphysiologic strategy". *International Journal of Neuroscience* 63 (1992), pp.287-97.

meio de imagens mentais. Um grupo de estudantes aprendeu a auto-hipnose e a visualização e recebeu uma descrição das funções especiais de determinadas células do sistema imunológico. Então, cada estudante criou a própria imagem mental para aumentar a aderência dessas células. Essa parte do experimento foi bem planejada. Se os pesquisadores tivessem insistido num formato padronizado para a imagem mental, tudo o que teriam demonstrado seria a eficácia desse formato para influenciar as células do sistema imunológico. Todos somos diferentes em nossa maneira de usar imagens mentais.

Após duas semanas, foram testadas amostras de saliva e de sangue para verificar as funções das células do sistema imunológico e realizadas comparações antes e após o experimento. A única mudança estatisticamente significativa nas células imunológicas foi a sua capacidade de aderir a objetos estranhos.

Definindo a autoconsciência

O sistema imunológico é muito complexo, embora seu trabalho possa ser resumido de maneira bastante simples: ele cuida de nossa identidade no nível fisiológico. Achamos que vale a pena saber alguma coisa sobre a maneira como o sistema imunológico funciona para podermos valorizar a beleza e precisão com que ele nos protege durante toda nossa vida, e também para podermos criar algumas imagens mentais nítidas com as quais você possa trabalhar para permanecer saudável. O conhecimento é o início da valorização, da compreensão e da possibilidade de influência.

Apesar da grande quantidade de pesquisas realizadas recentemente, o sistema imunológico é um território complexo e bastante desconhecido. Como o cérebro, ele demonstra ser tão complexo quanto a nossa vaidade espera e quanto o nosso intelecto teme. Com freqüência, ele é retratado como uma máquina mortal ou um exército — "expulsando" germes, "lutando" contra infecções e "mobilizando" recursos.

Até certo ponto, essa metáfora é útil. O sistema imunológico realmente mata germes "invasores", mas é muito mais do que um exército particular vasculhando a corrente sangüínea à procura de problemas. Ele funciona reconhecendo aquilo que somos "nós" e aquilo que não é. Ele elimina qualquer coisa que não reconheça como sendo nós, como tumores, bactérias, vírus e transfusões de sangue do tipo errado. Ele realiza, no nível fisiológico, aquilo que psicologicamente fazemos a partir da infância — determina os limites entre mim e os outros. Isso indica que, no nível fisiológico, a saúde está relacionada a uma autoconsciência bastante nítida.

O sistema imunológico é definido, funcionalmente, por aquilo que ele faz. Ele não está separado do resto do corpo, mas é considerado parte dele.

Em si mesmo, o sistema imunológico consiste principalmente de leucócitos, células especializadas que são transportadas no sangue. (*Leuco* significa branco e *cito* significa célula.) Um adulto saudável tem cerca de um trilhão de células sangüíneas brancas, isto é, sete mil por milímetro cúbico de sangue. Essas células executam diversas tarefas. Algumas convocam outras células para combater bactérias e vírus. Outras, marcam a bactéria e o vírus a serem destruídos e algumas cancelam a ação e eliminam os detritos. O sistema imunológico utiliza dois métodos para defender o corpo. O primeiro é chamado de "imunidade mediada celularmente". Células especializadas reconhecem aquilo que não é parte do corpo, eliminando-o diretamente. O segundo é a "imunidade humoral". Diferentes células especializadas fabricam anticorpos — grandes moléculas, criadas exatamente para destruir antígenos específicos como as bactérias.

O sistema desequilibrado

Normalmente, o sistema imunológico sabe o que atacar e o que deixar em paz. Por exemplo, ele não ataca muitas bactérias que vivem em nosso intestino e nos ajudam a digerir os alimentos. Mas o que acontece quando ele não funciona bem?

Quando o sistema imunológico não reage com força suficiente contra os antígenos externos como bactérias ou vírus ficamos doentes. Entretanto, algumas vezes, a infecção pode ser tão grande que o sistema imunológico reage normalmente e, mesmo assim, não consegue vencer.

Por outro lado, quando o sistema imunológico reage com muita força contra um antígeno externo, o resultado é uma alergia. Então, haverá uma resposta inadequadamente forte a uma substância que não representa perigo. É mais ou menos como uma pessoa muito sensível ou hostil que, constantemente, reage excessivamente a observações inofensivas. A resposta imunológica é mais perigosa do que o antígeno externo.

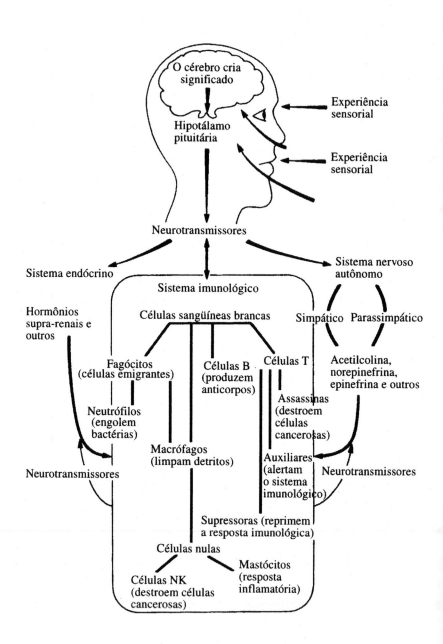

Ligação mente-corpo e o sistema imunológico

Quando o sistema imunológico reage de maneira insuficiente a um antígeno interno, um câncer pode se desenvolver. Nossas células se dividem milhões de vezes todos os dias de nossa vida, e é mais do que provável que células anormais e potencialmente cancerosas estejam sendo produzidas o tempo todo. Se o sistema imunológico estiver enfraquecido, as células cancerígenas podem não ser detectadas e aumentar até ficarem fora de controle.

Por engano, o sistema imunológico também pode atacar partes de nós mesmos. Isso surge como uma condição auto-imune, como a artrite reumatóide. Aqui, o sistema imunológico parece atacar o tecido saudável da cartilagem das articulações resultando em fadiga, rigidez muscular e inchaço nas articulações, dificultando os movimentos e provocando dor.

O sétimo sentido

Nós possuímos cinco sentidos e algumas pessoas diriam que a intuição é um sexto sentido. O sistema imunológico é parte do nosso sétimo sentido — a autoconsciência.

O sistema imunológico tem muitas características de um órgão sensorial. Os olhos percebem a luz, o ouvido percebe os sons e o sistema imunológico percebe o eu. O olho é sensível à luz. Os sinais da retina, na parte posterior do olho, são enviados para o cérebro. O cérebro decodifica a informação e projeta a imagem para o mundo externo. Nós enxergamos. O sistema imunológico percebe o eu, envia essa informação de volta para o cérebro pelos neurotransmissores e o resultado é saúde. A autoconsciência é necessária para a sobrevivência. Conscientemente, podemos fechar os olhos e bloquear o sentido da visão, mas não podemos, deliberadamente, limitar o nosso sistema imunológico. Para a PNL:

O sistema imunológico é o sistema representacional do eu. Um sistema imunológico forte pode ser o equivalente fisiológico de uma forte autoconsciência.

Qualquer coisa que aumente a autoconsciência, provavelmente, fortalecerá o sistema imunológico. Qualquer coisa que enfraqueça a autoconsciência pode enfraquecer o sistema imunológico. A PNL busca criar uma autoconsciência forte — tornar-se mais consciente de si mesmo, prestando atenção e tendo curiosidade pela própria experiência, de maneira não-crítica. Acompanhando a si mesmo, você fica menos dividido, mais relaxado e intuitivo, mais congruente e em harmonia. A consciência dos próprios estados emocionais e a criação de âncoras de recursos começam a destruir as ligações causa-efeito. Assim, você deixa de ser uma vítima dos acontecimentos; adquire mais escolhas e controle sobre sua experiência. Você escolhe como reagir, em vez de apenas reagir como um boneco.

Quando falamos de autoconsciência não nos referimos ao eu, em lugar dos outros. Nós somos moldados pelos nossos relacionamentos e as nossas relações sociais ajudam a definir a autoconsciência. Portanto, qualquer coisa que fortaleça o apoio social nutre nossa saúde e vice-versa. A depressão, a tristeza,[5] as relações sociais insatisfatórias e a solidão enfraquecem a autoconsciência e, portanto, podem levar à doença. Quando as pessoas perdem amigos íntimos ou parceiros, geralmente dizem que é como se parte delas tivesse morrido. Elas perderam parte da autoconsciência.

Ironicamente, as doenças nos forçam a dedicar algum tempo a nós mesmos, mas não da maneira que escolheríamos. Portanto, a doença não é tanto um sinal de fraqueza quanto um sinal de reequilíbrio. Nós não somos perfeitos. A vida é um equilíbrio entre quem nós somos e quem estamos nos tornando.

Se o sistema imunológico é o sistema representacional do eu, você pode fortalecê-lo tornando-se mais sensível ao próprio corpo por meio dos sentidos. Nossas sensações corporais são a música do eu físico. Isso não significa que devemos nos preocupar obsessivamente com o corpo ou nos tornar hipocondríacos. Significa prestar atenção ao corpo diretamente e agir de acordo com os seus sinais. Algumas vezes esses sinais dirão: "Vá com calma, você está trabalhando demais". A doença é o último estágio, quando os sinais mais sutis foram ignorados. O corpo diz: "Tudo bem, vamos ver se você ignora ESSE!".

Você pode começar a desenvolver essa percepção agora. Torne-se consciente de seu corpo. Como você está sentado? Que partes do seu corpo estão desconfortáveis e precisam mudar de posição? Descobrir o seu estado básico já o tornará mais consciente de seu corpo. É irônico dedicarmos tanto tempo ao desenvolvimento de alguns sentidos e negligenciarmos a percepção de nós mesmos, que tem grande efeito em nossa saúde.

Uma alergia é quase como uma fobia do sistema imunológico. Uma pessoa com fobia por aranhas, por exemplo, terá uma resposta irracionalmente violenta ao ver uma aranha ou, até mesmo, imaginando uma. O pensamento lógico não ajuda. A pessoa sabe que a aranha não é uma ameaça, embora tocá-la seja intolerável. Uma alergia ocorre quando o

---

5. Schleifer, S., Keller, S., Camertino, J. et al., "Suppression of lymphocyte stimulation following bereavement". *Journal of the American Medical Society* 250 (1983), pp.374-7.

sistema imunológico reage excessivamente — digamos, a gatos, pó ou pólen. Essas coisas não são ameaças: o sistema imunológico cometeu um erro. Os sintomas típicos da alergia incluem olhos lacrimejantes, talvez espirros, falta de ar ou erupção cutânea. Como as fobias, as alergias geralmente começam na infância, com uma experiência ruim com o alergênio e a reação acompanha a pessoa durante toda a vida.

A asma é uma das alergias mais perigosas. O corpo reage contraindo os bronquíolos, provocando dificuldade para respirar. O gatilho pode ser pequeno, mas a resposta pode ser muito grave, podendo até mesmo colocar a vida em risco. A asma não é bem compreendida pela medicina. Ela pode ser causada por diferentes alergênios e o estresse emocional também colabora. A intensidade e a freqüência dos ataques variam e algumas pessoas têm sorte deixando de sofrê-los após a infância.

Durante um ano, Jorgen e Hanne Lund realizaram um estudo na Dinamarca sobre os aspectos psicológicos da asma e a influência da terapia com a PNL.[6] Havia dois grupos de pacientes no estudo: trinta no grupo de intervenção, que fizeram a terapia com a PNL, e dezesseis no grupo de controle. Os dois grupos aprenderam a monitorar a função pulmonar e a adaptar a medicação, o que lhes proporcionou uma sensação de controle, conscientizando-os de crenças limitadoras e da sua influência na saúde.

No início da pesquisa, nem todos os pacientes ficaram convencidos do valor da terapia. Alguns rejeitaram a idéia e outros concentraram-se nas intervenções médicas. Os dois grupos tornaram-se mais conscientes da maneira como percebiam e reagiam à tensão ambiental. Eles começaram a usar os sintomas como um sinal de que estavam sob tensão e isso aumentou a sensação de controle.

Após um ano, os dois grupos apresentaram uma função pulmonar mais estável, mas o grupo de intervenção apresentou uma melhora maior. A capacidade pulmonar de adultos asmáticos tende a diminuir em cerca de 50 ml por ano e isso aconteceu no grupo de controle. No grupo de intervenção, a capacidade pulmonar *aumentou* quatro vezes — 200 ml. O índice de admissão hospitalar e de ataques asmáticos severos também diminuiu bastante no grupo de intervenção.

Geralmente, as alergias são desencadeadas por âncoras. Num experimento, um médico levou para o hospital um grupo de crianças que desenvolveu ataques de asma ao inalar ar que continha pó. Os pesquisadores recolheram pó das casas de cada uma das crianças e o espalharam no ar dos quartos do hospital. Das vinte crianças, dezenove não apresentaram nenhuma reação.

---

6. Lund, J. E H. "Asthma management", um estudo qualitativo apresentado no Congress of the European Respiratory Society, Out., 1994

Alternativamente, um alergênio não precisa estar fisicamente presente — é possível apresentar a reação alérgica simplesmente pensando nele. Aqui, há esperança. Se podemos influenciar o sistema imunológico a apresentar uma reação alérgica sem a presença do alergênio, deve ser possível influenciá-lo para curar a alergia.

PNL e cura de alergias

A PNL desenvolveu um método para tratar alergias. Ele funciona melhor quando a pessoa é alérgica a uma substância específica, facilmente identificável. O método foi desenvolvido por Robert Dilts, Tim Hallbom e Suzi Smith.[7]

Antes de mais nada, uma advertência: as alergias podem ser extremamente perigosas, podendo até mesmo ameaçar a vida. Esses métodos não pretendem substituir o tratamento médico, mas, sim, trabalhar junto com ele. Se você estiver em dúvida, esqueça-os.

O tratamento de alergias com a PNL reancora o sistema imunológico, eliminando a ligação entre estímulo (o alergênio) e resposta (a reação alérgica). Descreveremos o método como se você estivesse ajudando uma outra pessoa.

O primeiro passo é criar *rapport*. Reconheça a experiência da outra pessoa. Vocês formam uma parceria para modificar a reação alérgica.

Então, comece estabelecendo uma âncora de conforto e segurança. Peça para a pessoa lembrar-se de uma situação agradável, na qual esteja muito relaxada. Ajude-a a encontrar um estado que não esteja relacionado à reação alérgica. Quando você puder ver que ela está relaxada, pelo seu rosto e pela respiração, toque de leve em seu braço, num ponto específico. Essa é uma âncora tátil para aquele estado. Diga-lhe que ao sentir o seu toque, ela se lembrará de voltar para aquele estado relaxado e reafirme que ela pode fazer isso a qualquer momento durante o procedimento.

Quebre o estado, distraindo a sua atenção. Agora, toque novamente em seu braço, no mesmo lugar, e observe se ela volta àquele estado relaxado, agradável. Pergunte-lhe se isso aconteceu. Repita o processo, até ter certeza de que o seu toque a leva para esse estado de relaxamento. Agora você ancorou o estado relaxado ao seu toque e garantiu que, se ela se sentir desconfortável durante o procedimento, você pode levá-la a um estado agradável, neutro. Essa é a âncora "salvamento" de emergência.

---

7. Dilts, R., Hallbom, T., e Smith, S., *Crenças: Caminhos para a saúde e o bem-estar*. São Paulo: Summus, 1993

A seguir, você a faz experimentar *apenas um pouco* da reação alérgica, para poder verificar como ela é. Pergunte-lhe o que acontece quando ela está na presença do alergênio. Observe a mudança em sua respiração, na coloração da pele e, particularmente, na umidade dos olhos. Esses são os primeiros sinais de uma reação alérgica. Na PNL, isso é chamado de "calibrar" a reação — você calibra o estado alérgico observando-o, cuidadosamente, para poder reconhecê-lo novamente.

Depois de ter observado a reação, quebre o estado. Conte uma piada, distraia a atenção dela e faça-a movimentar o corpo.

O próximo passo é explicar o erro do sistema imunológico. Diga-lhe que o alergênio não é perigoso, que o sistema imunológico está realizando um bom trabalho para protegê-la, mas está reagindo ao estímulo errado. Ele ainda pode defendê-la sem reagir tão violentamente a essa substância em particular. Ele aprendeu a reação, agora irá aprender uma nova, mais adequada. Comece referindo-se ao alergênio como "essa substância" e não "o alergênio". Dando-lhe um novo nome, ela começará a pensar nele de outra maneira. Conte-lhe sobre as pesquisas médicas sobre o sistema imunológico, sobre a sua complexidade, seu funcionamento perfeito e como ele pode aprender com a experiência. Se possível, dê exemplos de pessoas que curaram suas alergias.

O próximo passo pode levar algum tempo. Qual a vantagem secundária obtida com a alergia? As alergias trazem benefícios. Elas podem determinar o que as pessoas comem, com quem têm amizade e para onde vão nas férias. Elas podem ajudar a evitar certos tipos de situações sociais, podem ser usadas para controlar os outros ou chamar a atenção. Talvez a alergia à fumaça do cigarro seja uma maneira de evitar que os outros fumem sem precisar ser assertivo. A pessoa que sofre de alergia pode organizar sua vida em função do tratamento médico que recebe. Quando a alergia é curada, talvez precisem reorganizar sua vida, tomar decisões, modificar sua dieta e chamar a atenção de maneiras diferentes. A não ser que essas questões sejam resolvidas, a alergia provavelmente continuará.

Termine com uma pergunta como, "Se essas questões de [dieta, situações sociais etc.] puderem ser solucionadas satisfatoriamente e a sua vida for enriquecida, você estaria disposto a desistir dessa alergia?" Verifique se há qualquer dúvida em seu tom de voz e somente continue se a pessoa lhe der um congruente "Sim".

Em seguida, encontre uma substância para recondicionar o sistema imunológico. Peça para a pessoa pensar numa substância muito parecida com o alergênio, mas sem apresentar a reação alérgica. Por exemplo, uma pessoa pode ser alérgica à picada de abelha, mas não à picada de formigas ou ao pólen da grama, mas não ao pólen de plantas. Faça a pessoa associar-se totalmente à lembrança de quando ela esteve em contato com a substância inofensiva. Observe cuidadosamente sua respiração, os olhos e a coloração da pele para verificar qualquer sinal da reação alérgica. Se houver uma reação, encontre outra substância.

Quando você encontrar um bom recurso e a pessoa estiver totalmente associada à lembrança de estar em contato com ele, ancore-o, tocando a pessoa num lugar específico em seu braço, diferente daquele da âncora de salvamento. Essa é a "âncora de recurso".

Agora, você vai ensinar o seu sistema imunológico a reagir ao antigo alergênio, da mesma maneira como reage à substância inofensiva. O alergênio é uma âncora para a reação alérgica e você a está substituindo por uma nova âncora para obter uma reação neutra. Ao fazer isso, você deve proteger a pessoa da reação alérgica, assim, peça-lhe para se dissociar, vendo a si mesma atrás de uma tela de vidro ou plástico. Peça-lhe para criar uma tela hermética e suficientemente grossa para manter o alergênio fora. Use a âncora de recurso tocando em seu braço e diga-lhe para se ver do outro lado da tela, numa situação na qual poderia encontrar o alergênio. Peça-lhe para, gradualmente, introduzir o alergênio na cena por trás da tela. Você deseja que ela se veja atrás da tela, sentindo-se perfeitamente confortável em contato com o antigo alergênio. Continue a manter a âncora de recurso. Observe a pessoa cuidadosamente e, se houver qualquer sinal da reação alérgica, pare.

Quando ela puder se ver na presença do alergênio sem apresentar a reação alérgica, você estará quase terminando. Ainda mantendo a âncora, gradativamente, reassocie a pessoa. Peça-lhe para fazer a tela diminuir aos poucos, até desaparecer. Então, peça-lhe para trazer aquela imagem de si mesma, sentindo-se confortável na presença do alergênio atrás da tela para dentro do próprio corpo, de modo que ambos voltem juntos para o momento presente.

Finalmente, teste. Remova a âncora de recurso e peça-lhe para se imaginar agora na presença do alergênio e observe se há qualquer sinal da antiga reação alérgica. Geralmente, ela desaparece ou está bastante reduzida.

Então, faça a pessoa imaginar estar em contato com o alergênio no futuro. Esse é o teste final e é conhecido como "ponte ao futuro" em PNL. Você ensaia a pessoa mentalmente, com a nova reação, numa situação futura imaginada. Observe cuidadosamente a pessoa, verificando se há qualquer sinal da antiga reação alérgica.

Melhor ainda, teste a alergia no mesmo instante, se isso for adequado, e se a outra pessoa concordar congruentemente. Se a antiga reação alérgica era muito severa, tome cuidado. A segurança deve ser a sua principal preocupação.

Ambos já utilizamos essa técnica com sucesso. Um colega nosso usava o método em si mesmo e curou-se de múltiplas alergias que costumavam incapacitá-lo durante dias.

Eis um resumo da técnica:

1. *Estabeleça uma âncora de "salvamento".*
   Essa é uma lembrança agradável que a pessoa pode usar se o procedimento for muito desafiador. Ancore-a com um toque no braço. Quebre o estado.

2. *Calibre os sinais da alergia.*
   Peça para a pessoa imaginar rapidamente que ela está na presença do alergênio. Calibre os sinais da alergia (olhos úmidos, mudança na coloração da pele e no ritmo respiratório), para que ambos possam reconhecê-los novamente. Quebre o estado.

3. *Explique o erro do sistema imunológico.*
   Explique como o processo faz sentido e como está bem fundamentado em pesquisas médicas.

4. *Verique as conseqüências mais amplas.*
   Como a vida dela seria diferente sem a alergia? Quais as conseqüências úteis da alergia? Descubra uma forma de manter os benefícios sem ter a alergia. Talvez seja necessário explorar novas maneiras de lidar com situações estressantes.

5. *Encontre um recurso.*
   Ele deve ser o mais parecido possível ao alergênio, porém, sem provocar a resposta alérgica. Peça para a pessoa imaginar que está em contato com ele, como uma lembrança associada. Não deve haver vestígio da reação alérgica. Com um toque no braço, crie uma âncora de recurso para esse estado e mantenha-a até terminar o procedimento.

6. *Faça a pessoa se dissociar.*
   A melhor maneira é pedir-lhe para ver a si mesma do outro lado de uma tela transparente.

7. *Peça-lhe para imaginar que está introduzindo o alergênio.*
   Gradativamente, ela observa a si mesma do outro lado da tela, reagindo normalmente ao alergênio.

8. *Traga a pessoa de volta para si mesma.*
   Faça-a destruir a tela e voltar para si mesma.

9. *Teste e ponte ao futuro.*
Peça-lhe para imaginar estar em contato com o alergênio em algum momento no futuro e observe qualquer reação alérgica. Se for possível e adequado, teste realmente a alergia com a substância à qual a pessoa costumava ser alérgica. Cuidado!

Para a abordagem da PNL, esse é um bom exemplo para trabalhar com problemas de saúde. A PNL é muito pragmática. O *rapport* com a pessoa que você está tratando é essencial. Primeiro, você determina o seu estado atual e, então, determina o estado desejado. Depois, você verifica as conseqüências da mudança. O próximo estágio é descobrir um recurso para ajudá-la a sair do estado atual e ir para o estado desejado. Finalmente, você testa e faz uma ponte ao futuro. O método é bem-sucedido quando a pessoa atinge o seu objetivo. Na prática, você lhe permitiu influenciar seu sistema imunológico pela força dos seus pensamentos e suas palavras influenciaram os pensamentos dela. As palavras são poderosas; elas moldam nossa maneira de pensar a respeito de nossa saúde. Como elas fazem isso é o assunto do próximo Capítulo.

REFLEXÕES

É mais importante saber que tipo de paciente tem a doença do que saber que doença o paciente tem.

Sir William Osler

Provavelmente, Deus não colocou um receptor de opiato em nosso cérebro para que, eventualmente, pudéssemos descobrir como nos drogar com ópio.

Candace Pert

Alguns pacientes, embora conscientes de que sua condição é perigosa, recuperam a saúde simplesmente por ficarem satisfeitos com a bondade do médico.

Hipócrates

A relação entre médico e paciente compartilha uma intimidade peculiar. Ela pressupõe, por parte do médico, não apenas o conhecimento dos seus semelhantes, mas também a solidariedade. Esse aspecto da prática da medicina foi designado como arte. Entretanto, fico imaginando se ele não deveria, mais adequadamente, ser considerado sua essência.

Warfield Longhope,
The Bulletin of the Johns Hopkins Hospital 50, (4), 1932.

CAPÍTULO 7

METÁFORAS DE SAÚDE

Para explicar nossos pensamentos fazemos comparações, contamos histórias e compartilhamos experiências. A PNL usa a palavra "metáfora" para essas comparações, analogias e histórias. "Metáfora" vem do grego e quer dizer "transmitir" e, em si mesma, é uma metáfora. As metáforas não são verdadeiras ou falsas; elas são maneiras de pensar, geralmente úteis e, algumas vezes, limitadoras.

Uma metáfora tem mais significado do que uma simples descrição. Ela é como um ícone num computador, que ganha vida quando o clicamos e nos oferece uma riqueza de significados, não apenas daquilo que ele é, mas daquilo que possibilita e dos limites que estabelece. Ou pense nelas como se fossem hologramas: ao selecionar uma frase que expressa a metáfora, o resto dela está implícito, presente sem ser proferido. É como um *iceberg* abaixo da superfície.

As próprias palavras podem ser ampliadas, criando metáforas a respeito do seu significado. As palavras "saúde", "todo", "saudável" e "sagrado" vêm da mesma raiz anglo-saxônica. A palavra "cura" tem a mesma raiz da palavra "cuidar". "Doença" é a ausência do bem-estar. "Medicina" vem da mesma raiz indo-européia de "medicamento", "meditar"e "medir". Todas sugerem reequilíbrio.

Medicina como guerra

Agora, entramos na briga das metáforas para a saúde. Na medicina, a metáfora predominante não é a do equilíbrio, e, sim, a da guerra. A saúde é principalmente descrita como uma defesa bem-sucedida contra o constante ataque do exterior. Empregamos o vocabulário de guerra com tanta naturalidade, que não pensamos mais nele. A metáfora é poderosa e penetrante. Em sua expressão mais severa, estamos sob o ataque constante de "invasores alienígenas": os germes estão "lá fora" tentando se "infiltrar" e provocar doenças. É preciso uma constante vigilância. Tônicos e vitaminas podem "reforçar as defesas do corpo". Recuperação significa "combater" moléstias, "lutar" contra a doença. Podemos sofrer um súbito "acesso" ou um "ataque crônico" de doença. Observe e escute os conselhos para o vasto arsenal de drogas do armamento médico. Algumas são descritas como "assassinas da dor", outras são "balas mágicas". Muitas delas "combatem" a dor. Quando a guerra termina, o corpo repara os "estragos" feitos pela doença. E o nosso sistema imunológico? Ele deve ser nosso exército particular de guardas de segurança para combater a infecção. Ele "patrulha" o corpo, sempre alerta contra os invasores. Ele os ataca e os mata e, então, remove o entulho. Saúde significa vigilância constante contra germes inescrupulosos — um corpo sob ataque. A "luta contra a doença cardíaca" e a "guerra contra o câncer" são realizadas com um enorme orçamento de defesa para desenvolver um número cada vez maior de equipamentos e drogas para derrotar o inimigo, embora muitas pesquisas mostrem que temos uma participação na criação dessas condições em nós mesmos. Todos nós temos um pé dentro do campo do inimigo.

Uma batalha não pode ser vencida quando você está lutando pelos dois lados ao mesmo tempo.

A metáfora médica predominante — A saúde é uma luta armada

1. Estamos separados do ambiente.
2. Estamos sob o ataque de forças externas sobre as quais não temos controle.
3. O corpo está sob ataque constante.
4. Manter a saúde é uma batalha.
5. Nós vencemos batalhas matando os germes.
6. O corpo é surpreendentemente complexo e apenas os especialistas militares (médicos) o conhecem.
7. O sistema imunológico é uma máquina de matar.
8. Progresso médico significa melhores armas e drogas mais potentes para combater a doença.
9. Embora possamos vencer as batalhas, no final, sempre perdemos a guerra, porque morremos.

As metáforas não são certas ou erradas, mas elas realmente têm conseqüências. Quais as conseqüências de agirmos como se a metáfora de guerra fosse verdadeira? Como ela influencia nosso pensamento? Primeiro, ela atrai nossa atenção para a doença, não para a saúde. Quando estamos sob ataque, naturalmente olhamos para fora, para o ataque do

inimigo. Assim, olhamos "lá para fora" em vez de olharmos "aqui para dentro". Ela estimula nossa dependência dos profissionais de saúde em busca de respostas, como se eles controlassem o nosso poder de cura. Podemos nos dissociar de nossa própria saúde. A cirurgia é a forma mais extrema de dissociação de partes do nosso corpo. Literalmente, nós nos separamos delas. Como uma conseqüência da metáfora de guerra, confiamos demais na capacidade da medicina para reparar o dano com drogas e cirurgia, e ignoramos aquilo que muitos guerreiros consideraram a maior habilidade na guerra: não entrar numa batalha a não ser que você precise.
Como podemos usar a metáfora da luta de maneira diferente? Como seria reagir à moléstia como se ela fosse uma tentativa hostil de outra companhia para assumir o controle? Que planos você faria para derrotá-la? Deve haver métodos melhores do que matar o seu comandante e bombardear os seus quartéis.
As artes marciais seriam uma outra maneira de pensar. Como seria manter a saúde graciosamente, usar a força dos seus oponentes para derrotá-los? Você gostaria de ser um faixa preta em boa saúde?
O que dizem todos os grandes generais sobre vencer guerras? Conheça o seu inimigo. *A arte da guerra* é o tratado militar mais antigo do mundo. Nele, Sun Tzu escreveu:

> Se você conhece o inimigo e a si próprio, não precisa temer o resultado de uma centena de batalhas. Se conhece a si próprio, mas não conhece o inimigo, para cada vitória também sofrerá uma derrota. Se você não conhece nem o inimigo nem a si próprio, sucumbirá em todas as batalhas.

Portanto, ainda dentro da estrutura da metáfora de guerra, você pode assumir o comando da sua saúde. Obtenha o maior número de informações sobre qualquer moléstia que você tenha, lendo, fazendo perguntas, prestando atenção ao seu corpo. Pare de ser um cabo e comece a agir como um general — é o seu exército que precisa ser enfileirado.
A doença pode nos ensinar muita coisa. Freqüentemente, tentamos subjugá-la com drogas, sem compreendê-la ou compreender nossa reação a ela. E há conseqüências, como na vida real — o inimigo volta mais forte e as drogas podem danificar o seu território, o seu corpo.

Saúde como equilíbrio — não é prejudicial ficar doente

Embora você possa usar a metáfora de guerra para assumir o comando da sua saúde, achamos que ela está fora de moda. O conhecimento sobre nós mesmos e sobre nossa saúde tornam-na obsoleta. Sabemos que as aparências enganam e que o corpo não é uma coisa separada do resto do mundo. Há uma troca constante e profunda de ar e alimento. E átomos — no final desse ano, 98% dos átomos do seu corpo serão novos. A camada externa da pele é substituída uma vez por mês. A cada dez dias, criamos um novo revestimento estomacal, e um novo fígado a cada dois meses. Há uma inteligência atuando no corpo, constantemente, renovando-o e mantendo-o vivo. Sentados à beira de um rio, podemos ver que ele tem forma e substância, embora jamais vejamos duas vezes as mesmas moléculas de água, e o mesmo acontece com nosso corpo. Não podemos mais acreditar que as moléstias venham apenas do exterior. Sabemos que o estilo de vida, os hábitos alimentares e os padrões de pensamentos são parcialmente responsáveis pelos atuais assassinos como o câncer e a doença cardíaca. Não podemos nos defender totalmente do mundo. Nós fazemos parte dele.

Saúde como equilíbrio é uma metáfora útil, já utilizada nos capítulos anteriores. Quais as conseqüências dessa metáfora? Nós vivemos em equilíbrio com os microrganismos ambientais e uma infecção mostra que o equilíbrio foi perturbado. A moléstia torna-se um sinal de que estamos fora de equilíbrio e precisamos prestar atenção em nós mesmos. Ficar doente não precisa ser prejudicial. A moléstia pode ser uma maneira para nos reequilibrarmos, do mesmo modo como a febre é um bom sinal, estimulando o sistema imunológico a nos curar mais rapidamente. Muitas pessoas somatizam as suas experiências — elas ficam doentes em momentos decisivos de suas vidas. A sua confusão mental é diretamente transformada em doença física. Isso também pode ser um bom sinal. A antiga maneira de ser era desequilibrada e os sintomas de moléstia podem ser parte da transição.

Saúde como equilíbrio

1. Nós fazemos parte do mundo.
2. Saúde é um equilíbrio entre nossa maneira de ser e o ambiente.
3. A moléstia indica um desequilíbrio.
4. Ficar doente pode ser saudável — pode nos reequilibrar.
5. Nós conhecemos melhor o nosso corpo porque o conhecemos a partir de dentro.
6. O corpo está constantemente se relacionando com microrganismos. Alguns são benéficos, a maioria é prejudicial e outros podem provocar sintomas específicos em hospedeiros suscetíveis.

7. Permanecemos saudáveis cuidando de nós mesmos e prestando atenção aos sinais do corpo.
8. Nós temos controle sobre nossos pensamentos, emoções e ambiente.
9. O sistema imunológico é o nosso eu fisiológico. Ele sabe o que somos nós e o que não é. Ele elimina os antígenos para nos manter saudáveis.
10. A cura é um processo natural do corpo. Se estivermos muito desequilibrados, poderemos precisar de auxílio externo para nos curar.
11. Estamos sempre saudáveis até certo ponto, assim como, de algum modo, estamos sempre equilibrados.

A sua metáfora para a saúde

Diferentes metáforas revelam diferentes maneiras de pensar. Não estamos tentando convencê-lo de que existe uma metáfora "certa", mas estimulando-o a encontrar uma que funcione para você. Você pode escolher as que deseja viver. Elas podem ser tão simples ou complexas quanto você desejar.

Primeiro, torne-se consciente daquelas que você tem. Qual a sua atual metáfora de saúde?

Para descobrir, complete as frases seguintes:

Saúde é como...
Porque...

A maneira de pensar em sua saúde influenciará aquilo que a doença significa para você e aquilo que você faz quando está doente. Agora, complete as frases:

Doença é como...
Porque...

O que essas metáforas lhe dizem?
O que elas permitem?
O que elas proíbem?
O que mais precisa ser verdade para que essas metáforas sejam mantidas?
O que as duas metáforas têm em comum?

Apenas observe quais são suas metáforas. Não tente mudá-las ainda. Depois de analisá-las, talvez você queira metáforas diferentes ou enriquecer aquelas que já tem.
Pense um pouco.
Você gostaria que sua saúde fosse como o quê?

Quero que a minha saúde seja como...
Porque...

Quais seriam as implicações dessa nova metáfora? O que você faria diferente se essa nova metáfora se tornasse verdadeira para você?
Você também pode mudar a sua metáfora de doença:

Eu gostaria que a doença fosse como...
Porque...

Você pode ou não encontrar imediatamente uma metáfora satisfatória. Se for difícil, apenas responda com a primeira coisa que vier à sua mente. Por exemplo:

A saúde é como... uma gargalhada.
Porque... é gostoso.
Agora, uma gargalhada é como o quê?
Uma gargalhada é como... um sopro de ar puro.
Porque... me estimula.

Você pode continuar ligando uma metáfora a outra até conseguir uma que o satisfaça. É interessante comparar a antiga metáfora com a nova. Suponhamos que sua antiga metáfora para saúde fosse uma luta e a nova tomar a água de um rio de águas cristalinas. Como elas se relacionam? O que elas têm em comum? Suponha que você fosse criar uma história que o levasse de uma luta a beber a água de um rio de águas cristalinas. Como ela seria? Como uma luta poderia ser transformada em beber água de um rio? Essa história pode ser tão fantástica quanto você desejar e talvez contenha pistas para sua saúde. É a sua jornada do estado atual para um estado de saúde desejado. As metáforas não são racionais, mas acreditamos que você descobrirá que elas têm uma lógica própria.

Metáforas corporificadas

Que metáfora você tem para o seu corpo? Complete a frase:

Meu corpo é como...
Porque...

Apenas observe qual ela é e quais são as implicações. Você sempre poderá modificá-la se desejar.

Quais as implicações dessa metáfora?
Ela é diferente quando você está bem e quando está doente?
Como os médicos se encaixam nessa metáfora?
Você se sente confortável com ela?
Há alguma metáfora preferida para o seu corpo?
Eu quero que meu corpo seja como...
Porque...

Se seu corpo fosse assim, como a sua maneira de ver os médicos e o tratamento médico mudaria?

Suponha que a sua primeira metáfora fosse a de que o seu corpo é um templo e você prefere que ele seja como um rio de ouro. Como um templo poderia transformar-se num rio de ouro? Novamente, a história da jornada de um para o outro lhe dará uma idéia dos recursos que você precisa mudar, numa linguagem direta e poética.

Carros e encanamentos

Quais são as atuais metáforas da medicina para o corpo? A maioria sugere que ele é mecânico e, portanto, sem vida; mostram o corpo como um conjunto de partes e não como um todo orgânico. O tratamento médico é influenciado pela metáfora predominante. A metáfora do encanamento é bastante popular — o corpo é como uma enorme estação de tratamento, um conjunto de canos transportando ar ou fluidos. O que você faz quando há problemas no encanamento? Você chama um encanador para consertá-lo. Ele cortará e substituirá pedaços de cano ou desentupirá o sistema e fará uma boa limpeza. Ele bloqueará alguns canos e unirá outros. Essa metáfora é limitada, mas pode ser útil. A cirurgia de *bypass* coronariano baseia-se nela. Quando a artéria que leva o sangue para a parede do músculo cardíaco está bloqueada, ela precisa ser desviada ou substituída por veias retiradas da perna. A cirurgia pode ser benéfica, mas para alguns pacientes não tem nenhum efeito sobre a longevidade.

Algumas vezes, o corpo é considerado um carro. Lemos num livro a frase: "Pense em seu corpo como um supercarro. Se você não dirigir muito rápido durante muito tempo, colocar o combustível certo, fizer revisões periódicas e, talvez, lavá-lo ocasionalmente, evitará problemas antes que eles atinjam o motor". Naturalmente, você também poderia sair de férias para "recarregar suas baterias".

Como mantemos um sistema de encanamentos? Como cuidamos de um carro? Já deixamos para trás a época em que os cirurgiões eram açougueiros, mas o que você acha de cirurgiões como mecânicos de carros e encanadores? Médicos como carpinteiros? Técnicos de televisão? Caçadores? Estrategistas militares?

A linguagem dos órgãos

As palavras expressam pensamentos e nossos pensamentos afetam o corpo, o sistema imunológico e a saúde. O que as palavras nos dizem a respeito de como nossos pensamentos estão afetando nosso corpo?

As palavras expressam os nossos estados internos e refletem com precisão nossa maneira de pensar sobre o corpo. Porém, nós não nos expressamos apenas com palavras, mas também com o corpo. As palavras e a linguagem corporal são duas maneiras de dizer a mesma coisa. O corpo expressa nossos estados internos habituais por meio de risadas ou sobrancelhas franzidas.

Possuímos um grupo completo de metáforas sobre o nosso corpo, chamado de "linguagem dos órgãos" — elas usam partes do corpo. Você nunca pensou que alguém é pior do que "um torcicolo"? Essa é uma frase evocativa. Algumas pessoas expressam essa irritação de outra forma. Elas ficam *realmente* com torcicolo. As palavras podem ser proféticas: elas expressam o pensamento e o pensamento afeta o corpo. Elas são como maldições auto-impostas.

Ficamos chocados ao verificar como as pessoas continuam repetindo determinadas frases-chave. Não estamos dizendo que você precisa evitar esse tipo de frases a todo custo, ou elas se tornarão realidade. É a metáfora crônica, constante, tóxica, que pode causar danos. As palavras corroem o corpo como as ondas contra a superfície de um rochedo. Tornar-se consciente da linguagem dos órgãos é o primeiro passo para garantir que seu corpo não refletirá as palavras à sua própria maneira.

Algumas metáforas corporais típicas:

Você está tirando a minha liberdade.
Esse trabalho é estressante.
Essa preocupação realmente está me devorando.
Isso está me deixando louco.
Nesse ritmo, vou ficar exausto.
Você me deixa doente.
Ela está consumida pelo ressentimento.
Você está me dando nos nervos.
Esse trabalho está me matando.
Você não tem fibra.
É uma verdadeira dor de cabeça.
Esse comportamento carece de espinha dorsal.
Isso me vira o estômago.
Apóie-se nos próprios pés.
Não use isso como uma muleta.
Não seja tão mole.
Você tirou um peso de cima de mim.
Ele não dá o braço a torcer.
Essa é dura de engolir.
Nesse clima não dá nem para respirar.
Está partindo o meu coração.
Eles estão sugando o meu sangue.
Isso é descansar carregando pedras.
Você faz meu sangue ferver.
Tire esse peso do peito.

Diagnóstico — morte ou cura

Um diagnóstico também mostra o poder das palavras. Ele é como um encantamento mágico — dá nome ao desconhecido e elimina parte do mistério. É o primeiro passo no tratamento. Quando os médicos dão um diagnóstico, eles estão dizendo: sim, conhecemos essa situação, já a encontramos antes, você não está sozinho. As palavras podem agir como um placebo.

Um diagnóstico também pode ser uma maldição. Para muitas pessoas, a palavra "câncer" é uma sentença de morte. Há um enorme poder nessas seis letras. Para algumas pessoas, um diagnóstico de câncer ou Aids significa morte e, assim, elas perdem a esperança e deixam de lutar pela vida; portanto, tal diagnóstico pode agir como o placebo negativo final.

Há uma poderosa história, contada por Bernard Lown, professor de cardiologia em Harvard, que estava acompanhando seu chefe nas visitas clínicas. O superior de Lown examinou uma mulher de meia-idade que sofria de insuficiência cardíaca congestiva. Voltando-se para os estudantes, ele disse: "Essa mulher tem TS" e dirigiu-se para o próximo paciente. Imediatamente, a mulher ficou angustiada. Ela disse a Lown que achava que TS significava *"terminal situation"** — uma sentença de morte. Lown tentou tranqüilizá-la, explicando que significava "Tricuspid Stenosis",** que é um estreitamento da válvula do coração. Ela desenvolveu uma congestão pulmonar e morreu de insuficiência cardíaca no mesmo dia.[1]

O diagnóstico é a resposta do médico para o enigma dos sintomas do paciente, e, algumas vezes, os médicos dão mais importância ao quebra-cabeça do que ao paciente.

O diagnóstico pode tornar-se um rótulo de identidade nos hospitais, em que os médicos podem se referir aos pacientes pelos seus sintomas e não pelo seu nome — "a apendicectomia do leito 10". Isso é lamentável e despersonaliza o paciente, num momento em que ele precisa de toda a força que puder obter de sua identidade individual. Se você tiver um problema de saúde, não deixe o diagnóstico se tornar uma identidade. Por exemplo, as pessoas com pressão alta podem começar a pensar em si mesmas como "hipertensas" e permitir que essa condição controle todos os aspectos da sua vida. Isso também acontece com pessoas que têm diabetes. O diabetes realmente impõe restrições e dificuldades, mas há uma grande diferença entre dizer: "Eu sou uma pessoa que tem diabetes" e "Eu sou diabético".

Um diagnóstico pode criar uma nova doença e, portanto, legitimar o tratamento médico. Em 1976, um editorial na *Lancet* perguntava: "A tristeza é uma doença?" e exigia um fornecimento mais liberal de tranqüilizantes para as pessoas atingidas.[2]

Nominomania

Um rótulo médico, especialmente se for um complicado nome em latim, dá um ar de respeitabilidade, que uma condição pode não merecer.

**Terminal situation*: situação terminal.
** Estenose tricúspide. Optamos por manter os termos no original em inglês para que se possa fazer a comparação entre as iniciais dos dois termos. (N. do T.)
1. Lown, B. "Introduction". *in*: Cousins, N. *The healing heart*. Norton, 1983, pp.11-29.
2. "Is grief an illness?" Editorial, *Lancet* 2, 1976 p.134.

O diagnóstico mais impressionante e pomposo pode ser simplesmente uma descrição resumida da condição, numa língua morta. A medicina realmente cria doenças. No século XIX, por exemplo, achavam que os escravos dos estados do sul da América sofriam de surtos daquilo que era chamado de "drapetomania". O principal sintoma dessa "doença" era o desejo irresistível de fugir — obviamente, inexplicável para as autoridades médicas da época e, portanto, provocado por um processo patológico. (*Drapeta* é a palavra em latim para escravo fugitivo.) Outros "sintomas" eram a negligência nas tarefas e a quebra de ferramentas. O uso de rótulos psiquiátricos para prender e "tratar" dissidentes na antiga União Soviética é um exemplo mais recente da medicina sob a forma de poder político. Talvez os médicos tenham uma predisposição para a "nominomania" — o desejo irresistível de rotular condições de saúde.

O vocabulário médico é uma linguagem específica, geralmente incompreensível e confusa para quem não exerce a profissão. Cada grupo possui o seu jargão, cujo propósito é associar rótulos simples a processos complexos. (A PNL não é exceção.) Mas quando o jargão médico dissocia os pacientes da própria fisiologia, confundindo-os em lugar de esclarecê-los, deveria ser dispensado. Muitos médicos são excelentes para explicar a doença em termos facilmente compreensíveis. Os pediatras são os que mais necessitam dessas habilidades.

Identifique essa doença!

Traduza para o português essas impressionantes condições. Talvez você descubra que sofre de algumas delas. Isso é perfeitamente normal.
tanatofobia
aptamose
cinofobia
elurofobia
ergasiofobia
fobofobia
luculianismo
baquismo
hedonia
iatrofobia
disponese
hipergelontotrofia

RESPOSTAS
tanatofobia — medo da morte
aptamose — ausência de espirros ou incapacidade de espirrar, (algumas pessoas precisam ser curadas dessa "doença" com terapia eletroconvulsiva)[3]
cinofobia — medo de cães
elurofobia — medo de gatos
ergasiofobia — medo do trabalho (epidêmico nas manhãs de segunda-feira)
fobofobia — medo do medo (uma condição de regresso interminável...)
luculianismo — tendência a comer bem
baquismo — tendência a beber bem (epidêmica nas noites de sábado)
hedonia — definida num livro recente[4] como "distúrbio comportamental manifestado pelo desejo incontrolável de satisfazer necessidades pessoais e obter um agradável sentimento de satisfação". Achamos que toda pessoa saudável precisa dessa condição crônica que, sem dúvida, inclui tanto o luculianismo como o baquismo.
iatrofobia — medo de médicos (que esta lista pode ter instalado)
disponese — não se sentir doente, mas também não se sentir bem (a síndrome do "resmungo")
hipergelontotrofia — desenvolver um senso de humor exagerado (ainda não é um problema médico, mas, cuidado!)

A busca da saúde

Ficamos separados da saúde pela maneira como falamos a seu respeito. Pense na frase: "a busca da saúde" como uma metáfora. Ela insinua que a saúde é uma presa a ser caçada; que ela deve estar fugindo, talvez de mãos dadas com a felicidade. O que isso sugere? Que a saúde está fora de alcance, que você está dissociado dela. Você só persegue alguma coisa que não tem ou que não percebeu que já tem. É possível passar o tempo buscando a saúde por meio de dietas e exercícios e não perceber como você é saudável e como se sente bem nesse exato momento.

Nós falamos sobre "ter" moléstias — um resfriado, pressão alta ou artrite, por exemplo —, mas a moléstia não é realmente uma coisa, é um

---
3. Shukla, G. "Asneezia: a hitherto unrecognised psychiatric symptom". *British Journal of Psychiatry* 147, 1985, pp.564-5.
4. Sweet, W., Obrador, S., e Martin-Rodriguez, J. (eds) *Neurological treatment in psychiatry, pain and epilepsy*. University Park Press, 1977.

processo. Transformá-la num nome é apenas uma referência útil resumida. Não confunda o rótulo com a atividade. Você não pode ter uma moléstia, ela é alguma coisa que você está *fazendo*. Muitos sintomas de moléstias comuns, como nariz escorrendo, dor de garganta e febre, ainda que desconfortáveis, são uma reação do seu corpo a um antígeno e uma tentativa para curá-lo.

Tente esta experiência. Pense numa moléstia ou num problema de saúde que você tenha tido no passado ou esteja sofrendo agora. Vamos tomar um resfriado como exemplo, mas você pode fazer isso com qualquer moléstia. Pense em você quando teve um resfriado. Observe a imagem que você tem disso e quaisquer sons e sensações que a acompanham. Para a maioria das pessoas essa será uma imagem sem movimento, fixa e inalterada. Agora pense, "Estou me curando do resfriado" e observe como a imagem ganha vida. Você está fazendo alguma coisa. Pensar nas moléstias como coisas, tende a colocá-lo num papel passivo. Agora, quebre o estado e coloque o pensamento de um resfriado no passado.

As moléstias e doenças são alguns dos poucos substantivos para os quais não temos um verbo. Nós dizemos: "Eu tenho um resfriado" não "Eu estou resfriando". É estranho "verbificar" uma moléstia, mas é muito mais preciso.

A hipertensão ou pressão sangüínea elevada é um bom exemplo. Ela é uma complexa interação de forças no corpo de uma pessoa, não alguma coisa que elas têm, como olhos azuis. Nós sabemos como elevar deliberadamente a pressão — apenas pense numa experiência desagradável ou desafiadora. A tensão de ter a pressão sangüínea medida por um médico, geralmente, deixa-a mais elevada do que o normal. Em termos médicos, a pressão sangüínea elevada de causa desconhecida é denominada "hipertensão essencial". Mas ela é realmente essencial, ou mesmo, necessária?

Foram realizadas diversas pesquisas fascinantes sobre a pressão sangüínea elevada e sobre como ela é afetada pelo simples ato de falar.[5] Falar durante trinta segundos pode aumentar em 50% a pressão sangüínea. O discurso não precisa ser estressante. A pressão sangüínea simplesmente reflete a comunicação humana: ela sobe quando você fala e desce quando do está calado. Um gráfico da pressão sangüínea de qualquer pessoa durante uma conversa mostraria exatamente quando ela está falando e quando está escutando. Além disso, quanto mais elevada a pressão sangüínea de uma pessoa em repouso, mais ela aumenta quando a pessoa

---

5. Malinow, K., Lynch, J., Foreman, P., Friedmann, E., e Long, J. "Automated blood pressure recording: the phenomenon of blood pressure elevations during speech". *Angiology* 33 (7), 1982, pp.474-9. Ver também: Lynch, J. "The broken heart: the psychobiology of human contact". *in*: Ornstein, R., e Swencionis, C. (eds). *The healing brain*. Guilford Press, 1990.

fala. O discurso rápido aumenta a pressão mais do que o discurso lento. Muitos pacientes hipertensos não respiram livremente quando falam, o que também provoca um aumento na pressão sangüínea.

A pressão sangüínea é uma forma oculta de comunicação. Ela dá um *feedback* reagindo àquilo que você faz, à sua maneira de respirar e se comunicar com os outros. Os pacientes estão sendo ensinados a lidar com a pressão sangüínea reconhecendo os seus sentimentos, afastando-se de diálogos e situações sociais estressantes, falando mais devagar, respirando totalmente enquanto falam e relaxando quando necessário. Eles adquirem uma medida de controle. Achamos que esse é um ótimo exemplo de uma suposta condição fixa transformando-se num processo que, como resultado, aponta para algumas ações benéficas.

Metáforas da medicina

A medicina não é apenas um conjunto de métodos de tratamento, mas também uma maneira de compreender o mundo. Ela se encaixa na visão de mundo e hábitos da sociedade na qual é praticada. A medicina também é pragmática — ela utiliza o que funciona e descarta o que não funciona, apesar da resistência das pessoas interessadas em manter o *status quo*. O perigo é a medicina ficar presa numa visão "correta" de realidade, desprezando ou reprimindo explicações alternativas. Não toleramos isso nas pessoas, portanto, por que as profissões deveriam ser isentadas?

A medicina é necessariamente conservadora. Ela é cuidadosa porque o bem-estar das pessoas e, talvez, vidas, poderiam estar em perigo. Ao mesmo tempo, ela precisa ser humilde; há muitos casos em que o atual sistema médico errou ao tentar defender a sabedoria aceita pelas pessoas.

A medicina alopática — a forma predominante da medicina praticada na sociedade ocidental — é um sistema baseado numa maneira de olhar para o mundo. Se formos fiéis ao espírito da medicina pragmática, então estaremos dispostos a considerar outras metáforas de saúde e moléstia, outros sistemas de medicina. A homeopatia, a osteopatia, a acupuntura e a medicina chinesa desenvolveram filosofias e métodos de tratamento. Todas elas são metáforas alternativas para a saúde e a moléstia. Elas oferecem muitos tipos de prescrições, desde as conhecidas intervenções químicas, talvez na forma de ervas, até as menos óbvias, mas algumas vezes igualmente úteis, intervenções comportamentais, como rir mais ou passar mais tempo com as crianças todos os dias, pois há uma sabedoria nessas atividades, que as drogas não conseguem imitar.

Sistemas diferentes têm metáforas diferentes. Não é uma questão de certo ou errado. Nenhum sistema deveria ser tão arrogante a ponto de reivindicar toda a verdade para si mesmo (o que aconteceu com os apologistas mais rígidos da medicina alopática). Cada sistema tem sua filosofia e metáfora básicas e todos funcionam para algumas pessoas.

Nenhum sistema tem o monopólio da cura: todos obtêm algumas curas, incluindo casos de doença orgânica avançada. Nós escolhemos aquilo que estamos preparados para acreditar.

A congruência e a crença no poder do sistema de medicina utilizado por você são tão importantes quanto o próprio sistema. Informe-se bem. Você pode descobrir que diferentes doenças são melhor tratadas com diferentes modelos de medicina. Por exemplo, não hesitaríamos em fazer um tratamento médico ortodoxo para problemas como apendicite, pneumonia e fraturas em pernas e braços. Entretanto, passada a crise, pode haver outras maneiras de acelerar o processo da cura, talvez pela acupuntura ou homeopatia.

Por outro lado, a medicina moderna oferece pouca coisa para aliviar dores nas costas, a não ser drogas e cirurgias para remover ou recolocar partes da coluna vertebral. Dois terços das pessoas que sofrem de dores nas costas e recorrem à cirurgia acabam sentindo mais dores do que antes. Mas a osteopatia, a quiroprática, a técnica de Alexander ou o método Feldenkrais prestariam atenção ao que a pessoa fez (e provavelmente ainda está fazendo) para provocar a dor, ensinando-as a usar o corpo de outra maneira; pesquisas médicas adequadamente realizadas descobriram que a acupuntura é eficaz para o alívio da dor.[6]

A medicina alopática não pode fazer muita coisa para o resfriado comum. A homeopatia e a aromaterapia podem apresentar resultados melhores. As medicinas chinesas com ervas podem oferecer excelentes resultados para problemas crônicos de pele, como o eczema. Talvez seja necessário considerar os fatores alimentares. Geralmente, para problemas sérios de eczema são prescritos esteróides. Eles podem ter sérios efeitos colaterais, que incluem a supressão do sistema imunológico.

Joseph usa remédios homeopáticos para seus resfriados e gripes porque eles funcionam (para ele). A primeira vez que tomou um remédio homeopático para um resfriado, ele se recuperou rapidamente e estabeleceu uma âncora para se curar com rapidez e facilidade. Não sabemos se ele teve uma recuperação mais rápida do que se não tivesse feito nada. A homeopatia constantemente demonstrou ser benéfica em testes duplo cego,[7] adequadamente realizados, aceitos pela medicina, mas ela ainda tende a ser rejeitada pelo sistema médico porque os médicos não entendem como ela funciona. Isso não faz diferença, uma vez que também não sabemos por que algumas drogas aceitas pela medicina funcionam.

---

6. Particularmente, os estudos no *British Medical Journal* 1 (6053), 1977, pp.67-70 e *Acta Anaesthesiology Scand*, 36 (6), 1992, pp.519-25.

7. Reilly, D. *Lancet*, 10 dez., 1994.

Durante os dez últimos anos, Ian tem feito acupuntura. Ele não começou devido a qualquer doença específica, mas porque estava interessado em suas propriedades preventivas, bem como curativas. Nesses anos todos, a sua experiência mostrou que ele saía da sessão de acupuntura sentindo-se muito bem e essencialmente mais forte.

A experiência de Ian é que a acupuntura funciona. A experiência de Joseph é que a homeopatia funciona. Use aquilo que funcionar para você — você não precisa justificar nem explicar. Confie em sua experiência.

Segunda opinião ou metáfora diferente?

A medicina não é uma ciência exata e a segunda opinião é uma tradição útil e bem-estabelecida. Os médicos são humanos, podem cometer erros, ou seus conselhos podem ser influenciados pelos seus sucessos, que talvez não funcionem com você. Eles usam métodos com os quais *eles* se sentem congruentes, mas isso não significa que você também precise sê-lo. É bom considerar diferentes perspectivas sobre alguma coisa tão importante quanto sua saúde, e é realmente importante se você estiver pretendendo submeter-se a uma cirurgia, pois talvez existam outras possibilidades. Nenhum médico pode conhecer todas.

Quando você tem um problema de saúde, por que se limitar a uma segunda opinião dentro da mesma metáfora? Considere algumas perspectivas diferentes de outras tradições médicas. Não estamos recomendando que você pule de terapia em terapia, sem nenhum motivo em particular. Entretanto, podemos nos limitar ao modelo médico predominante e negar a nós mesmos a escolha de tratamentos que podem ser tão bons ou melhores do que aqueles oferecidos pela medicina ortodoxa. Há mais coisas envolvidas na escolha médica do que apenas ser capaz de escolher o médico, o hospital ou a marca do remédio oferecido.

Há alguns anos, Joseph machucou o joelho e, de repente, pela primeira vez, valorizou algo que considerava garantido — a capacidade de ficar em pé e andar sem sentir dor. Ele queria ficar curado o mais rápido possível. Consultou seu médico que, não sabendo bem qual era o problema, encaminhou-o ao *raio x* e marcou uma consulta com um fisioterapeuta. O fisioterapeuta mostrou-lhe alguns exercícios que ele poderia fazer para não depender de consultas formais. Ele leu livros que mostravam a estrutura do joelho e ficou espantado ao ver como era maravilhosamente projetado para permitir uma série enorme de movimentos.

Durante um curto período, tornou-se um especialista em joelhos e, provavelmente, aborreceu os amigos com descrições sobre o seu funcionamento (ou não, no seu caso). Freqüentou algumas aulas sobre a técnica de Alexander e descobriu como sua maneira habitual de andar havia contribuído para a fraqueza no joelho. Consultou um especialista no método Feldenkrais, que lhe deu alguns exercícios úteis e, novamente, conscientizou-o de que não era apenas um problema de "joelho", era a maneira como ele habitualmente movia todo o corpo. O joelho era o ponto fraco que cedeu. Ele fez alguns exercícios de visualização, utilizou os *insights* de Feldenkrais e Alexander para modificar algumas de suas maneiras habituais de andar e treinou com pesos para fortalecer determinados músculos ao redor do joelho. O joelho ficou mais forte do que era. O problema foi uma oportunidade para corrigir um desequilíbrio que poderia ter lhe causado mais problemas, caso tivesse persistido.

Posições perceptivas

Aceitar uma segunda opinião é um dos aspectos de um importante princípio da PNL — adotar perspectivas diferentes. Quanto mais elas forem diferentes, mais valioso o resultado. Nós aprendemos principalmente avaliando as diferenças. Ser capaz de adotar múltiplas perspectivas é parte da flexibilidade da resposta de pessoas bem-sucedidas. O mundo é sempre mais rico do que a opinião de qualquer pessoa a seu respeito e a realidade, dizem, deixa muito à imaginação.

Há três principais pontos de vista na PNL:

A *primeira posição* é a sua realidade. Como nesse momento você está intensamente consciente dos próprios pensamentos e sentimentos, está na primeira posição. A doença tende a nos colocar fortemente numa espécie de primeira posição.

A *segunda posição* é adotar o ponto de vista de outra pessoa. Você imagina como isso é para ela. Isso faz parte de acompanhar outra pessoa, valorizando seu mundo interior, sem julgá-lo externamente. Os médicos que adotam a segunda posição são populares e muito apreciados.

A *terceira posição* é adotar um ponto de vista imparcial, separado. Você é tão objetivo quanto possível. Dessa posição, você pode analisar seu relacionamento com os outros, em vez de ficar preso ao próprio ponto de vista (primeira posição) ou identificar-se com a outra pessoa (segunda posição).

Adotar essas três visões numa situação é chamado de "descrição tripla". As três posições são importantes e os melhores comunicadores mudam facilmente de uma para a outra. Os profissionais de saúde precisam de todas as três. Eles precisam ser congruentes e saber o que vão fazer, mas também valorizar aquilo que a pessoa sente para ajudá-la a tomar uma decisão. Eles também precisam ser capazes de avaliar seu trabalho objetivamente. A ciência médica geralmente presta muita atenção à terceira posição, ignorando os sentimentos das pessoas e dos pacientes com quem trabalham.

REFLEXÕES

A metáfora está a meio caminho entre o incompreensível e o comum.

Aristóteles

A melhor estratégia é frustrar os planos do inimigo, em seguida impedir a união das forças inimigas, depois atacar o exército inimigo no campo e, a pior política de todas, é atacar cidades fortificadas.

Sun Tzu, *A arte da guerra*

Em toda luta pode ser usado o método direto de batalha, mas os métodos indiretos serão necessários para garantir a vitória. Na batalha não existem mais do que dois métodos de ataque — o direto e o indireto — mas, combinados, eles provocam uma interminável série de manobras.

Sun Tzu, *A arte da guerra*

O maior problema no mundo poderia ter sido resolvido quando ele era pequeno.

Lao Tse

A teoria do germe, de Louis Pasteur, é ficção ridícula.
Pierre Pachet, professor de fisiologia em Toulouse, 1872

CAPÍTULO 8
ESTRESSE

Da metáfora para o estresse. Mas será que avançamos muito? O próprio estresse é uma metáfora. Ele vem da física e da engenharia e descreve tanto a força aplicada a uma matéria quanto o dano ou deformação resultantes. "Tensão", "esforço" ou "sentir-se sob pressão" são metáforas da mesma área. Nós as utilizamos como se elas se aplicassem à experiência humana, da mesma maneira como se aplicam à matéria inerte. Os equipamentos mecânicos e materiais podem suportar muita tensão e então, quebram. Eles têm limitações intrínsecas. Nós temos escolhas. Dois pedaços de ferro suportarão a mesma tensão antes de quebrar, mas as pessoas são muito diferentes, tanto no que se refere àquilo que consideram pressão, quanto na pressão que conseguem suportar.

O estresse também é uma nominalização — um substantivo que oculta um processo. Quem está sendo pressionado, pelo que e como?

O conceito de estresse foi criado por Hans Selye na década de 1930.[1] Ele definiu o estresse biológico como a resposta não-específica do corpo a qualquer exigência feita. Ele também disse que o estresse é "aquilo que acelera o ritmo do envelhecimento pelos desgastes da vida cotidiana".[2] Estas são definições úteis. Para nós, estresse é o dano provocado no corpo em resposta à experiência. Esse dano vem da resposta do corpo aos eventos, não do evento em si. O evento que desencadeia o estresse é chamado "estressante".

É difícil dizer quais são os estressantes, porque eles são diferentes para cada pessoa. Aquilo que provoca estresse numa pessoa é um desafio bem-vindo para outra. Quais eventos e experiências definitivamente provocarão o estresse? Aqueles que superam sua capacidade para lidar com eles, ou, se escolhermos a metáfora da física, aqueles que o tensionam além da sua flexibilidade natural. Lembre-se, a flexibilidade é um dos quatro pilares da PNL. Quanto mais flexível você for, mais poderá reagir

---
1. Selye, H. "The general adaptations syndrome and the diseases of adaptation". *Journal of Clinical Endocrinology* 6 (2), 1946 pp.117-230.
2. Selye, H. *The stress of life*. McGraw-Hill, 1976.

adequadamente e permanecer no controle e, portanto, experimentar menos estresse, independentemente das exigências que lhe fazem. A PNL pode contribuir muito para nos ajudar a lidar com o estresse. Ela desvia o foco do elemento estressante externo para a sua resposta e oferece métodos práticos para criar a capacidade de lidar com ele.

A reação do corpo ao estresse

Quando você enfrenta uma situação desafiadora, três coisas acontecem em rápida sucessão:

• o evento em si mesmo;
• a sua percepção;
• a reação do corpo à percepção do evento.

É improvável que o evento esteja dentro do seu controle. Você tem controle sobre a sua maneira de percebê-lo. Quando você sente que o evento está além da sua capacidade, o corpo reage automaticamente, preparando-se para lutar ou fugir e é essa reação de estresse que provoca o dano.

A reação começa quando a parte simpática do sistema nervoso autônomo é ativada pelo hipotálamo, uma pequena parte do cérebro intimamente associada ao sistema límbico, que controla nossas emoções. O hipotálamo também regula os processos inconscientes do corpo, incluindo temperatura, freqüência de pulso, respiração, equilíbrio de água e pressão sangüínea. Ele secreta um hormônio chamado fator de liberação da corticotropina (CRF) que ativa a glândula pituitária. A pituitária secreta adrenocorticotropina (ACTH), que estimula a glândula supra-renal a secretar cortisol e outros hormônios, como a adrenalina e a noradrenalina. Os hormônios e neuropeptídeos suprimem o sistema imunológico. O hipotálamo também estimula a liberação de beta endorfinas, anestésicos do corpo que nos permitem suportar a dor, a tensão e o desconforto físico. O efeito é nos tornar mais alertas. As pupilas dos olhos dilatam, permitindo a entrada de maior quantidade de luz e os pêlos do corpo ficam eriçados, tornando-nos mais sensíveis ao toque e à vibração. O sangue flui para os grandes músculos, afastando-se do sistema digestivo. Quer a ameaça seja real ou não, experimentamos o mesmo choque bioquímico. Se pensarmos que ela é real, então, para o nosso corpo ela *é*.

Se estivermos realmente em perigo, a reação é muito útil. Nós ficamos alertas e ativos e podemos ultrapassar nossos limites normais. Mas, para algumas pessoas, esse estado de excitação torna-se normal. Elas ficam viciadas em estresse, precisando de um nível cada vez maior para manter

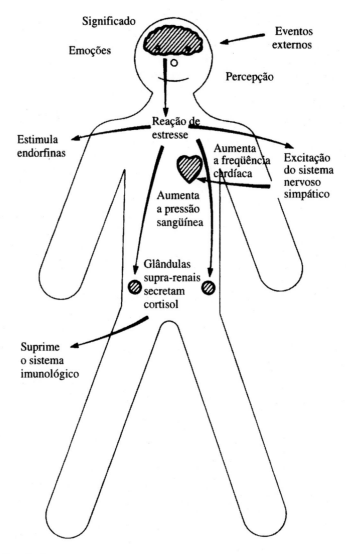

Reação de estresse

a mesma excitação. O estresse age como uma droga e, comparada a ele, a vida normal é monótona. Mas o estresse aumenta a pressão sangüínea, acelera a freqüência cardíaca, perturba a digestão e suprime o sistema imunológico. Ele também prejudica o raciocínio porque o sangue está fluindo em direção aos músculos e afastando-se dos centros racionais do cérebro. O estresse nitidamente crônico não é bom para você. É como dirigir um carro pisando fundo no acelerador, sejam quais forem as condições do tráfego.

Após a reação de estresse, o corpo precisa de tempo para se recuperar, para reabastecer o estoque de hormônios e neurotransmissores. Do contrário, há uma montanha-russa de altos e baixos. Isso pode levar a uma eventual "pane". Nesse meio-tempo, as conseqüências podem ser sérias.

Há maneiras melhores para nos sentirmos vivos e em contato com o mundo e conosco, do que depender do coquetel bioquímico do estresse.

Quem fica doente?

Os psicólogos Suzann Kobasa e Salvatore Maddi realizaram um estudo com duzentos executivos da Illinois Bell Telephone Company na metade da década de 1970.[3] Era uma época difícil para esses executivos, porque a empresa estava envolvida em algumas negociações difíceis com a AT&T. Todos os executivos preencheram um questionário sobre estresse inicial e uma lista de moléstias e sintomas. Todos eram do sexo masculino, de meia-idade, da classe média e casados.

Embora todos experimentassem a mesma quantidade de estresse, apenas cem relataram um grande número de moléstias. O restante apresentava poucos sinais de doenças diagnosticáveis. Kobasa descobriu que os executivos que permaneciam saudáveis tinham uma maneira diferente de considerar os eventos. Para eles, a mudança era uma parte inevitável da vida e uma oportunidade de crescimento, não uma ameaça àquilo que haviam alcançado. Eles acreditavam que, apesar de nem sempre conseguirem controlar o que acontecia, podiam controlar o impacto dos problemas. Eles também estavam profundamente envolvidos com seu trabalho e sua família, o que lhes proporcionava um senso de direção e excitação. Kobasa chamou de "força psicológica" essa

---

3. Kobasa, S. "Stressful life events, personality and health: an enquiry into hardiness". *Journal of Personality and Social Psychology* 37 (1), 1979, pp.1-11.

combinação entre controle, compromisso e disposição para aceitar desafios.
Após esses estudos, o Chicago Stress Project acompanhou as moléstias de 259 executivos durante oito anos. Nos períodos de aumento de estresse relacionado ao trabalho, aqueles que tinham pouca força psicológica apresentaram saúde mais insatisfatória.[4]

Escolha, congruência e desafio

Não podemos evitar eventos desafiadores, portanto, como podemos lidar com eles?

Primeiro, faça uma separação entre lidar com o desafio e lidar com os efeitos do estresse. Algumas pessoas pensam que estão lidando bem quando, na verdade, estão apenas ficando acostumadas ao estresse. Administrar o estresse não é o mesmo que lidar com as causas.

A negação é uma maneira de administrar o estresse no curto prazo. ("Tenso, quem, eu?", respondeu com os dentes cerrados e um sorriso forçado.) Tornar-se *workaholic** é outra: um vício e uma preocupação com o trabalho e não com os resultados reais, que permitem ao *workaholic* ignorar ou justificar os protestos do corpo.

Outras soluções de curto prazo são a cafeína, o cigarro, o álcool, os tranqüilizantes e muitas outras drogas, prescritas ou não. Essas podem causar os próprios problemas.

A melhor maneira de administrar o estresse é evitá-lo. Para isso, você precisa de recursos para lidar com experiências cotidianas potencialmente estressantes.

Esses recursos são:

Escolha;
Congruência;
Desafio.

O que eles significam a partir do ponto de vista da PNL?

Escolha é a habilidade e a disposição para reagir de diferentes maneiras. É a flexibilidade em ação. Quando você tem escolhas, sente-se no

---

4. Maddi, S., e Kobasa, S. *The hardy executive: health under stress.* Dow Jones-Irwin, 1984.

* Sem correspondência em português, significa pessoa viciada em trabalho, que não consegue parar de trabalhar para fazer outras coisas. (N. do T.)

controle. Uma outra maneira de pensar na escolha e no controle é quando há um equilíbrio entre os recursos percebidos e a dificuldade observada no desafio. Se a dificuldade observada for muito maior do que os recursos percebidos, há estresse, pânico, ansiedade ou confusão. Entretanto, quando os recursos são muito maiores do que a dificuldade, então há tédio e indiferença. O melhor equilíbrio está no meio, onde há uma combinação entre os recursos percebidos e a dificuldade observada.

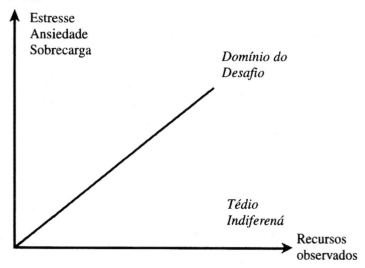

As escolhas vêm do controle sobre o seu mundo interno, não do mundo externo, que não é previsível nem controlável.

As pesquisas mostram que as pessoas que sentem muita necessidade de impressionar e controlar o mundo externo sofrem de contínuo "estresse de poder".[5] Elas experimentam um duplo estresse — querem controlar o que acontece, mas não conseguem e, assim, não lidam satisfatoriamente com aquilo que acontece.

Todos nós temos alguma área de interesse: nos preocupamos com o que acontece, e uma área de influência, em que podemos realmente influenciar o que acontece. Elas se sobrepõem, mas não são a mesma coisa. Não seremos capazes de influenciar tudo aquilo que nos diz respeito.

---

5. McClelland, D., Floor, E., Davidson, R., e Saron, C. "Stressed power motivation, sympathetic activation, immune function and illness". *Journal of Human Stress* 6, 1980, pp.11-9.

Área de interesse e área de influência

Tentar influenciar a área total de interesse é excesso de controle e está associado a um risco maior de doenças cardiovasculares e moléstias gástricas.[6]

No pólo oposto está o controle insuficiente — não agir em situações que estão dentro de nossa área de influência e interesse. O controle insuficiente aumenta o risco de depressão e a sensação de impotência, que pode nos deixar mais predispostos a moléstias em geral e ao câncer em particular.[7]

Observe a tabela abaixo:

	Situação considerada dentro do controle	Situação considerada fora do controle
Ação	A Efetividade Auto-eficiência Domínio	C Excesso de controle, Preocupação Ansiedade, pânico
Inércia	B Desamparo e impotência Depressão	D Aceitação Capacidade para esquecer

Essa é realmente uma boa maneira de pensar.
Não há estresse nas áreas A e D
Sempre que sentir estresse, pense onde você se encontra nesse diagrama.

---

6. Marx, J. "Coronary artery spasms and heart disease". *Science* 208, 1980, pp.1127-30.
7. Levy, S. "Behaviour as a biological response modifier: the psychoneuroendocrine network and tumour immunology". *Behavioural Medicine Abstracts* 6, (1), 1985, pp.1-4.

Você está na parte C, preocupando-se com alguma coisa que não pode influenciar?
Lide com a parte C, esquecendo.
Você está na parte B, sentindo-se impotente diante de tantas exigências?
Lide com a parte B, agindo. Priorize e lide primeiramente com as questões importantes. Não fazer nada piora a situação.
As partes C e B são estados sem recursos e você precisa mudar o estado antes de lidar com quaisquer problemas reais que possa estar enfrentando. Lembre-se de que você não pode lidar adequadamente com um problema no estado sem recursos induzido por ele.
Aja em situações nas quais você pode fazer uma diferença, permaneça calmo quando não pode — e faça uma distinção entre as duas.
O segundo recurso é a *congruência* que, em alguns estudos sobre administração do estresse, é chamado de "envolvimento". É um senso de direção e energia interior, que lhe permite se aproximar daquilo que deseja. Ela é obtida quando todas as suas diferentes partes estão trabalhando juntas em direção àquilo que você deseja.
O oposto seria a incongruência: um estado de divisão interior e indiferença. A incongruência provoca o mau desempenho no trabalho e na saúde. Quando você está incongruente, não há energia nem foco. O conflito interno pode criar um estado debilitado e isso pode ter conseqüências no sistema imunológico por meio das ligações mente-corpo mediadas pelos neurotransmissores. Há um *continuum* de incongruência. Numa das extremidades, há simplesmente a sensação de estar desconfortável numa situação, "puxado pelos dois lados". Isso poderia ser incongruência porque você está num ambiente estranho e não sabe o que fazer. Todos experimentamos esse tipo de incongruência. Na outra extremidade do *continuum* há uma sensação de conflito sobre quem você é — incongruência no nível da identidade. O conflito nesse nível poderia se refletir em sua autoconsciência fisiológica — seu sistema imunológico.
O terceiro é o *desafio*. A percepção do desafio ocorre quando pensamos em objetivos, tornando os eventos oportunidades de nos aproximar daquilo que desejamos. Os eventos não têm um significado fixo, eles podem significar qualquer coisa que você queira — você pode "resignificá-los". Quando acontecer alguma coisa que poderia deixá-lo estressado, pergunte:

O que isso poderia significar?
O que eu gostaria que significasse?
Como isso poderia ser um desafio útil?

Sua definição de estresse

Só você pode definir o estresse para si mesmo e, por isso, não incluímos nenhum questionário sobre estresse neste livro, por mais interessantes que sejam. Como o estresse o afeta? Todos nós temos um ponto fraco. Algumas pessoas sofrem de pressão alta. Dor de cabeça, dor nas costas e tensão nos ombros e pescoço são alguns outros sinais. Indigestão, flatulência, diminuição na qualidade e quantidade do sono sem nenhum motivo, cansaço durante o dia, erupção cutânea, úlceras ou resfriados e gripes freqüentes também são sinais de que você pode estar sob estresse. Irritação, inquietação ou problemas de concentração também podem ser sinais de estresse.

Faça uma lista de como o seu corpo manifesta o estresse. Esse é um valioso *feedback*.

Você deve começar de onde está, portanto, acompanhe a si próprio. Você não eliminará todo o estresse da sua vida da noite para o dia. Considere estas perguntas:
Quanto estresse existe agora em minha vida?
De onde ele vem?
Posso ver algum padrão?
Sofro mais com os sintomas do estresse em determinados momentos — fins de semana, férias, cumprindo prazos?

Pode haver muitas causas para o estresse. Conhecendo as coisas que o deixam estressado e estão dentro da sua área de influência, você poderá começar a lidar com elas. Uma das melhores maneiras de analisá-las é pelos níveis lógicos.

Os níveis lógicos de estresse

Ambiente

O que o deixa estressado no ambiente? Há infinitas possibilidades: uma longa viagem até o local de trabalho, um escritório apinhado e barulhento, aparelhos domésticos que não funcionam, uma briga com uma pessoa querida. Seu trabalho poderia provocar estresse se exigissem muito de você e você não tivesse poder de decisão. Para aliviar o estresse, talvez seja necessário mudar o ambiente.

Que recursos o ambiente oferece para lidar com o estresse? Uma das causas do estresse é não saber o que vai acontecer. A informação proporciona uma sensação de controle. Estudos com pacientes hospitalizados que receberam informação e apoio relacionados à sua condição descobriram que eles permaneciam menos tempo no hospital e recuperavam-se mais rápido.[8]

Comportamento

O que você faz que lhe provoca estresse? Alguns exemplos são deixar as coisas para o último minuto, provocando uma pressão constante, e satisfazer às exigências de outras pessoas quando preferiria não fazê-las. As mudanças na rotina podem causar estresse. Há muitas possibilidades. Você saberá o que provoca estresse se prestar atenção ao *feedback* do seu corpo.

Que comportamento você tem como recurso? Reservar mais tempo para viagens é um exemplo. Dizer "não", de vez em quando, pode ser um grande prazer se você está acostumado a dizer "sim" e se arrepende. Alternativamente, dizer "sim" quando geralmente diz "não" e depois sente-se egoísta. O prazer físico é um grande recurso, como ouvir música, fazer tranqüilamente uma boa refeição, passar algum tempo com as crianças, assistir a um filme ou fazer exercícios.

Capacidade

Se você tem a capacidade de desencadear ansiedade em si mesmo, então você desenvolveu determinada habilidade. É quase certo que você tenha aperfeiçoado a arte de imaginar como alguma coisa chegará a uma conclusão insatisfatória. Provavelmente, você faz isso criando filmes mentais de como as coisas poderiam sair erradas e vendo as terríveis conseqüências. Essa é uma habilidade. Ela demonstra sua capacidade de imaginar tão vividamente, a ponto de realmente alterar a química do seu corpo. Talvez você possa empregar esse talento de outra maneira. O que aconteceria se você usasse a mesma habilidade para imaginar vividamente como seriam os quinze minutos após uma conclusão *satisfatória* da situação e, então, como poderia tê-la alcançado?

---

8. Mumford, E., Schlesinger, H., e Glass, G. "The effects of psychological intervention on recovery from surgery and heart attacks: an analysis of the literature". *American Journal of Public Health* 72, (2), 1982, pp.141-51.

Crenças e valores

Talvez você não esteja acostumado a pensar nas crenças e valores como sendo capazes de provocar estresse ou como recursos a serem usados contra ele, mas essa é a área em que a mudança pode ter maior efeito. Nós carregamos nossas crenças conosco, portanto, elas causarão estresse onde quer que nos encontremos. Quanto mais rígidas forem as nossas crenças e expectativas, mais experimentaremos o estresse, pois o mundo não vai desviar do seu curso para satisfazer às nossas necessidades. Quais crenças poderiam ser estressantes? A crença de que as pessoas não são confiáveis e estão prontas para enganá-lo na menor oportunidade irá provocar estresse e mantê-lo. O próprio modelo médico é um conjunto de crenças estressantes. Ele sugere que quando estamos doentes não controlamos o corpo e precisamos procurar especialistas para curá-lo. Por outro lado, a crença de que você é totalmente responsável pela própria cura e de que ninguém pode, nem irá ajudá-lo, também é estressante.

Todas as crenças que o colocam à mercê dos outros ou dos acontecimentos, ou que significam que você não tem escolhas para reagir às situações, contribuirão para o estresse. Aqui, os valores também são importantes. Se você sofre algum tipo de estresse repetitivo em sua vida é provável que, por trás dele, haja alguma coisa que você valorize. O que você está tentando alcançar? Deve haver maneiras melhores para conseguir aquilo que você deseja sem o estresse.

Todas as crenças que aumentam sua sensação de controle, tanto sobre si próprio quanto sobre o ambiente externo, são recursos. A crença em sua habilidade para controlar situações em sua vida, automaticamente, reduzirá o estresse. Essa crença é conhecida como "auto-eficácia" e foi extensivamente estudada por Albert Bandura e seus colegas na Universidade de Stanford.[9] Eles descobriram que quanto mais as pessoas acreditam que podem lidar com um desafio, menos o estresse afeta seu corpo. As pessoas com essa crença têm sistemas imunológicos mais fortes.[10]

Como criar a auto-eficácia?

- *Criando um conjunto de experiências de referência a partir da própria história de sucesso e fracasso.*

---

9. Bandura, A. "Self-efficacy towards a unifying theory of behavioural change". *Psychological Review* 84, 1977, pp.191-215.
10. Bandura, A. "Perceived self-efficacy in the exercise of control over Aids infection". Dissertação apresentada no National Institutes of Mental Health and Drug Abuse Research Conference on Women and Aids, Bethseda, MD, 1987.

Observe seus sucessos, por menores que sejam. Logo, eles aumentarão. Os sucessos só contam se você foi diretamente responsável. Os casos em que você recebeu o crédito sem participar não contam.
- *Modelando outras pessoas.*
Observe outras pessoas enfrentando os mesmos tipos de desafios. Que qualidades elas usam para ter sucesso? Quais as diferenças entre aquelas que conseguem e aquelas que não conseguem? O que elas fazem? Em que elas acreditam? O que é importante para elas? Se é possível para elas, por que não para você?
- *Encontrando um mentor, alguém que irá ajudá-lo e encorajá-lo diretamente.*
Um mentor não precisa ser uma pessoa real; pode ser um personagem de um livro ou de um filme. Ele não precisa estar fisicamente presente e você não precisa conhecê-lo. Ele pode ser um personagem histórico que o tenha inspirado. Quando precisar de encorajamento e ajuda, pense: "O que ele me aconselharia a fazer?.

Identidade

Se o estresse for tão grande a ponto de você não saber em que acreditar, você ainda tem um recurso — sua identidade. Ao atingir esse nível, você saberá quem é e, a partir daí, saberá o que fazer. Uma autoconsciência forte é um grande recurso contra o estresse. Nesse nível, o único estresse poderia ser uma *falsa persona*. Ela pode se revelar de duas maneiras. A primeira é interpessoal, quando a pessoa nunca deixa ninguém ver o seu verdadeiro eu e, provavelmente, trabalha em lugares que não lhe permitem se expressar. A segunda maneira pela qual uma *falsa persona* pode se revelar é como uma máscara colocada em benefício do eu e dos outros, para proteger a pessoa real. Ela pode ter iniciado na infância, quando a pessoa não sabia como lidar com as coisas e usou a *persona* como um meio para conseguir. Quando isso acontece, a pessoa viverá a estranha experiência de sentir-se vazia e seu comportamento será superficial. Profundidade é equilíbrio em outra dimensão.

Além da identidade

Finalmente, o maior recurso de todos é ultrapassar os limites da sua presente identidade, incorporando-a a uma autoconsciência mais plena — criando um novo sentimento de ligação com os outros. Há muitas maneiras de alcançar isso, incluindo o amor, a experiência religiosa e a meditação. Nessa esfera, não há respostas simples, mas uma possível jornada, pelo menos durante algum tempo, para além do estresse.

Níveis lógicos

	Estresses	Recursos
Ambiente		

Comportamento

Capacidade

Crenças e
valores

Identidade

Além da
Identidade

Estratégia para lidar com o estresse

Quando seu corpo mostrar que você está sob tensão:
1. Reconheça as sensações em seu corpo. Acompanhe a si próprio. As sensações são verdadeiras, mesmo que você pense que não deveriam estar lá.
2. Focalize o incidente estressante.
3. Que significado você dá a essa experiência?
   Quando tiver uma resposta e, normalmente, ela virá rapidamente, pergunte-se: "O que mais isso poderia significar?" E, então: "O que eu gostaria que significasse?
4. Você pode fazer alguma coisa a esse respeito?
   Ela está dentro de sua área de influência?
   Se não estiver, deixe o incidente para trás e siga em frente.
   Se estiver, que recursos você tem para lidar com ele?
   Nessa situação, o que você quer que aconteça?
   Qual é o seu objetivo?
5. O que você pode aprender com esse acontecimento, para poder evitá-lo na próxima vez?

Você constrói a realidade

A PNL, como muitos outros sistemas de psicologia e filosofia, sugere que nós não vemos o mundo como ele realmente é, mas construímos um modelo dele. Nossas percepções são filtradas pelos sentidos e nossas experiências são interpretadas à luz de nossas crenças, interesses, educação, preocupações e estado de espírito. Desenhamos um mapa e navegamos pela vida com ele. Se for um bom mapa, iremos longe e aproveitaremos a viagem. Um mapa limitado garante uma viagem limitada. Todos nós viajamos pelo mesmo território, porém, com diferentes mapas. Através da história, as pessoas lutaram e morreram em discussões para saber qual o mapa certo. A PNL não dá o mapa "certo", mas pretende lhe mostrar um pouco sobre a criação de mapas. Ela também pode ampliar o seu mapa, para que você possa fazer uma viagem mais interessante.

A PNL sugere que criamos nossos mapas de três principais maneiras:

- Primeiro, anulamos partes de nossa experiência. De todas as possíveis imagens, sons, sentimentos, sabores e odores disponíveis, estamos conscientes apenas de alguns. A anulação é essencial — ficaríamos sobrecarregados se não fôssemos seletivos com relação àquilo que vamos dedicar a nossa atenção. Nós filtramos nossa experiência baseados em nossas crenças, interesses e estado de saúde. Se alguma vez você já ignorou uma dor para terminar um trabalho ou se procurou as chaves que estão debaixo do seu nariz, sabe o que é anulação.
- Segundo, nós distorcemos, dando importância a algumas partes de nossa experiência e desvalorizando outras. Distorção é como nós criamos significado e valor a partir daquilo que nos acontece. Sem ela, temos apenas um mundo monótono e cinzento de fatos e objetos. A distorção é a base da criatividade e da arte. Ela também é a base da desconfiança, da paranóia e da incompreensão. É como nós interpretamos os nossos sintomas. Por exemplo, uma pessoa pode culpar outra por ter-lhe passado um resfriado, embora ela possa ter estado milhares de vezes em contato com pessoas resfriadas, sem ter contraído nenhum.
- Terceiro, nós generalizamos a partir de experiências, deduzindo regras baseados num pequeno número de casos. Nós aprendemos pela generalização. Por exemplo, aprendemos a fazer qualquer cálculo por meio das leis da aritmética a partir de alguns problemas. As crenças são generalizações. A generalização é essencial: nós enfrentamos o desconhecido baseados naquilo que conhecemos. Ela só é um problema se escolhemos o exemplo errado para gene-

ralizar ou se não permanecemos abertos a novas experiências. Por exemplo, se uma pessoa nos enganou, seria tolo generalizar e presumir que todo mundo é desonesto.

Todos nós anulamos, distorcemos e generalizamos. Mas, como nos sistemas representacionais, as pessoas tendem a utilizar um dos três e, assim, algumas pessoas anulam mais, outras distorcem mais e outras generalizam mais. Os três processos são úteis, a maneira como os aplicamos é que pode causar problemas.

As pessoas que anulam demais podem não ser sensíveis ao próprio corpo. Ao anular a dor e o desconforto podem exigir muito de si mesmas e ignorar os avisos enviados pelo corpo. Elas também podem anular informações sobre os sentimentos dos outros e parecer insensíveis. As pessoas que distorcem podem ser hipersensíveis às próprias sensações, podendo chegar à hipocondria. Elas podem ser muito sensíveis com os outros, interpretando o que dizem e fazem. As pessoas que generalizam demais podem ser muito inflexíveis e seguir regras estabelecidas de conduta, esperando que os outros façam o mesmo. Elas podem tentar usar a solução de ontem num problema atual e encontrar dificuldades para lidar com mudanças.

A generalização pode prejudicar sua saúde

Determinadas maneiras de pensar aumentam o risco de moléstias. O dr. Martin Seligman e seus colegas, na Universidade da Pensilvânia, realizaram estudos sobre aquilo que denominam "estilo atributivo" — como explicamos aquilo que nos acontece.[11]

O primeiro é o estilo pessimista. Não se trata de procurar desgraças, mas uma maneira de explicá-la quando ela acontece. Ele tem três componentes:

- As pessoas que usam esse estilo presumem que qualquer desgraça é culpa delas. Elas se culpam, anulando os fatores externos e generalizando, assumindo toda a responsabilidade. Para que isso faça sentido, elas também simplificam o evento e essa é uma forma de distorção.
- Elas tendem a pensar que a situação persistirá. Nada vai mudar, o mundo é estável. Elas generalizam a partir de um evento, achando que a vida será sempre dessa maneira.
- Terceiro, elas generalizam novamente e acham que isso afetará tudo o que fazem.

---
11. Seligman, M. "Helplessness and explanatory style: risk factors for depression and disease". Dissertação apresentada no encontro anual da Society of Behavioural Medicine, San Francisco, Mar., 1986. Também Peterson, C., e Seligman, M. "Causal explanations as a risk factor for depression: theory and evidence". *Psychological Review* 91 (3), 1984, pp.347-74.

O padrão de pensamento triplamente pessimista é conhecido como IEG (interno, estável, global) na literatura médica. Ele conduz ao que Seligman chama de "impotência aprendida", ou seja, desistir porque parece que nada fará diferença. Esse é um padrão fatal, levando à depressão e a uma sensação generalizada de impotência, aumentando o risco de moléstias.

Estratégia da depressão — "Catastrofizar"

A estratégia seguinte é conhecida como "catastrofizar":
- Culpe a si mesmo. É tudo culpa sua. O mundo exterior é bom. E, além disso, diga a si mesmo que isso acontece pelo tipo de pessoa que você é (identidade), não pelo que você fez (comportamento).
- Pense que as coisas sempre serão assim, que nada mudará. Nada que você fizer fará diferença.

Acredite que isso irá afetar tudo o que você faz.

Quando alguma coisa der certo, inverta esse procedimento:
- Diga para si mesmo que é apenas um golpe de sorte e que não tem nada a ver com você ou deixe que outras pessoas recebam todos os méritos.
- Diga para si mesmo que não vai durar muito.
- Acredite que isso tem pouco ou nenhum efeito no resto de sua vida.

O outro estilo atributivo é o otimismo. Esse é externo, instável, específico (EIE). As causas externas recebem a devida importância, não há culpa. Os acontecimentos são considerados no contexto, não generalizados.

Tanto o otimismo quanto o pessimismo podem ser verdadeiros, ambos são impossíveis de provar. Eles são maneiras diferentes de olhar para o mundo. Podendo, escolha a maneira mais saudável — o otimismo.

Estratégia de otimismo

Use a anulação, a distorção e, particularmente, a generalização para tornar-se mais saudável. Pense em experiências desagradáveis tais como:
- Uma combinação de circunstâncias externas associadas à sua reação. Não é fracasso, mas um *feedback* sobre o seu comportamento, não a pessoa que você é.

- Um incidente isolado. Pense que você poderia ter agido de forma diferente para evitar o sofrimento, para aprender com a experiência.
- Um incidente específico que terá pouco efeito, se tiver algum, sobre suas outras atividades.

Quando alguma coisa der certo, inverta essa maneira de pensar:
- Receba os méritos.
- Lembre de todas as outras ocasiões quando as coisas deram certo.
- Pense em como isso afetará sua vida e como você pode aprender para ter a mesma sorte no futuro.

Otimismo e saúde — o estudo de Harvard

Alguns estudos relacionaram um estilo de pensamento otimista à saúde. Um dos estudos foi realizado durante 35 anos, em associação com o Harvard Study of Adult Development, usando um grupo de integrantes saudáveis e bem-sucedidos das turmas de Harvard de 1942 a 1944.[12] O nível habitual de otimismo ou pessimismo dos sujeitos foi inicialmente eliciado por meio de um questionário. A cada cinco anos, os sujeitos eram submetidos a um exame médico completo. À medida que envelheciam, sua saúde tendia a piorar. Entretanto, apesar de todos terem iniciado o estudo extremamente saudáveis, a diferença entre os mais saudáveis e os menos saudáveis tornou-se maior à medida que o tempo passava. Dos 99 homens estudados, 13 morreram antes dos sessenta anos de idade. Os resultados eram simples e inequívocos. No total, os homens que usaram explicações otimistas para eventos ruins aos 25 anos de idade, estavam mais saudáveis posteriormente (depois dos quarenta), do que aqueles que apresentavam explicações pessimistas. Os benefícios eram particularmente visíveis entre os quarenta e os cinqüenta anos. A saúde do grupo pessimista mostrou uma marcante deterioração que não pôde ser atribuída a nenhuma outra variável.

---

12. Peterson, C., Seligman, M. e Valliant, G. "Pessimistic explanatory style is a risk factor for physical illness: a thirty five year longitudinal study". *Journal of personality and Social Psychology* 55, 1988, pp.23-7. Ver também: Peterson, C., e Bossio, L. *Health and optimism*. The Free Press, 1991, pp.25-31 para um resumo desse experimento.

> Os resultados foram estatisticamente significativos: havia menos de uma chance em mil de que fossem aleatórios. A ligação entre o hábito de fumar e o desenvolvimento de câncer no pulmão é estatisticamente menos consistente.

Relacionamento e *rapport*

Os relacionamentos são uma importante fonte de estresse na vida da maioria das pessoas. Alguns relacionamentos de boa qualidade, provavelmente, são a melhor maneira de manter a saúde e o bem-estar. Um bom relacionamento consigo próprio é o lugar para começar. Todo tipo de desentendimento e conflito que encontramos no mundo exterior também pode ocorrer dentro de nós. O bom relacionamento entre nossas diferentes partes é um espelho da maneira como nos relacionamos com os outros.

O *rapport* — a qualidade de confiança e receptividade — é a base dos bons relacionamentos. O *rapport* é criado pelo acompanhamento em todos os níveis lógicos. Você cria *rapport* consigo mesmo acompanhando a si próprio. Reconheça os seus sentimentos, preste atenção ao seu corpo e ao ambiente interior. Proporcione ao seu corpo o descanso, o exercício e a nutrição de que ele precisa. Reconheça aquilo que você faz e aquilo que é capaz de fazer, sem inicialmente tentar mudar. Reconheça suas crenças e valores, sendo fiel àquilo que você acredita e àquilo que é importante para você. Reconheça sua identidade, a pessoa que você é, não como um ícone fixo, mas como um ser mutável e em evolução. Isso lhe abrirá o caminho para ir além da identidade.

Para criar *rapport* com os outros, acompanhe-*os* em todos os níveis lógicos. Confirme a identidade deles, trate-os por aquilo que eles são, não por quem você acha que deveriam ser. É fácil criar símbolos ou ícones dos outros e, então, responder às máscaras, não às pessoas. Então, acompanhe suas crenças e valores. Você não precisa concordar com eles, apenas os reconheça. Terceiro, acompanhe as suas capacidades. Respeite sua maneira de pensar e agir. Reconheça as suas habilidades. Você pode acompanhar o seu comportamento, assemelhando a sua postura e tom de voz para obter *rapport*. Essa é uma área que a PNL estudou profundamente e que é descrita detalhadamente em outras publicações.[13]

---

13. Ver O'Connor, J., e McDermott, I., *Principles of NLP.* Thorsons, 1996. E também O'Connor, J., e Seymour, J. *Introdução à programação neurolingüística.* São Paulo: Summus, 1995

Um espelho do relacionamento

Gostaríamos de lhe dar um processo para explorar qualquer tipo de relacionamento, particularmente um relacionamento estressante. O relacionamento é uma via de mão dupla e, algumas vezes, estamos tão preocupados em mudar a outra pessoa que não notamos que aquilo que estamos fazendo é parte do problema. Ser capaz de mudar as suas respostas está dentro do seu controle. Mas você precisará ver as coisas de maneira diferente.

Primeiro, pense na pessoa com a qual você tem dificuldades. Imagine que você está novamente com ela. Associe-se a essa lembrança. Como você rotularia o comportamento dela? "Hostil", "passivo", "retraído"? Quais os seus sentimentos com relação à outra pessoa? Por exemplo, você pode estar zangado, frustrado ou impotente. Esses são os seus sentimentos a respeito dela, naquela situação. Essa é a sua resposta àquela pessoa, na primeira posição, naquele relacionamento.

Em que nível lógico você acha que ocorre o conflito? Trata-se de um comportamento, de um desafio às suas crenças ou uma ameaça à sua identidade?

Então, quebre o estado, pense em alguma outra coisa.

Segundo, assuma a segunda posição. Imagine que você é a outra pessoa.
Sendo essa outra pessoa, como é a experiência para você?
O que você está tentando alcançar? O que você sente a respeito do relacionamento?
Quebre o estado e volte para si mesmo.

Agora, saia do relacionamento e torne-se um observador separado. Isso é ir para a terceira posição. Uma boa maneira de fazê-lo é imaginar um palco à sua frente. Veja a outra pessoa e você no palco. Veja essa outra pessoa fazendo aquilo que ela faz. Veja a si mesmo reagindo a ela.
Modifique a pergunta: "Como posso modificar o comportamento dessa pessoa?", para: "Como estou reforçando ou desencadeando o comportamento dessa pessoa?"
De que outra maneira você poderia reagir a ela? O que o impele de continuar fazendo o que você faz nesse relacionamento?

149

O que você poderia fazer diferentemente e tornaria impossível para ela reagir da maneira antiga? Que estado emocional seria um recurso para você nessa situação?
Talvez ela também esteja procurando uma nova maneira, mas não saiba como mudar o antigo padrão. É muito raro um relacionamento ser desconfortável apenas para uma das pessoas envolvidas.
O que você sente com relação às suas atitudes nessa situação?
Que conselhos você daria para si próprio nessa situação?
Você está irritado com a sua incapacidade para influenciar a outra pessoa?
Essa irritação é útil?

Todas essas perguntas ajudam a obter uma nova perspectiva, especialmente porque o seu relacionamento consigo próprio geralmente reflete o seu relacionamento com os outros.
Finalmente, tenha em mente aquilo que você deseja nesse relacionamento.
Você quer que ele continue como é?
Quais as vantagens de ele ser como é?
Que tipo de relacionamento positivo você deseja?
O que você pode fazer para alcançá-lo?

REFLEXÕES

Um otimista pode enxergar uma luz onde não existe nenhuma, mas por que o pessimista sempre precisa correr para apagá-la?
Michel de Saint-Pierre

Deus, dê-nos a graça de aceitar com serenidade as coisas que não podem ser modificadas, coragem para modificar as coisas que deveriam ser mudadas e sabedoria para distinguir uma da outra.
Reinhold Niebuhr

A música que pode atingir mais profundamente e curar todas as doenças é o discurso cordial.
Emerson

O homem que é um pessimista antes dos quarenta e oito anos de idade sabe muito: se for um otimista depois disso, sabe muito pouco.
Mark Twain

O otimista proclama que vivemos no melhor mundo possível e o pessimista teme que isso seja verdade.

James Cabell

Um pessimista é alguém que, quando confrontado com duas escolhas desagradáveis, escolhe ambas.

Anônimo

A mudança e a dor são parte da vida, mas o sofrimento é opcional.

Anônimo

CAPÍTULO 9
PREOCUPAÇÃO E ESPERANÇA

Na ausência da certeza, não há nada de errado na esperança.

Carl Simonton

A preocupação é estressante e merece uma seção inteira. Já é suficientemente ruim quando ocorre uma desgraça, mas preocupar-se com as conseqüências é o que a piora. Pior ainda, nós geralmente nos preocupamos com aquilo que pode acontecer, mas que não aconteceu. Sentimo-nos mal antecipadamente, sem nenhum motivo. A situação pode ser imaginária, mas o estresse criado por ela é bastante real. A preocupação pode eliminar o sono e provocar dores nas costas e problemas gastrintestinais, como colite e flatulência. E, mesmo quando os problemas são reais, a preocupação não faz nada para solucioná-los.

Nós somos capazes de nos preocupar com *nada*. As coisas podem não dar certo de inúmeras maneiras. Quanto mais você tem, mais tem com o que se preocupar. Nós nos preocupamos conosco, com as pessoas que amamos, especialmente com nossos filhos. Como se isso não bastasse, há preocupações relacionadas ao trabalho e preocupações globais: superpopulação, aquecimento global e a destruição da camada de ozônio. Preocupação é a ansiedade relacionada a futuros acontecimentos ruins. É o oposto da esperança — esperar um futuro bom ou melhor.

Como todos os estados mentais, a preocupação tem uma estrutura que a PNL pode estudar. Conhecendo a estrutura, você pode modificá-la.

A estrutura da preocupação

A preocupação tem algumas características típicas:

- Há muitos pensamentos, porém nenhuma ação. A preocupação inibe a ação.
- A preocupação faz você se sentir completamente responsável ou completamente impotente. Causa e efeito são como os extremos

opostos de uma gangorra. Um tipo de preocupação deixa-o caído e abandonado na extremidade causal. Você pode se considerar totalmente responsável pelo que vai acontecer, que tudo depende dos seus atos e que, quando algo não der certo, você será o culpado. O outro tipo de preocupação é igualmente desconfortável. Agora você está no lado do efeito da gangorra, à mercê dos eventos que aterrissam no outro lado e, metaforicamente, o arremessam para cima. Você pode achar que está totalmente à mercê dos eventos. Essas são simplificações. O mundo real é muito mais complexo. Nós podemos influenciar os acontecimentos, mas não temos controle total sobre eles, nem eles sobre nós.

• A preocupação não é *dirigida* a um objetivo: ela se *afasta* de eventos indesejáveis. Para se afastar, você precisa criar conseqüências indesejáveis das quais se afastar. Assim, você imagina que tudo que puder sair errado, sairá errado — geralmente em detalhes indesejáveis. O pensamento voltado a um objetivo é o oposto da preocupação porque, ao dirigir-se a um objetivo, você começa a fazer um plano de ação e isso elimina o poder da preocupação.

• Não há uma verificação do mundo externo. A preocupação anda em círculos, é como ficar preso num desenho de Escher, em que você perde a perspectiva e descobre que está na parte inferior da mesma espiral, logo quando esperava sair no topo. É construir uma curva dentro de outra. As curvas nunca terminam, elas são construídas de acontecimentos imaginários, portanto, não podem ser solucionadas porque qualquer outra possibilidade leva-o novamente para dentro. A única forma de solucioná-las é fazer alguma coisa no mundo real — obter mais informação, dar um telefonema, falar com outras pessoas para obter outras perspectivas.

A preocupação é uma estratégia — uma seqüência de pensamentos e comportamentos — e, com freqüência, ocorre naturalmente.
Geralmente, a seqüência começa com uma voz interna dizendo algo como, "Suponha que X aconteça?". Em seguida, fazemos imagens mentais das possibilidades desagradáveis de X. As imagens são construídas e geralmente próximas, com movimento e associadas, como se estivessem acontecendo agora, e não em nossa futura linha temporal. Ao olharmos para elas, sentimo-nos mal — exatamente como nos sentiríamos se os eventos estivessem realmente ocorrendo.
A PNL tem um forma abreviada para expressar diferentes tipos de raciocínio:

Diálogo interno é escrito como D^I_a (diálogo interno auditivo).
Imagens construídas são escritas como V^I_c (visual interno construído).
Sensações são escritas como C^I (cinestésico interno).

A estrutura da preocupação

Evento desencadeador
↓
Diálogo interno (D^I_a):
"E se... X ... acontecer?"
↓
(V^I_c) Imagens construídas, associadas, com movimento, dos eventos ruins
↓
Sensações ruins (C^I)
↓
Mais diálogo interno

Interrompendo o círculo de preocupação

A preocupação não leva a lugar nenhum, portanto, como interrompê-la?

Primeiro, conheça a própria estratégia de preocupação. Provavelmente, ela será muito familiar, uma variação e intensificação da estratégia básica.

Para sair da curva, primeiramente, você precisa perceber que está dentro dela. Isso significa que você precisa sair e dissociar-se dela. Analise-a pelo que ela é — uma seqüência de pensamentos que leva a lugar nenhum.

Quando estiver fora dela, observe-a em toda sua tediosa familiaridade e quebre o estado. Conscientize-se do seu corpo no momento presente. Como ele está se sentindo? Observe como essa consciência modifica o seu estado.

Agora, pergunte: "O que precisa ser verdade para que isso seja realista? Há qualquer evidência de que essas coisas acontecerão? Com freqüência, você descobrirá que todo um conjunto de circunstâncias bastante improváveis precisa estar combinado. A sua seqüência de acontecimentos futuros preocupantes tem toda a probabilidade de ser atingida por um raio depois de ganhar na loteria.

Qual a intenção positiva por trás da preocupação? O que você está tentando realizar e é valioso? Preparar-se e planejar para eventos ruins. Isso é importante, mas a preocupação não é a melhor maneira de fazer isso. A preocupação também pode estar atraindo sua atenção para um assunto que você tem evitado mas precisa ser resolvido.

Use esses *insights* para mudar a pergunta original da preocupação. Em lugar de perguntar: "E se X acontecer?, pergunte: "O que farei se X acontecer?" Isso tem três efeitos:

• Coloca os eventos no futuro;
• Dissocia-o dos eventos;
• Transfere sua atenção dos eventos para as ações.

Agora você pode planejar o que fazer e não ficar preso à seqüência de eventos com todos os sentimentos ruins que a acompanham. Pergunte-se: "É provável que isso aconteça?". Você precisa pensar num plano agora, ou os eventos são tão improváveis que você pode ignorá-los? Ou talvez você possa confiar em sua competência para agir da melhor maneira possível quando acontecer.

Se realmente for necessário planejar agora, o que você deseja que aconteça? Pense num objetivo. Crie filmes mentais daquilo que você poderia fazer e permaneça dissociado, fora dos filmes. Analise diversas possibilidades. Escolha aquela que lhe proporciona a melhor sensação. Associe-se ao filme e ensaie-o mentalmente. Se você se sentir bem, você tem um plano. Você pode desejar duas ou três escolhas, portanto, ensaie mentalmente alguns filmes que o satisfaçam. Então, quebre o estado, mude a fisiologia para um estado com mais recursos, saia e vá fazer alguma outra coisa.

Você sabe quais são as suas horas favoritas para se preocupar? Você pode ter desenvolvido o hábito em determinadas horas do dia, talvez no domingo à noite. Uma das horas preferidas para nos preocupar é quando estamos na cama, antes de adormecer, talvez para chamar nossa atenção quando estamos relaxados. Se houver uma questão a ser resolvida, pense nela no dia seguinte. Mantenha sua promessa ou ela voltará com força redobrada na noite seguinte.

Estratégia para eliminar a preocupação

1. Diálogo interno (D^I_a): "O que farei se ... X ... acontecer?"
$\downarrow$
2. Crie imagens construídas, dissociadas, com movimento (V^I_c) de algumas possibilidades.
$\downarrow$
3. Escolha uma que o faça se sentir bem (C^I).
$\downarrow$
4. Ensaie mentalmente esse plano, agindo e obtendo o resultado que você deseja, criando uma imagem com movimento, visual, construída, associada (V^I_c).
$\downarrow$
5. Note se ela o faz sentir-se bem (C^I). Volte para a etapa 2 se desejar mais escolhas.
$\downarrow$
6. Quebre o estado.

Suponha que você tenha percorrido essa seqüência e pareça que não há nada que possa fazer. Então, não há nada que você possa fazer. Por enquanto, aceite a situação como ela é. Ela pode mudar. Nada é previsível. Talvez você precise de mais informações. Se esse for o caso, pense em como irá obtê-las. A pergunta mais extrema seria: "O que acontecerá se eu morrer?" Se for uma possibilidade real, então uma das escolhas é preparar-se para a melhor morte possível. Falaremos sobre a morte no Capítulo 12.

Calando a nós mesmos

Geralmente, a preocupação começa com o diálogo interno. Muito diálogo interno é de pouca utilidade e alguns são estressantes. Algumas vezes, nem sonharíamos em falar com alguém da maneira como falamos conosco. Quaisquer crenças e pressuposições limitadoras serão reveladas no diálogo interno.

Quando falamos conosco usamos palavras, exatamente como fazemos quando falamos com os outros. Entretanto, algumas vezes nos esquecemos de que a linguagem é uma maneira de representar a experiência, não a própria experiência. Um dos primeiros modelos de PNL desenvolvido por Richard Bandler e John Grinder em 1975 é conhecido como Metamodelo, uma série de perguntas-chave para desemaranhar os possíveis efeitos enganadores da linguagem.[1] Essas perguntas são excelentes para esclarecer a comunicação entre as pessoas. Aqui, usaremos algumas delas para explorar aquilo que você diz para si mesmo.

Sabemos que nossos pensamentos têm efeitos reais no sistema nervoso. Sugerimos que o seu sistema imunológico esteja bisbilhotando o seu diálogo interno. Talvez ele até esteja obedecendo às sugestões sem você saber. Portanto, fazer uma limpeza em seu diálogo interno poderia ter um efeito benéfico sobre seu estado interno e na resistência do seu sistema imunológico.

O primeiro passo é tornar-se consciente do diálogo interno. A maioria das pessoas tem uma voz interna; para algumas, ela é alta e insistente, para outras, é quase inaudível. Você já observou de que direção ela vem? Que tom de voz ela usa? É um prazer ouvi-la? De quem é a voz? Sua? Se ela pertencer a outra pessoa, você lhe deu permissão para entrar em sua mente? Um tom de voz acusador, irritante, vindo de fora é estressante — e vindo de dentro também.

Sua voz interna faz quaisquer comparações? As comparações são mostradas por palavras como "melhor", "melhor de todos", "pior", "pior

---

1. Bandler, R., e Grinder J. *The structure of magic 1*. Science and Behaviour Books, 1975.

de todos", "mais", "menos". Descubra se você faz quaisquer comparações irrealistas, desencorajadoras em sua mente. Ao se ouvir fazendo uma comparação sobre a maneira como fez alguma coisa (comportamento) ou sobre o tipo de pessoa que você é (identidade), certifique-se de que conhece a base da comparação. Por exemplo: "Eu não me saí bem". A melhor pergunta a fazer é, "Comparado a quê?" Com o melhor que pode fazer? Com seu ideal? Com um especialista? As comparações irrealistas são depressivas, mas você precisa saber que são irrealistas, em primeiro lugar. Para se motivar, compare onde você está agora com um futuro atraente, não com outras pessoas. Para avaliar seu progresso, compare onde você está agora com o lugar em que começou.

Já vimos como podemos criar estresse por meio da generalização. Uma das maneiras de saber se você está generalizando é quando ouve palavras como "tudo", "nunca", "sempre" e "todos". Essas palavras são conhecidas como "universais". Elas insinuam que não há exceções. Alguns exemplos são: "Eu nunca poderia fazer isso", "Eu sempre fico resfriado no Natal", "Todos vão rir de mim". Impressas no papel, a falha no raciocínio é óbvia. Nada poderia ser tão absoluto; certamente, há exceções. Lembre-se delas. Se realmente não conseguir encontrar uma exceção, você está feliz com a situação? Se não estiver, decida-se a criar uma exceção na primeira oportunidade.

Sua voz interna também pode estar estabelecendo regras e fazendo julgamentos. Com freqüência, fazemos julgamentos que não se baseiam em boas evidências. Os médicos têm um ar de autoridade e, teoricamente, sabem muito a respeito de moléstia e doença, mas você é o especialista da própria experiência subjetiva. Quando perceber que está dizendo a si mesmo que deveria ou não deveria, pergunte: "Por quê?" ou "Quem disse?"

Nós estabelecemos regras para nós mesmos com palavras como "deveria" e "não deveria", "tenho de" e "'preciso", "posso" e "não posso". Em lingüística, essas palavras são chamadas "operadores modais". Seja particularmente cauteloso com elas em seu diálogo interno. Nós crescemos bombardeados por operadores modais dos pais e professores. Eles são uma das principais maneiras que utilizamos para estabelecer limites. Entretanto, esses limites podem ser obsoletos ou excessivamente limitadores. Ao se ouvir dizendo que "deveria", "tem de" ou "precisa" fazer alguma coisa, pare e pergunte: "O que aconteceria se eu não fizesse?". Pode haver um bom motivo, mas também pode não haver. Explore as conseqüências. Você não precisa obedecer cegamente. Uma outra escolha é substituir cada "deveria" que descobrir em seu diálogo interno por "posso". Assim, "Eu preciso ficar bem" torna-se "Eu posso ficar bem". Dizer "Eu posso" lhe dá poderes — você pode fazer, você quer fazer?

157

Adote uma abordagem semelhante com "não deveria" e "não tenho de". Pergunte-se: "O que aconteceria se eu fizesse?" e explore as conseqüências. Sempre que se ouvir dizendo "não posso" em seu diálogo interno, imediatamente pergunte: "O que me impede?" Pode haver um bom motivo, mas pode ser uma crença limitadora. Ao modificar a abordagem, fazendo essa pergunta, você começa a descobrir bloqueios que pode superar. Com freqüência, esses operadores modais ocultam crenças e pressuposições relacionadas à saúde e à moléstia. Depois de questioná-las, pergunte-se quais são essas crenças subjacentes.

Já falamos sobre os substantivos abstratos (nominalizações) (ver pp. 121-2). Qualquer condição médica será descrita usando uma nominalização. As nominalizações estão congeladas no tempo, você não pode mudá-las. Mas o que está acontecendo? Transforme-as num processo. Descubra o que realmente está acontecendo em seu corpo.

Por mais grave que seja uma doença, o primeiro passo para adquirir algum controle é desnominalizá-la.

Finalmente, ouça seu diálogo interno para verificar se há qualquer tendência a se culpar. Culpar a si mesmo significa que você era totalmente responsável e provocou o efeito. Sabemos que a lei de causa e efeito não pode ser aplicada de maneira tão simplista às questões humanas, mas o nosso idioma não faz essa distinção. Usamos a mesma forma de expressão em "Ele me deixou zangado" e "Ele deixou o vidro quebrar". Quando você diz algo como: "Ele me deixou doente" torna-se impotente e dá à outra pessoa o poder sobre sua saúde. Quando perceber que está atribuindo seu estado emocional a pessoas ou circunstâncias externas, pergunte-se: "Como exatamente isso está me deixando...?". A pergunta mais profunda é: "Como, exatamente, estou contribuindo para esse estado ou para minha moléstia?" Enquanto colocar a causa totalmente fora de si mesmo, você está apenas sofrendo o efeito e tem pouco controle sobre seu estado.

Eis alguns exemplos de como questionar seu diálogo interno:

"Eu deveria fazer mais exercícios."
O que acontecerá se eu não fizer?

"Não consigo parar de fumar."
O que me impede?

"Não consigo reservar um tempo para fazer exercícios."
O que me impede?

"Eu deveria ser mais saudável."
Mais saudável em comparação a que ou a quem?

"Eu não devo pedir ajuda."
O que aconteceria se eu pedisse?"

"Ele me deixa estressado."
Como exatamente ele faz isso?

"Eu tenho diabetes."
O que, exatamente, está acontecendo em meu corpo que recebe o nome de "diabetes"?

A Caixa de Pandora

Você já ouviu falar sobre o mito grego da caixa de Pandora? Pandora, a primeira mulher, recebeu uma caixa e instruções para não abri-la, mas não lhe disseram por quê. Para ela, a vida era perfeita, como no mito do Jardim do Éden. Entretanto, novamente o fruto proibido foi irresistível e Pandora abriu a caixa. Dela saíram todos os demônios do mundo sob a forma de insetos com ferrões, que picaram Pandora e se espalharam alegremente pelo mundo, como um exército de gênios maldosos. Uma criatura foi deixada na caixa — a esperança. A esperança teve de implorar para ser libertada, pois Pandora estava com medo de abrir a caixa pela segunda vez. Quando a abriu, a esperança a consolou.

O mito é cheio de significados. Um deles é que sempre há esperança. A esperança é o oposto da preocupação e da depressão; ela encerra a promessa de um futuro melhor. "Falsa esperança" é uma contradição. Toda esperança é real se nos leva a agir para trazer o futuro que desejamos até o momento presente.

A esperança não tem sentido a não ser que estimule a ação. Ela não é uma desculpa para esperar passivamente que as coisas melhorem, mas uma inspiração para criar um futuro que vale a pena.

Sabendo o que você deseja

Com freqüência, as pessoas pensam na esperança como se ela fosse uma coisa ou uma mercadoria — "Você deve ter esperança". Mas esperança também é um verbo — alguma coisa que fazemos. Quando esperamos, estamos imaginando um futuro melhor. Que futuro desejamos? Muito melhor? Um futuro melhor é alguma coisa que criamos para nós mesmos, primeiro em nossas mentes, depois na realidade. O primeiro passo é o primeiro pilar da PNL — saber aquilo que você deseja. Isso significa criar aquilo que você deseja.

A pergunta a ser feita é: "O que eu desejo?" Isso cria objetivos que o levam em direção a um estado desejado.

Ao contrário, geralmente perguntamos: "Qual é o problema?" Isso focaliza o que está errado no estado atual e não nos leva para a frente. Na verdade, é provável que isso o leve para o passado com perguntas secundárias como: "Por que eu tenho esse problema?", "Como ele me limita?" e "De quem é a culpa?

Nenhuma dessas perguntas é particularmente útil. Elas não fazem nada para construir um futuro melhor ou criar esperança. Se desejamos mudar o presente, não é suficiente explorar a arqueologia do problema. A recriminação também não ajuda; ela é um desagradável coquetel de culpa e responsabilidade para beber ou para oferecer aos outros. Novamente, ela se baseia numa idéia simplista de causa e efeito.

Você está criando o próprio futuro com aquilo que faz agora. Pensar sobre o que você deseja — seus objetivos — é a chave para fazer o futuro ser do jeito que você quer.

Ao estabelecer objetivos para sua saúde ou para outras áreas da sua vida, você deve lembrar-se de algumas regras úteis:

- *Expresse seu objetivo de saúde no positivo.*
Avance em direção a um futuro desejado em lugar de se afastar de um presente indesejado. Eles não são a mesma coisa. Aproximar-se de um futuro desejado automaticamente o afastará das limitações do presente. Mas apenas afastar-se do presente poderia levá-lo a lugar nenhum. Poderia ser pior. Tudo o que você sabe é que será diferente.

Há dois objetivos muito comuns relacionados à saúde: parar de fumar e perder peso. Um dos motivos da dificuldade para realizá-los é porque ambos são expressos no negativo. Qualquer coisa que inclua as palavras "desistir", "perder" ou "eliminar" é negativa. Ao pensar em perder peso, automaticamente, você focaliza aquilo que tem agora — peso. Pensar em todos os doces e biscoitos que não deveria comer atrai sua atenção para essas delícias. Não é de admirar que seja tão difícil, pois você está constantemente focalizado naquilo que tem. Transforme a perda de peso em parte do objetivo mais amplo de ser saudável.

Para tornar um objetivo negativo em positivo, pergunte: "O que esse objetivo traria para mim se eu o alcançasse?", ou "O que eu quero em seu lugar?" Por exemplo, "parar de fumar" pode tornar-se "ter pulmões mais saudáveis", "ser mais saudável", "ficar em melhor forma" ou "ter mais dinheiro".

- *Faça seu objetivo de saúde ser tão específico quanto possível e compreenda o que está dentro de sua área de influência.*
Determine um prazo para alcançar seus objetivos — quando você deseja alcançá-los?
Onde você os deseja e com quem?
O que você vai fazer para alcançá-los?
Um objetivo que depende da ação de outras pessoas ou que espera que o mundo milagrosamente lhe ofereça na bandeja o que você quer, sem nenhum esforço de sua parte, é o tipo de esperança passiva que consegue pouca coisa.
O que está diretamente sob seu controle e o que precisará da ajuda de outras pessoas?
Como você irá convencê-las a ajudá-lo?

- *Que recursos você tem para alcançar esses objetivos de saúde?*
Os recursos vêm sob diferentes formas. Podem ser pessoas que irão ajudá-lo, bens, dinheiro, modelos. Os recursos são qualidades pessoais, como a persistência e a inteligência.
Os modelos são recursos — se você conhece alguém que realizou alguma coisa que você deseja alcançar, descubra como ela fez isso. Se foi possível para ela, por que não para você?

- *Como você saberá que alcançou esse objetivo de saúde?*
O que, exatamente, você verá?
O que, exatamente, você ouvirá?
O que, exatamente, você sentirá?
Que sabores e odores você sentirá?
Qual é a última evidência antes de alcançar o objetivo?

Certifique-se de escolher uma evidência que venha por meio dos sentidos.

Por exemplo, a evidência de estar mais saudável poderia ser a de que você está com 81cm de cintura, acorda sentindo-se alerta e respirando normalmente em lugar de tossir, perdeu cinco quilos, sua aparência melhorou, seu paladar melhorou, você ri pelo menos seis vezes por dia e pelo menos um amigo lhe diz que você parece melhor do que antes.
Confie nos seus sentidos. Ao pensar naquilo que verá, ouvirá e sentirá ao atingir seu objetivo, você estará criando imagens e sons que tornam o futuro real. Isso os torna motivadores porque, para seu cérebro, eles são reais.

- *Depois de escolher seu objetivo, talvez seja necessário dividi-lo em alguns objetivos menores, que lhe permitam alcançá-lo.*
  Por exemplo, o objetivo de tornar-se mais saudável poderia ser melhor dividido em objetivos como uma alimentação saudável, a elaboração de um programa de exercícios, reservar algum tempo para relaxar diariamente, passar mais tempo com as pessoas queridas e obter informações sobre alguma área da medicina complementar que o agrade.

- *Pense nas conseqüências mais amplas da realização do objetivo.*
  Os objetivos de saúde afetam muitos aspectos da sua vida. Eles podem até mesmo mudar sua identidade. As possíveis conseqüências são: mudar de casa, comprar roupas novas, criar novos relacionamentos, gastar dinheiro, modificar hábitos alimentares e levantar mais cedo pela manhã. O que pode ser bom, de acordo com seu ponto de vista, pode colocá-lo em conflito com outras pessoas. Assuma a segunda posição com as outras pessoas significativas em sua vida.
  Como elas serão afetadas?
  O que elas pensarão a respeito de você alcançar seu objetivo?
  Elas agirão de forma diferente com você?
  O que mais poderia acontecer?
  O que, talvez, você precisasse sacrificar? Pense no tempo, no dinheiro e no esforço físico e mental que precisará investir. O objetivo vale a pena?
  Quais são os benefícios da situação atual? Deve haver algum pois, do contrário, você não estaria lá. Certifique-se de manter esses benefícios ou encontre outra maneira mais conveniente para obtê-los no futuro.

- *Finalmente, e mais importante, você se sente congruente a respeito desse objetivo?*
  Ele expressa seu eu intrínseco? Verifique se há incongruência e, se necessário, mude o objetivo — torne-o menor ou examine melhor as conseqüências. Quando tiver certeza de que ele é congruente com sua autoconsciência, faça um plano de ação.

Resumo dos objetivos de saúde

Seu objetivo está expresso no positivo, aproximando-o de alguma coisa que você deseja, em vez de afastá-lo de algo que você não deseja?
Ele é específico e simples?
Ele tem um prazo?
Você sabe onde, quando e com quem você deseja esse objetivo?
Que recursos você tem para alcançá-lo?
Por exemplo: bens, qualidades pessoais, pessoas e modelos.

Como você saberá que o alcançou?
O que você verá, ouvirá e sentirá?

Quais as conseqüências mais amplas da realização do seu objetivo?
Do que você precisará desistir?
Como os outros serão afetados?
Quanto dinheiro e esforço físico e mental ele exigirá?
Ele vale a pena?
Como você pode incorporar ao objetivo as coisas boas da situação atual?

Ele é *você?*
Aja!

Futuros atraentes

Agora você pode começar a criar um futuro atraente, colocando seus objetivos na linha temporal. Esse processo foi criado a partir das idéias de John Grinder, Richard Bandler e Tad James. Você pode usar esse processo para estabelecer objetivos específicos em seu futuro ou de maneira mais geral.

Primeiro, considere alguns objetivos das seguintes áreas:

- física;
- profissional;
- social;
- emocional;
- espiritual.

Esta é a *sua vida.* Se você não tem objetivos nessas áreas, então comece a criar alguns!
Se você ainda não tem nenhum objetivo específico, imagine como você quer ser. Que atributos você deseja?

Imagine a sua linha temporal vindo do passado para o futuro. Você pode fazê-lo mentalmente, mas também pode usar um espaço no chão que lhe permita percorrer a linha temporal do passado para o futuro. Tudo aquilo que tornar o processo mais real e imediato para você é bom.

Determine um ponto sua linha temporal para o agora. (1)

Em sua linha temporal, volte ao passado o mesmo número de anos para os quais estabeleceu objetivos no futuro. Se você estiver criando um futuro atraente cinco anos no futuro, então volte cinco anos no passado. (2)

Olhe para a frente, para o ponto que você marcou como "agora". Você criou esse "agora" com todas as ações que realizou no passado.

Vá para o "agora" e perceba quanto você mudou durante esse período. Determinadas experiências importantes podem vir à sua mente. (3)

Saia da linha temporal (4) e faça uma imagem dissociada de si mesmo, alcançando o objetivo no futuro. Veja-se da maneira como você quer ser. Acrescente quaisquer sons e vozes que estarão lá. Agora, associe-se a essa imagem.

Como você se sente?

Ajuste as submodalidades da imagem, tornando-a maior, mais brilhante e mais colorida até obter a melhor sensação. Experimente com as submodalidades auditivas até ficar satisfeito.

Quando estiver totalmente satisfeito, saia da imagem e dissocie.

Leve a imagem ao longo da linha temporal até o futuro, até onde você deseja alcançar esse objetivo. Coloque essa imagem dissociada em sua linha temporal. (5)

Agora, dessa posição no futuro, olhe para trás, em direção ao presente.

Que passos serão necessários para você tornar esse futuro uma realidade?

Quais são os possíveis obstáculos que poderiam impedi-lo e como você pode superá-los?

O que precisa acontecer entre o agora e o futuro?

Observe os passos e estágios do processo.

Volte para o agora. (6)

Você deve ter percebido que há diversos objetivos específicos a serem alcançados para poder chegar ao lugar que deseja ir.

Sempre tenha objetivos para realizar. Quando ficar sem nenhum, crie mais alguns. Se aqueles que você tem tiverem deixado de ser atraentes, crie outros, diferentes. Sempre tenha um sonho além daquele que você está vivendo.

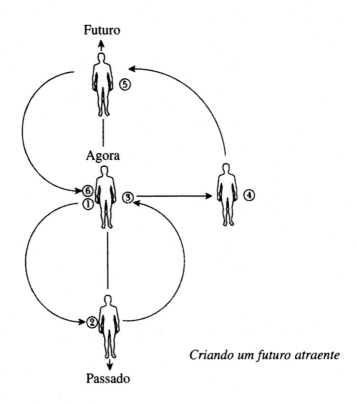

Criando um futuro atraente

REFLEXÕES
A principal razão da cura é o amor.

Paracelsus

O caos é a desculpa mais atraente jamais inventada para a prequiça.

Bruce Sterling

A esperança é um bom café da manhã, porém um jantar ruim.

Francis Bacon

Há duas tragédias na vida. Uma é não conseguir aquilo que você deseja muito. A outra é conseguir.

George Bernard Shaw

CAPÍTULO 10

DOR E PRAZER

Não há cura para o nascimento e morte, porém, aproveite o intervalo.

George Santayana

Falaremos neste capítulo sobre prestar atenção à sua experiência. Esta é a mensagem mais importante neste livro. Prestar atenção em si mesmo é a base da auto-estima. Ela amplia a autoconsciência e também é fundamental para a saúde.

A cada momento, o corpo nos dá um *feedback* sobre nosso estado. Tendemos a colocar nossa experiência numa dessas três classes: o prazer que buscamos; a dor que evitamos; e tudo o que está entre eles, ignoramos ou toleramos. A dor é um *feedback* desconfortável. Quando sentimos dor, estamos mais sozinhos, mais isolados, presos em nosso corpo. A solidariedade humana torna a dor mais tolerável e sentimos que não estamos sozinhos. Prestar atenção à sua experiência de dor irá modificá-la, e é um passo para aliviá-la e lidar com ela. O prazer é o *feedback* procurado. Nossos sentidos são as portas para o prazer físico. O prazer é uma experiência de saúde. O prazer nos leva para fora de nós. Enquanto na dor podemos nos isolar, no prazer nós nos abrimos, compartilhamos, nos relacionamos conosco, com os outros e com o mundo.

A maior parte de nossa vida é passada entre a dor e o prazer, patinando sobre a superfície da experiência e, como geralmente prestamos pouca atenção ao que estamos sentindo aqui e agora, negamos a nós mesmos o prazer de ser. Então, somos estimulados a buscar ainda mais distrações que atraiam nossa atenção para fora. Perdemos aquilo que é a favor daquilo que pode ser ou que foi. O presente é tudo o que temos, é o único lugar em que realmente podemos sentir prazer, mas nós lhe damos pouca atenção.

Dor

Há muitas formas de dor, tanto física quanto emocional. Nós iremos nos concentrar na dor física, mas tudo o que dissermos também pode ser aplicado à dor emocional.

A dor é real, embora difícil de ser definida. Ela é subjetiva — só a pessoa que sente dor pode descrevê-la, apesar de, considerando sua importância, termos um vocabulário insuficiente para descrevê-la. Não existe nehum instrumento mágico que o médico possa usar para descobrir objetivamente quanta dor você está sentindo, mas não existe dor imaginária. A dor é sempre real para quem a sente. Dor real é qualquer coisa que você queira. A dor das crianças tem sido particularmente negligenciada. As crianças podem ser menores do que os adultos, mas para elas, sua dor não é menor. Ela pode ser até maior devido ao medo e à confusão que elas sofrem. O alívio da dor não é um luxo e é realmente importante acreditar no que as pessoas dizem a respeito de sua dor.

Algumas partes do corpo são sensíveis e nós sabemos exatamente onde está a dor. Algumas causas e sinais da dor, como sangue ou ossos quebrados, podem ser visíveis, mas a dor em si mesma não é. O dano numa área com poucos receptores para a dor será sentido em outro lugar — a dor será "reflexa". Os órgãos internos têm poucos receptores para a dor e assim, nos estágios iniciais de um ataque cardíaco a dor pode ser experimentada no braço esquerdo, por exemplo.

É provável que todas as pessoas tenham o mesmo limite para a dor, mas não a mesma tolerância. Estados como medo, impotência e confusão pioram a dor física. Uma dor de dentes é muito dolorosa, mas a causa e o remédio são conhecidos. Sabemos que a dor terá um fim e isso a torna mais suportável. O parto é doloroso, mas também há uma grande alegria e um propósito que tornam a dor suportável. A dor é pior quando não tem nenhuma explicação; é difícil agüentar a incerteza. Não sabemos o que fazer ou como eliminar essa dor e, assim, nos sentimos impotentes. Uma dor no peito incômoda e inexplicável pode ser mais perturbadora do que uma dor de dentes, devido à preocupação que a acompanha.

A dor aguda é súbita, intensa e dura pouco. Ela desaparece por si mesma ou agimos para fazê-la desaparecer. É difícil lidar com a dor crônica, pois ela causa grande sofrimento e pode destruir a qualidade de vida, provocando depressão e impotência.

Dor como *feedback*

A dor merece atenção e respeito. Ela é um sinal, um *feedback* do corpo avisando que alguma coisa está errada e necessita de atenção. Aqui, falamos sobre dores normais, agudas e sintomas de moléstias experimentadas pela maioria das pessoas durante a vida. A dor crônica, grave, pode necessitar de tratamento médico e medicamentos, embora muita coisa possa ser feita para complementar o tratamento com drogas. O controle da dor crônica é uma área da medicina que está se desenvolvendo rapidamente.

Métodos para que os pacientes possam controlar a própria medicação para o alívio da dor estão sendo introduzidos — finalmente, o reconhecimento de que as dosagens padrão não servem para todos.

Embora a palavra "dor" venha do latim *poena*, cuja raiz é a mesma da palavra "castigo", a dor é uma parte essencial e inevitável de se estar vivo. Sem dor, não precisaríamos conscientemente prestar atenção a tudo o que fizemos e nos feriu, e isso tornaria a vida impossível. Se você não sentisse dor ao tocar no fogo, poderia ferir seriamente a mão. A dor nos diz quando devemos parar de fazer aquilo que estamos fazendo. Com freqüência, o reflexo não nos dá tempo para pensar. Ela nos obriga a agir. A dor de um apêndice inflamado nos força a procurar ajuda ou morrer. Realmente, você não iria desejar eliminar o sinal da dor. A dor é saudável. É o corpo dizendo: "Eu estou vivo!" Somente quando a dor é constante e você não pode agir para aliviá-la, ela se torna um problema e não um amigo.

Drogas

Quando pensamos no alívio da dor, geralmente pensamos em drogas. Mesmo as endorfinas, substâncias que produzimos naturalmente para aliviar a dor, são chamadas de "drogas analgésicas naturais". Há algumas estranhas pressuposições embutidas nessa metáfora! As endorfinas ocupam os locais receptores para que os neurotransmissores que transmitem a mensagem dolorosa não possam ser recebidos. A cocaína funciona da mesma maneira.

A publicidade recomenda as drogas como "analgésicos". (Novamente aquela metáfora.) A medicina estimula essa abordagem — ao primeiro sinal de dor, tome um medicamento.

As drogas realmente ocupam um lugar importante no tratamento da dor e existem dezenas delas no mercado, que são seguras e eficazes. Assim, por que não usá-las? Na verdade, quanto menos analgésicos você tomar, melhor; por muitas razões. Primeiro, você esquece os seus recursos internos. Em lugar de presumir que você não tem controle e precisa olhar para fora de si mesmo, verifique qual o controle que você realmente tem.

Segundo, quanto mais drogas você tomar, mais se habituará e menos efetivas elas serão. Quanto menos tomar, mais efetivas elas serão quando você realmente precisar delas.

Terceiro, a dor é um mensageiro, um sintoma, não uma causa. Precisamos ouvir e compreender o que a dor está tentando nos dizer antes de matar o mensageiro. Quando você usa uma droga para eliminar a dor,

168

pode deixar de senti-la, mas sua causa continuará não tratada. Com o desaparecimento da dor, você pode continuar insistindo naquilo que a está provocando, só que agora não perceberá. Você anestesiaria sua mão para poder deixá-la mais tempo sobre uma chama? Consideremos um outro exemplo. As alergias e a tensão muscular são causas comuns de dores de cabeça. Uma aspirina aliviará a dor, mas não fará nada com relação à alergia ou à situação estressante que está provocando a dor de cabeça. Isso poderia provocar dores de cabeça mais severas, até que a aspirina não fizesse mais efeito.

Um outro exemplo é o uso constante de esteróides para diminuir a inflamação, dor muscular ou danos em tendões, especialmente nos esportistas. Os esteróides são drogas poderosas associadas à hidrocortisona, o hormônio para o estresse produzido naturalmente. Eles são supressores do sistema imunológico e podem ter outros severos efeitos colaterais. A dor informa que o músculo está danificado e precisa se recuperar. A droga interrompe esse sinal, mas o músculo ainda está danificado. Continuar a usá-la é um convite a um dano mais grave, e o preço pode ser muito alto: dor nas costas provocada por vértebras danificadas ou artrite.

O mesmo argumento aplica-se à dor emocional. Os médicos tendem a prescrever tranqüilizantes com a melhor das intenções. Entretanto, os tranqüilizantes não eliminam a causa nem resolvem o problema, mas entorpecem os sentidos. Eles eliminam a capacidade de sentir. Por exemplo, a tristeza é um processo natural para curar a dor de uma perda e precisa de tempo para terminar. Os tranqüilizantes podem bloquear o processo da tristeza. Há muitas técnicas na PNL para resolver fobias, lidar com a culpa, a perda e traumas passados, que não são abordadas neste trabalho mas que são amplamente descritas em outros livros de PNL.[1] Essas técnicas funcionam, não pela eliminação dos sintomas, mas oferecendo meios para lidar com os problemas que criaram os sintomas.

As drogas têm o seu lugar. Pode ser adequado tomar tranqüilizantes ou analgésicos. Eles podem salvar vidas e melhorar a qualidade de vida de muitas pessoas. Se você vai usar drogas, informe-se bem sobre o que elas são, o que fazem e quais seus efeitos colaterais. Todas as drogas têm efeitos colaterais. Trabalhe em parceria com seu médico. Se ele não souber, procure informações em livros de referências médicas disponíveis nas bibliotecas. Certifique-se de obter uma resposta para a importante pergunta: "Como saberei quando esse medicamento não é mais necessário?"

---

1. Ver O'Connor, J., e Seymour, J., *Introdução à programação neurolingüística*, São Paulo: Summus, 1995.

Acompanhamento somático

A dor tanto pode ser o último como o primeiro sinal de moléstia. Como você deve reagir? Na prática, tendemos a reagir de uma dessas maneiras: eliminar a dor com um analgésico ou ignorá-la. Tentar ignorar a dor não funciona. Quanto mais você tenta não pensar nela, mais se concentra nela, ficando cada vez mais preso a ela. Ao contrário, envolva-se em outra atividade. Algumas vezes, as dores desaparecem milagrosamente quando fazemos alguma coisa de que gostamos. Quando estamos profundamente envolvidos em alguma coisa, não percebemos a dor. Por exemplo, os atletas terminarão um jogo e só depois perceberão a extensão de seus ferimentos. Contudo, antes de se envolver em outra atividade, respeite a dor como um sinal que precisa da sua atenção.

Primeiro, como *não* lhe dar atenção. Digamos que você tenha começado a sentir dor de cabeça. Em sua escala pessoal, com variação de 1 a 10 para a dor, ela está no número 1. Você fica alarmado e desconfortável. Você se preocupa, imaginando se ela vai piorar. A preocupação e a sugestão de que ela vai piorar, tornam-na pior. Ela aumenta um ponto. O medo e a ansiedade liberam adrenalina, que aumenta a força das transmissões nervosas. A dor aumenta, podendo chegar ao número 4. Isso pode dar início a um círculo vicioso e à formação de uma espiral de dor. Então, da próxima vez que começar a sentir dor de cabeça, você pensará, "Espero que ela não seja tão ruim quanto da última vez", colocando a espiral novamente em funcionamento.

Em lugar de ficar preso nessa espiral, simplesmente preste atenção à sua dor, como uma sensação no momento presente. Afaste-se da experiência passada e da expectativa futura. O ato de prestar atenção mudará sua experiência da dor, de maneira sutil. Ian desenvolveu esse processo e denominou-o "acompanhamento somático". A intenção é reconhecer a experiência de dor e desconforto e, ao fazê-lo, permitir que ela evolua.

Em vez de tentar se livrar da sensação, preste atenção nela. Ao mesmo tempo, observe o que acontece com a sensação original. É quase certo que ela começará a mudar.

Ao prestar atenção à dor você modifica seu relacionamento com a sensação — você começa a ser capaz de influenciá-la diretamente. Considere o pior caso, imaginando a dor intensificada — agora você sabe que pode afetá-la. Seu objetivo será afetá-la da maneira que desejar.

Você perceberá que, apesar de a dor fazer parte de sua experiência, ela não é a experiência total. Como a pessoa que a sente, você é mais do que isso. Você também pode lidar diretamente com o sintoma — pergunte-lhe qual é a sua mensagem para você. É impressionante como,

freqüentemente, as pessoas obtêm uma resposta que elas sabem ser importante.
Depois disso, há muitas outras coisas que você pode fazer. Uma das coisas que demonstrou ser muito útil é criar a sua escala pessoal de dor. Por exemplo:

0 = sem dor
1 = desconforto
2 = dolorosa
3 = moderadamente dolorosa
4 = muito dolorosa
5 = a pior dor que você já sentiu

Classifique a intensidade da sensação. A escala pode ter quantos pontos você quiser. O importante é que eles façam sentido para você. Até mesmo pensar em quais poderiam ser esses pontos o tornará mais perspicaz com relação à sua experiência.
Classifique o seu nível de dor na escala.
Sinta curiosidade a seu respeito.
Observe as submodalidades da dor.

Onde ela está localizada?
Qual a sua intensidade?
Ela é quente? Quanto?
Ela é grande? Quanto?
Que área ela abrange?

Se a dor se transformasse num som, qual seria ele? Se a dor se transformasse numa cor, qual seria ela?
Isso é acompanhar a si mesmo — acompanhamento somático. Ele mudará a sua experiência e pode aliviar a dor. Agora você pode fazer outra experiência.
Ouça internamente o som da dor. Agora, aos poucos, mude o som. Observe como o fato de mudá-lo modifica a sua experiência da dor. Experimente com sons diferentes. Ao diminuir o volume e o ritmo, você pode ser capaz de mudá-lo completamente, transformando-o num som de conforto, mais musical ou suave, ou mudando sua direção.
Você também pode trabalhar com a imagem, mudando o seu brilho, intensidade e cor. Observe como isso modifica a dor. Cores diferentes provocarão diferentes sensações. Encontre aquela que for melhor para você. Quando estiver trabalhando com submodalidades visuais e auditivas, não faça grandes mudanças imediatamente; explore gradualmente o efeito

da mudança de submodalidades. Com freqüência, só o fato de prestar atenção sem fazer modificações no som ou na cor, é o suficiente para permitir que ocorra um processo de mudança.

Metáforas de dor

Nossas metáforas de dor influenciam nossa maneira de experimentá-la.

Explore sua maneira de pensar na dor física e emocional, com estas perguntas:

"Quando sinto dor não posso..."
"O que me assusta na dor é..."
"Tudo bem gritar ou gemer de dor quando..."
"Eu admito que estou sentindo dor quando..."
"Eu não admito que estou sentindo dor quando..."
"A pior dor que já senti foi..."
"Normalmente, lido com a dor fazendo..."
"Nunca lidei com a dor fazendo..."

Você pode usar as perguntas seguintes para explorar uma dor que está sentindo ou a sua experiência de dor em geral:

A DOR É COMO...
PORQUE...

Você não precisa parar em uma resposta. Provavelmente, você descobrirá muitas metáforas.
O que isso lhe diz a respeito da sua maneira de experimentar a dor?
O que mais precisa ser verdade a respeito da dor para que sua metáfora seja verdadeira?

A dor é uma comunicação do corpo. O corpo não tem palavras, apenas sensações. Para compreender e agir de acordo com a mensagem, talvez seja necessário transformá-la em palavras, então a dor pode ter atingido o seu objetivo. Use estas perguntas e as seguintes para explorar a mensagem. Não tente forçar as respostas a fazer sentido. Considere qualquer resposta que vier, por mais esquisita que ela possa parecer à primeira vista.

Considere determinada dor ou sintoma que você sente e complete esta frase:

QUANDO TENHO ESSA DOR SINTO...
PORQUE...

Não se limite a apenas uma resposta. Deixe sair todos os seus sentimentos negativos sobre a dor.

A dor também pode ter uma intenção positiva — ela está fazendo algo para você, permitindo que você alcance alguma coisa.

Faça essa pergunta para si mesmo e anote as respostas que obtiver:
Quando tenho essa dor sinto-me aliviado porque...
Analise as suas respostas. Como isso poderia ser verdade? Quase sempre surge uma intenção positiva. A dor realmente o ajuda a alcançar um objetivo que você deseja.
Há alguma outra maneira melhor de atingir o mesmo objetivo sem sentir dor?

Sonambular na doença

Com freqüência, ignoramos a dor — talvez não desejando ingerir drogas, não querendo criar um caso, apenas esperando que ela vá embora. Porém, ao ignorarmos a dor, também ignoramos a mensagem que ela está tentando transmitir. Se ignorarmos repetidamente a mesma mensagem, corremos o risco de nos tornar sonâmbulos na moléstia. Finalmente, o mensageiro fará mais do que puxar nossa manga para chamar nossa atenção.

Joseph dava aulas em período integral e, para ele, era importante trabalhar durante o período letivo porque era a única época em que podia ganhar dinheiro. Os períodos letivos têm cerca de três meses, com um período de férias no meio. Ele ignorava a doença durante o período letivo e continuava a trabalhar; porém, com certa freqüência, resfriava-se ou ficava de cama devido à gripe durante as férias. Era como se todo o estresse acumulado surgisse nas férias, quando subitamente era aceitável ficar doente.

Em geral, consideramos o corpo como algo garantido, até ele não funcionar. Também nos acostumamos a determinadas maneiras de ser. Quando você está mais consciente do seu corpo, fica mais receptivo ao *feedback* antes de ele se tornar abertamente dolorido, e aumenta sua sensibilidade ao prazer físico.

Para começar, acompanhe a si mesmo.
Geralmente, de que partes do seu corpo você está mais consciente?
Faça um sombreado nelas no diagrama abaixo.
  Agora, quais as áreas do seu corpo com as quais você não está satisfeito? (Seja porque elas provocam dor, ou porque você se sente desconfortável em relação a elas, ou porque não as considera atraentes.)
Faça um sombreado nelas, com uma cor diferente.
Finalmente, de que partes do seu corpo você gosta?
  O que essas figuras lhe dizem a respeito de sua maneira de sentir seu corpo?

Exame pessoal da saúde

Estivemos falando sobre a dor. Agora, passaremos da percepção para o prazer, portanto, antes de continuar a leitura, talvez você queira mudar de estado, levantando-se e movimentando-se.

As imagens de seu corpo

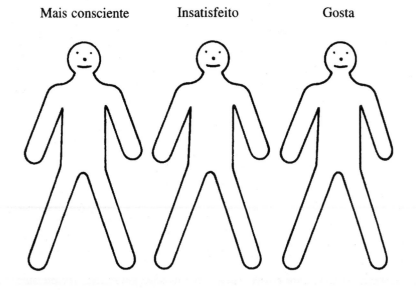

Mais consciente   Insatisfeito   Gosta

O exame do corpo é uma maneira poderosa de aumentar a sensibilidade e a percepção de seu corpo.

Encontre um local tranqüilo, no qual você possa relaxar durante dez minutos e deitar-se. Volte sua atenção para o corpo. Imagine-se respirando através de diferentes partes do seu corpo.

Comece pelos dedos do pé esquerdo e suba lentamente pelo pé e pela perna. Quando atingir a pélvis, repita o processo, descendo pela perna direita. Então, volte à pélvis, suba pelo torso, passando pela parte inferior das costas e abdômen, pela parte superior das costas, pelo tórax e ombros.

A seguir, vá para os dedos da mão esquerda e suba pelo braço até chegar ao ombro. Repita o processo com o braço direito. Finalmente, percorra a garganta, o pescoço, todas as partes do rosto e termine no topo da cabeça.

Na verdade, não importa onde você começa ou termina, desde que abranja o corpo inteiro, sentindo cada parte, interna e externa. Sinta o coração, os pulmões, o sistema digestivo. Não se contente em permanecer na superfície do corpo. Deixe o ar entrar e sair de cada parte do seu corpo.

A cada expiração, deixe qualquer desconforto ou fadiga fluir para fora do seu corpo e, ao inspirar, imagine estar levando energia ou luz para dentro de seu corpo. Procure as áreas de saúde em seu corpo. Desenhe seu próprio diagrama e sombreie essas áreas de saúde. Você pode encontrá-las em locais improváveis, bem como em locais óbvios: nos dedos dos pés, nas palmas das mãos, nos pulmões, nas pálpebras ou na parte posterior dos joelhos. Em algumas áreas você pode sentir pouco ou nada. Outras podem ser dolorosas. Não deixe que estas últimas atraiam sua atenção até chegar sua vez, e, então, percorra-as totalmente, como o fez com o resto.

Este é um exercício simples, que demora cerca de dez minutos. Há muitas gravações de relaxamento à venda, que podem ajudá-lo nesse processo mas, provavelmente, a melhor gravação de relaxamento é aquela que você mesmo faz. Você saberá exatamente o que dizer, no tom exato para relaxá-lo.

Examinar o corpo é uma maneira de estar no momento presente e aumentar a percepção do próprio corpo. A qualidade da sua atenção e a disposição para sentir o que houver para ser sentido são mais importantes do que eliminar a tensão do seu corpo.

Meditação

O exame do corpo é como a meditação. Algumas vezes, a meditação é considerada uma disciplina esotérica proveniente das religiões orientais, mas a palavra "meditação" tem a mesma raiz da palavra "medicina". Ambas significam medida e equilíbrio. Acreditamos que algum tipo de meditação regular seja fundamental para a saúde.

Há muitas formas de meditação. Todas envolvem o equilíbrio da mente, do corpo e do espírito, que se obtém pela consciência no momento presente. Há mais de 25 anos, a Meditação Transcendental (MT) está acessível ao mundo ocidental e tem sido assunto de intensa pesquisa científica. Todos os sistemas de relaxamento e meditação proporcionam benefícios, mas os benefícios da MT foram os mais estudados e confirmados.[2] Durante a MT o ritmo respiratório cai para cerca de 11 vezes por minuto, em lugar das habituais 16 ou 20. A freqüência cardíaca diminui em pelo menos três batimentos por minuto e a pressão sangüínea decresce. A Resistência Cutânea Galvânica (RCG), que é a medida normal de ansiedade utilizada no *biofeedback* e nos testes com detectores de mentira, é cerca de trezentas vezes mais elevada do que a normal, mostrando que a ansiedade e o estresse estão no mínimo.

O fluxo de sangue para o cérebro aumenta em 25%. Até a atividade elétrica do cérebro muda. As ondas cerebrais tornam-se mais sincronizadas e homogêneas e as ondas alfa, associadas a uma sensação de relaxamento e bem-estar, aumentam em freqüência. Conscientemente, você não pode "desejar" essas coisas. Elas ocorrem naturalmente, como resultado da meditação. Alguns dos efeitos parecem envolver o equilíbrio de duas ramificações do sistema nervoso autônomo, permitindo que pensamento e ação surjam da tranqüilidade.

Prazer

O que nos leva ao prazer? O prazer é um sinal de congruência, o oposto de controle. Não temos nenhum controle sobre o prazer e não podemos fingir, pelo menos, não para nós mesmos. O prazer parece ser a maneira de a natureza reforçar o que é saudável. Todas as pessoas têm uma bússola interna que é atraída para a saúde, e o prazer é o norte magnético. Acreditamos que criar o prazer, amá-lo e buscá-lo é saudável. Assim, é estranho haver tanta informação sobre os riscos do prazer e tão pouca sobre os seus benefícios para a saúde.

O prazer também é alguma coisa que você faz para si próprio, é auto-afirmativo e cria a autopercepção, particularmente se você está acostumado a prestar atenção às necessidades dos outros, às custas das suas próprias.

---

2. Para relatórios completos dos estudos, ver Wallace, R. *The neurophysiology of enlightenment*. Maharishi International University Press, 1991

Nós nascemos para o prazer. Quando bebês, buscamos o prazer para sobreviver. Podemos aprender a encontrar prazer em quase todas as coisas, mesmo naquelas que são inicialmente dolorosas. Nós também aprendemos que civilização significa renunciar a alguns prazeres, adiar outros e descobrir mais. Contudo, também há prazer no adiamento da gratificação. Nós podemos compartilhar o prazer, e muitos dos maiores prazeres são compartilhados com outras pessoas, embora a ética profissional e a socialização que toleramos separem o trabalho do prazer como se os dois fossem contraditórios. Alguns trabalhos são desagradáveis e tediosos, mas nem todos. O trabalho é uma parte tão importante de nossa vida que, com certeza, é importante para nossa saúde obtermos dele o máximo possível de prazer. Imagine como seria fazer um trabalho de que você gosta e sobre o qual é congruente.

O vocabulário do prazer é limitado. Nós temos mais distinções para a dor, talvez por nos queixarmos dela, porque ela precisa ser descrita para o médico e, com freqüência, por ser a base para um diagnóstico. Nós não precisamos descrever o prazer para ninguém, quanto mais nos queixarmos dele!

Prazer físico

Há muitas formas de prazer, mas todos vêm direta ou indiretamente por meio dos sentidos. Precisamos ver as palavras para sentir prazer na leitura, ouvir os sons para apreciar a música. Nossos sentidos são extraordinariamente sensíveis. Uma vela a 15 quilômetros de distância estimulará o olho. Nossa audição alcança dez oitavas — entre 16 e vinte mil ciclos por segundo. Podemos sentir o odor de produtos químicos em porções menores do que um milionésimo de milionésimo de uma onça.* Sentimos o sabor amargo em uma parte de dois milhões. O toque pode ser suave ou eletrizante. Ele pode transmitir muito a respeito do amor, afeto e relacionamento. O sexo é um dos grandes prazeres da vida. Nós nos sentimos melhor depois de um bom sexo. Ele une as pessoas e supre as muitas necessidades que temos de toque, afeto e proximidade emocional.

Como você pode aumentar seu prazer? Uma das maneiras é desenvolvendo os sentidos. Procure imagens e sons que lhe dêem prazer. Aquilo que vemos e ouvimos nos afeta mesmo quando não estamos prestando muita atenção. A música influencia o ritmo respiratório, a pressão sangüínea, as contrações do estômago e os níveis dos hormônios de estresse no sangue.[3] Há prazer e relaxamento na contemplação da natureza. Há

---

*Medida inglesa equivalente a 28,349 g. (N. do T.)
3. Rosenfeld, A. "Music, the beautiful disturber". *Psychology Today,* Dec., 1985

um universo de prazer nos sabores e odores. Quando desenvolvemos os sentidos, tornamo-nos mais perspicazes, somos capazes de ver mais, ouvir mais, tornamo-nos sensíveis aos sabores, toques e odores. Faremos distinções mais refinadas em nossos sentidos. Aprendendo a fazer distinções mais refinadas no mundo externo, também seremos capazes de fazê-las nos sistemas representacionais no mundo mental. A acuidade sensorial aumenta as habilidades de raciocínio. É dessa forma que, quando crianças, aprendemos a pensar por meio dos sentidos. Podemos torná-la uma maneira de aprender durante toda a vida.

Não somente o prazer vem por meio dos sentidos, como também um estímulo sensorial inadequado pode ser até mesmo fatal. O tato é o primeiro sentido a se desenvolver e, se não fosse bom, não haveria paternidade nem sobrevivência. No início do século XX, quando separados dos pais, os bebês eram enviados a instituições. Esses bebês não eram tocados nem acariciados por medo de doenças infecciosas. Em 1915, um estudo revelou que em cada duas crianças, uma morria nessas instituições, mesmo em condições adequadas de nutrição e higiene. O toque é um nutriente vital. O sentido do tato não somente proporciona grande prazer, como é essencial ao nosso bem-estar. As crianças que não são estimuladas com imagens e sons não crescem nem se desenvolvem tanto quanto aquelas que têm um ambiente sensorial estimulante.

O prazer físico está em toda parte. Talvez tenhamos nos tornado muito sérios a respeito do prazer, relegando-o a momentos e lugares especiais, ficando cegos e surdos para muitas possibilidades. Há alguns anos, Ian encontrava-se numa galeria de arte. Havia uma enorme janela voltada para o poente e, através dela, brilhava o mais belo pôr-do-sol, exibindo cores variadas e em constante movimento. Dentro da galeria havia o quadro de um pôr-do-sol como aquele, provavelmente pintado do natural. As pessoas estavam admirando o quadro — e com razão, pois ele era bom. Mas, elas não perceberam a coisa real, resplandecendo à sua frente.

Prazer e felicidade

O prazer contribui para nossa felicidade. A felicidade vem, parcialmente, pela diminuição da distância entre o lugar em que você está, seu estado atual, e o lugar em que você deseja estar, seu estado desejado. Parte da felicidade é estabelecer objetivos e ir em sua direção; buscamos diferença e variedade. Nós também precisamos do conforto das coisas familiares e repetitivas. A felicidade parece ser um equilíbrio entre o conforto agradável e nosso desejo insaciável por novos desafios. Parte da arte de ser feliz é aquilo que você mantém estável na sua vida e aquilo que você procura mudar. O excesso de estabilidade sufoca, o excesso de mudanças esmaga. Podemos afirmar que os quatro pilares da PNL são a base do prazer e da felicidade na vida — *rapport* e relacionamento, estabelecimento e realização de objetivos, desenvolvimento dos sentidos, acuidade sensorial e flexibilidade de escolha, para você nunca ficar encalhado.

Há três importantes maneiras de perder a felicidade. Uma é ficar continuamente dissociado, teoricamente sabendo muito a respeito da felicidade, porém, raramente experimentando-a. Para obter prazer da experiência e ser feliz você precisa se associar, estar no tempo. A segunda maneira de perder a felicidade é tratá-la como algo a ser buscado, alguma coisa indefinível que se encontra fora de nós e precisamos perseguir. A palavra "felicidade" é uma outra nominalização. Você não pode possuí-la; é preciso criá-la constantemente. A terceira maneira de perder a felicidade é considerá-la um grande evento, uma ocasião muito importante e, em sua busca, não perceber os pequenos prazeres cotidianos que contribuem para uma vida saudável e feliz. A felicidade não está apenas nos picos, mas em toda a extensão da montanha.

Quanto você é feliz nesse momento?

Classifique na escala a sua Avaliação Pessoal da Felicidade:

Avaliação pessoal da felicidade

A felicidade é totalmente subjetiva. Portanto, não pode haver nenhuma comparação com os outros.

Agora, pense na experiência mais admirável que poderia lhe acontecer; talvez, ganhar na loteria. Onde você colocaria o seu escore?

Agora, pense na pior coisa que poderia acontecer em sua vida; talvez um acidente que o deixasse inválido. Qual seria o seu escore agora?

Talvez você se interesse pelos resultados de algumas pesquisas a respeito dessas perguntas. A classificação média da felicidade foi de 6.5. Uma pesquisa com paraplégicos apresentou uma classificação média de 6.0, uma diferença de apenas 0.5. Os ganhadores na loteria colocaram seus escores em 9 ou 10 na escala; mas, um ano depois, a autoclassificação dos ganhadores na loteria estava novamente por volta de 6.5.[4] Um ano

---

4. Brickman, P. "Adaptation level determinants of satisfaction with equal and unequal outcome distributions in skill and change situations". *Journal of personality and social psychology* 32 1975, pp.191-8

depois, eles não estavam muito mais felizes e também é interessante notar que relatavam muito menos prazer em suas atividades diárias, relacionamentos e trabalho. Por quê? Porque nós nos adaptamos. Nós aumentamos nossas expectativas baseados nas circunstâncias. Quanto mais você tem, mais coisas você considera garantidas, precisando cada vez mais para fazer uma diferença. A felicidade baseia-se na comparação daquilo que você tem, seja em que nível for, com aquilo que você deseja.

Classificação do prazer diário

Você está obtendo um suprimento de prazer diário suficiente?

Não planejamos apresentar receitas de prazer, mas, sim, que você faça mais aquilo que lhe dá prazer e aproveite mais. O que você faz freqüentemente e de que realmente gosta?

Você está aproveitando ao máximo?

Pense nas muitas experiências agradáveis que você viveu no passado.

Faça uma lista contendo, pelo menos, de três a cinco experiências agradáveis relacionadas a cada um desses tópicos:

1. ar livre
2. profissional
3. esporte
4. música
5. hobbies
6. viagem
7. relacionamentos, amigos e família
8. leitura
9. crianças
10. sexo
11. atividade religiosa ou espiritual
12. roupas
13. solução de um problema
14. financeira
15. culinária
16. amigos
17. televisão
18. férias
19. jogos
20. gestos de bondade

Por exemplo, o primeiro tópico é o ar livre. Cinco ocasiões para obter prazer poderiam ser: uma caminhada após o jantar, observar o pôr-do-sol, olhar a neve cair, ouvir um pássaro cantar e sentir o cheiro de grama recém-cortada. Cinco exemplos do segundo tópico poderiam ser: receber uma promoção, resolver um problema no trabalho, encontrar amigos, receber elogios por seu trabalho e elogiar outras pessoas. Os gestos de bondade incluem as ocasiões em que você foi bom para com os outros, absolutamente sem nenhum motivo ou quando os outros foram, inesperadamente, bons com você. Estamos acostumados a ler sobre atos de violência aleatórios — por que não atos de bondade aleatórios?

Se for difícil preencher uma categoria, talvez você esteja pensando em termos muito grandiosos. Esses prazeres podem ser tão simples e breves quanto você desejar — a primeira garfada do almoço, os momentos indolentes antes de acordar totalmente, ouvir crianças brincando — se você estiver lá para apreciá-los.

Uma outra abordagem seria examinar os últimos meses e lembrar-se de prazeres, colocando-os numa categoria.

Quais dessas experiências lhe proporcionaram mais prazer?
Quais aumentaram sua auto-estima?
Que prazeres ainda não estão em sua lista, mas você gostaria que estivessem?
Vinte tópicos com cinco exemplos cada, totalizam cem.
Agora, lembre-se do último mês. Talvez você tenha feito algumas coisas diversas vezes. Classifique cada item como segue:

1. Você sentiu pouco prazer;
2. Você gostou;
3. Você realmente gostou.

Há um escore máximo de trezentos pontos. Qual é o seu? Divida-o por trinta para obter a sua classificação diária de prazer.

Classificação do prazer diário (CPD)...

Ele é suficiente? Você pode fazer melhor no próximo mês?

Não esqueça o riso. Com freqüência, consideramos o riso uma reação ao prazer. No entanto, ele é um prazer em si. A definição científica de uma risada é: "Um reflexo psicofisiológico, uma expiração sucessiva, rítmica, espasmódica, com a glote aberta e vibração das cordas vocais, geralmente acompanhada de caretas".[5] Uma descrição pouco atraente, digna

---

5. Brodie, R. "Anatomy of a laugh". *American Health*. Nov., Dec., 1983 pp.42-7.

181

de um sorriso. Há evidências de que o riso reforça o sistema imunológico[6] e aumenta os limites da dor.[7] Também há evidências de que o riso e o humor diminuem os níveis de epinefrina e cortisol, os hormônios do estresse.[8] Nós realmente precisamos levar o humor mais a sério.

Finalmente, e convenientemente, para encerrar este capítulo, pense nos prazeres do sono. Quando estamos com muito sono, abrimos mão de quase qualquer outro prazer em seu favor. Nós não o compreendemos, mas precisamos dele e tudo aquilo que precisamos fazer é transformado em prazer pela natureza.

O cérebro não pode relaxar quando estamos acordados e, mesmo durante o sono, ele embaralha o seu baralho de experiências, como um contador de histórias maluco, presenteando-nos com nossa porção de metáforas noturnas para nos manter sãos. O corpo usa o tempo para se renovar. Há uma ligação entre o sono e o sistema imunológico — durante o sono profundo são liberadas diversas substâncias químicas que estimulam a ação do sistema imunológico.[9] Talvez seja por isso que dormimos mais quando estamos doentes. Também há evidências de que o sono proteje a saúde. Um estudo com cinco mil adultos, durante mais de nove anos, mostrou que as pessoas que dormem de sete a oito horas por noite, apresentavam taxas mais baixas de mortalidade por doenças cardíacas, câncer e ataques. As que dormiam menos (seis horas ou menos) e as que dormiam mais (nove horas ou mais) tinham 30% a mais de probabilidade de morrer prematuramente. O estudo não fez distinção entre o sono natural e o sono forçado pelas circunstâncias, mas as estatísticas são sugestivas.[10]

O sono faz parte do ritmo natural da vida, que permeia tudo o que fazemos. Há os ritmos mais amplos do ano, a mudança das estações e o ritmo natural despertar-adormecer do dia e da noite. Durante o dia também há ritmos menores, que proporcionam as oscilações naturais que experimentamos durante o dia e a noite. A cada noventa minutos durante o sono, a maioria das pessoas passa por um período de sonho, demonstrado pelo movimento rápido dos olhos.[11]

---

6. Dillon, K., Minchoff, B., e Baker, K. "Positive emotional states and enhancement of the immune system". *International Journal of Psychiatry in Medicine* 15, 1985, pp.13-7

7. Cogan, R., Cogan, D., Waltz, W., e McCue, M. "Effects of laughter and relaxation on discomfort thresholds". *Journal of Behavioural Medicine* 10 (2), 1987, pp.139-44

8. Berk, L. *et al.*, "Laughter decreases cortisol, epinephrine and 3,4-dihydroxyphenyl acetic acid (DOPAG) abstract". *Journal of the Society of Behavioural Medicine*, 1988.

9. Krueger, J., Karnovsky, M. "Sleep and the immune response". *Annaes of the New York Academy of Science*, 496, 1987, pp.510-6.

10. Wingard, D. e Berkman, L., "Mortality risk associated with sleeping patterns among adults". *Sleep* 6 (2), 1983, pp.102-7.

11. Goldstein, L., Stoltzfus, L., e Gardocki, J. "Changes in interhemispheric amplitude relationships in EEG during sleep". *Physiology and Behaviour* 8, 1972, pp.811-5

Outras pesquisas descobriram que um ritmo de uma hora e meia a duas horas de repouso, seguido por atividade, estava relacionado a uma predominância do hemisfério esquerdo ou direito do cérebro.[12] Esses ritmos parecem ser regulados pelos sistemas autônomo e endócrino. Até mesmo células isoladas têm altos e baixos na atividade metabólica durante o dia. Uma das maneiras de as células cancerosas mostrarem que estão anormais é pela inversão desse ritmo, mostrando uma atividade maior quando as células normais estão demonstrando uma atividade menor, fato que é utilizado para o cálculo do tempo de exposição à radiação e quimioterapia no tratamento do câncer.

Perturbamos seriamente esses ritmos naturais colocando-nos em risco. Eles podem ser perturbados pelo estresse, sendo relacionado por muitos pesquisadores a moléstias e distúrbios provocados pelo estresse.[13]

Ao sentir-se cansado ou irritado durante o dia, talvez você precise fazer uma pausa, dedicar algum tempo para sonhar acordado, relaxar, meditar ou até mesmo tirar uma soneca. Esses ritmos naturais fazem parte do nosso eu biológico. Acompanhá-los é parte do acompanhamento de nós mesmos.

REFLEXÕES

Na teoria, não deveria haver muita diferença entre teoria e prática; mas, na prática, com freqüência há.

Anônimo

...Deus nos proteja
da visão individual e do sono de Newton

William Blake

Os sentimentos humanos são palavras expressas no corpo humano.

Aristóteles

Você cresce no dia em que realmente ri de si mesmo.

Ethel Barrymore

---

12. Klein, R., e Armitage, R. "Rhythms in human performance: one and a half hour alterations in cognitive style". *Science 204*, 1979, pp.1326-8.
13. Friedman, S. "A psychophysiological model for the chemotherapy of psychosomatic illness". *Journal of Nervous and Mental Diseases* 166, 1978, pp.110-16. Ver também Friedman, S., Kantor, I., Sobel, S., e Miller, R. "On the treatment of neurodermatitis with monomine oxidase inhibition 66". *Journal of Nervous and Mental Diseases* 166, 1978, pp.117-25.

A cura é uma questão de tempo mas, algumas vezes, é uma questão de oportunidade.

Hipócrates

O grande segredo dos médicos, conhecido apenas por suas esposas, mas ainda oculto do público, é que a maioria das coisas melhora por si e, na verdade, a maioria das coisas é melhor pela manhã.

Dr. Lewis Thomas, presidente do Memorial Sloan Kettering Institute for Cancer Research

O cérebro é o meu segundo órgão favorito.

Woody Allen

Sono... bálsamo para mentes magoadas, segundo maior curso da natureza; principal nutridor no banquete da vida.

William Shakespeare, *Macbeth*

CAPÍTULO 11

ENVELHECIMENTO SAUDÁVEL

O envelhecimento parece ser a única maneira viável para viver muito.
Daniel François Esprit Auber

Quanto tempo você quer viver? Viver muito significa envelhecer. A carruagem alada do tempo corre numa só direção, apesar de nossos melhores esforços, mas nós envelhecemos de diferentes maneiras e em ritmos diferentes.

Embora a medicina tenha aumentado muito a média da expectativa de vida, tudo indica que o tempo máximo de vida não mudou. Em 1996, uma senhora que mora em Paris atingiu a idade mais elevada comprovada em registro: 120 anos.

O que a velhice significa para você? Se ela evoca os espectros da doença, fragilidade, perda dos poderes mentais e diminuição da qualidade de vida, então vida longa não é uma proposta muito convidativa. O que buscamos é o envelhecimento saudável e isso é diferente de apenas não morrer. É ter uma boa qualidade e quantidade de vida. O ideal é morrer tão jovem quanto possível, o mais tarde possível.

Em 1995, um relatório do United Kingdom Office of Population Censuses and Surveys mostrou que, aos 65 anos de idade, as mulheres podem esperar viver outros 18 anos e os homens outros 13, mas é provável que desfrutem de boa saúde apenas durante a metade desse tempo. A medicina pode nos oferecer alguns anos extras, mas, necessariamente, não são anos saudáveis. Uma vida longa e saudável é algo que você precisa criar para si mesmo.

A cultura ocidental demonstra uma espetacular incongruência a respeito do envelhecimento. Há o medo do envelhecimento e o preconceito contra os idosos. A juventude é o ideal e "jovem" equivale a "atraente". Então, se você não pode ser jovem, precisa pelo menos parecer jovem. Diferentes padrões são aplicados a homens e mulheres. As mulheres mais velhas são julgadas com mais severidade. Damos mais importância à beleza física da mulher do que à do homem. Nessa cultura, "velho" significa "pouco atraente, doente e incapaz". É esse triunvirato vicioso que tememos, não a idade em si.

A PNL pode fazer duas contribuições positivas. A primeira é modelar o envelhecimento saudável. Quais são as qualidades das pessoas que envelhecem de modo saudável, tendo vida longa, ativa e feliz? A segunda é eliminar as crenças e pressuposições negativas que impedem o envelhecimento saudável.

As três idades

No mito de Édipo, a Esfinge fazia a mesma pergunta a todos os viajantes: "Que animal tem quatro pernas pela manhã, duas à tarde e três à noite?" Aqueles que não conseguiam responder eram mortos. Édipo deu a resposta certa — um homem — engatinhando na manhã da vida, caminhando na plenitude da vida e usando uma bengala para apoio na velhice. Essas eram conhecidas como as três etapas de vida do homem.

Agora, achamos que as pessoas têm três etapas de vida, independentemente de sua idade:

- idade cronológica;
- idade biológica;
- idade psicológica.

A idade cronológica é o número de anos que você vive, calculada pelo calendário.

A idade biológica é o desgaste do seu corpo. É isso que causa o envelhecimento biológico e todas as mudanças físicas que associamos à idade. Finalmente, o dano acumulado é fatal.

A idade psicológica é aquela que você sente ter, como você pensa, e a qualidade da vida emocional e intelectual que você desfruta.

Elas são interdependentes, mas não são a mesma coisa. Nós julgamos a idade apenas pela cronologia, mas isso é um erro. O que dizer de uma pessoa de trinta anos, cujos hábitos lhe deram o coração e os pulmões de uma pessoa de cinqüenta? E aquela com cinqüenta anos que tem mais energia do que seus colegas de vinte? E aquela com vinte anos, com hábitos e idéias tão inflexíveis que faz um octogenário parecer ousado? As três idades não avançam no mesmo ritmo. Apenas a idade cronológica avança constante e inexoravelmente à medida que mudam as estações. As outras podem acompanhar o seu ritmo, ultrapassá-la ou ficar para trás. Se é possível algumas pessoas viverem 110 anos na idade cronológica, então podemos argumentar que para muitas pessoas a idade biológica e psicológica está vinte ou mais anos à frente da idade cronológica.

A interdependência da idade psicológica e biológica foi maravilhosamente demonstrada em, 1979, por Ellen Langer e seus colegas de Harvard. Durante uma semana, eles estudaram um grupo de homens, todos com 75 anos ou mais, num balneário. Essas férias tinham uma diferença: o balneário foi arrumado para ficar como era há vinte anos. As revistas e jornais eram de 1959, não de 1979. A música era de 1959. Pediram aos homens para se comportar como se estivessem em 1959 e falar de acontecimentos daquele ano, no tempo presente. Todos os homens eram aposentados, mas deviam falar sobre seus empregos como se estivessem trabalhando, há vinte anos. Todos portavam fotografias de identificação tiradas há vinte anos. Durante o estudo, a equipe de pesquisa avaliou a idade biológica dos sujeitos baseando-se em marcadores como força, memória de curto prazo e acuidade auditiva, visual e gustativa.

Os resultados físicos dessa viagem mental através do tempo foram notáveis. Observadores imparciais acharam que, na média, o grupo parecia três anos mais jovem, de acordo com fotografias tiradas após o estudo. O comprimento dos dedos tende a diminuir com a idade, mas os dedos dos componentes desse grupo estavam mais longos. Articulações rígidas estavam mais flexíveis. Muitos tornaram-se mais ativos e auto-suficientes, embora anteriormente dependessem dos cuidados de membros mais jovens da família. A força muscular melhorou, bem como a audição e a visão. Durante o estudo, mais da metade do grupo mostrou um aumento na inteligência, avaliada por testes padrão. O grupo de controle não apresentou nenhuma dessas melhoras no mesmo grau.

A mente desses homens foi levada vinte anos de volta ao passado e seus corpos acompanharam. Langer achou que o experimento teve sucesso porque os homens se comportavam como se fossem mais jovens, sendo tratados como se fossem mais jovens e seguiam instruções diárias mais complexas do que aquelas às quais estavam acostumados.

O que esses resultados sugerem?

Primeiro, que a idade fisiológica e biológica afetam uma à outra e que não são uma viagem de mão única como a idade cronológica.

Segundo, que vivemos em grande parte de acordo com aquilo que esperam de nós. Geralmente, as pessoas idosas são tratadas como se fossem menos inteligentes e capazes. Então, elas satisfazem essas expectativas.

Finalmente, isso demonstra o poder das âncoras. Elas afetam profundamente o nosso estado físico e mental.

Idade biológica

O envelhecimento é um processo gradual e complexo. Nós não sabemos como ou por que ele ocorre. Uma teoria enfatiza a hereditariedade e os fatores genéticos. A outra enfatiza o desgaste sofrido pelo corpo no decorrer da vida. A verdade pode estar em algum lugar entre as duas. O tempo diminui a eficiência de todos os nossos sistemas corporais, mas não os destrói.

O corpo não envelhece num ritmo constante. O estresse o faz envelhecer mais rapidamente. Além disso, diferentes partes do corpo envelhecem em ritmos diferentes. A maioria das pessoas tem um "ponto fraco" que traz problemas e no qual sentem primeiramente os efeitos do estresse.

A partir do momento da concepção, há um equilíbrio no corpo entre a destruição dos tecidos e sua restauração. O ritmo de envelhecimento depende dessa relação. No final de um ano, mais de 98% dos átomos no corpo serão novos. De algum modo, a sabedoria do corpo administra esse processo belo e complexo. Ela reproduz fielmente o corpo que criamos para nós mesmos. Entretanto, à medida que o tempo passa, o ritmo do dano tissular aumenta ou talvez o corpo se torne menos competente para reparar o dano. O tecido mal restaurado funciona com menos eficiência e tem maior probabilidade de degenerar. O dano acumula-se como uma bola de neve rolando escarpa abaixo.

O dano é causado por toxinas, agentes ambientais, poluentes, radiação ambiental, tanto solar quanto industrial, doenças e processos normais do metabolismo que produzem produtos que podem danificar as células. Os mais importantes desses produtos são os radicais livres e os aldeídos. Os radicais livres são moléculas muito reativas produzidas naturalmente no corpo e têm potencial para provocar muito dano no nível celular. Atualmente, muitas pesquisas sugerem que os varredores de radicais livres, como as vitaminas C e E, podem ter um papel fundamental na neutralização dessas moléculas e, portanto, retardar o envelhecimento.[1]

Idade psicológica

A mente influencia cada célula do nosso corpo, portanto, o envelhecimento humano é fluido. Ele pode acelerar, diminuir, parar ou até mesmo reverter, como mostraram os experimentos em Harvard. Nossas crenças e expectativas influenciam a nossa maneira de envelhecer. Quais são as suas crenças a respeito do envelhecimento?

Vamos começar com a sua metáfora:

Envelhecer é como...
Porque...

---

1. Ver Sharma, H. *Freedom from disease*. Maharishi International University Press, 1994.

O que isso lhe diz a respeito de sua maneira de encarar o envelhecimento? Na cultura ocidental há muitos mitos sobre o envelhecimento que ainda têm muito poder e influência, apesar dos inúmeros exemplos em contrário. O primeiro é que a velhice começa aos sessenta e cinco anos. Nessa época, supõe-se que a sua vida ativa esteja encerrada. A partir daí, é um suave deslizar para a inatividade. Dizem que os homens se aposentam aos sessenta e cinco anos porque são muito velhos para trabalhar. Na verdade, sessenta e cinco anos é uma idade arbitrária, que foi originalmente determinada como a idade da aposentadoria por motivos políticos. A Alemanha criou o primeiro sistema de seguro social estatal em 1889. Bismarck, ministro naquela época, escolheu setenta anos como a idade oficial para a aposentadoria que, mais tarde, foi reduzida para sessenta e cinco anos pelo governo. Naquela época, a expectativa de vida na Alemanha era de quarenta e cinco anos. Assim, a idade para a aposentadoria era 56% mais elevada do que a expectavica de vida. Se atualmente a idade para a aposentadoria fosse escolhida por esses critérios, nós nos aposentaríamos aos cento e dezessete anos.

A idade para a aposentadoria é um remanescente do antigo plano de vida linear no qual você aprendia, buscava uma profissão, se aposentava e morria. A mudança na natureza do trabalho e o fato de todos estarmos vivendo mais tornam esse plano obsoleto. Por que todo o tempo para o lazer precisa ficar amontoado no final e toda a aprendizagem no começo? Um plano de vida cíclico e mais flexível faz mais sentido: aprendizagem, trabalho e relaxamento divididos em etapas durante toda a vida.

Também não foi comprovado que as pessoas mais velhas são menos produtivas. Houve muitos estudos com milhares de trabalhadores, desde aqueles com habilidades médias até administradores, e todos mostraram que, a não ser por um ligeiro declínio na produtividade em trabalhos que exigiam muito esforço físico, os trabalhadores mais velhos apresentavam um desempenho tão bom ou melhor do que o dos mais jovens.[2] A afirmação de que no passado os trabalhos mais criativos eram realizados por pessoas com menos de cinqüenta anos é explicada pelo fato de que a maioria das pessoas não vivia além dessa idade.

O segundo mito sobre o envelhecimento é o de que a decadência é inevitável e que as pessoas mais velhas, necessariamente, têm menos saúde e são mentalmente menos brilhantes do que as mais jovens. Isso não é verda-

---

2. Ver Robinson, P. "Research update: the older worker". *Generations*, verão de 1983. Ver também Schwab, D., e Heneman, H., "Effects of age and experience on productivity". *Industrial Gerontology* 4, 1977, p. 2; também US Department of Labour. *The Older American Workers: Age discrimination in employment,* 1965. E também US Senate Committee on Human Resources *Findings on age, capacity and productivity,* 1977.

de. A má saúde é uma questão de estilo de vida. Anos de vida sedentária e má alimentação cobrarão o seu tributo. A maior parte dos atuais problemas da velhice pode ser prevenida ou adiada. É verdade que perdemos um milhão de células cerebrais a cada ano, mas temos dez bilhões de neurônios com um bilhão de conexões, portanto, não há motivo para alarme.
Quais são as suas crenças sobre o envelhecimento?
Pense nas seguintes perguntas:

Que mensagens você recebeu de sua mãe a respeito de envelhecimento e beleza, para homens e mulheres?
Que mensagens você recebeu de seu pai a respeito de envelhecimento e beleza, para homens e mulheres?

A mensagem virá das palavras e, mais poderosamente, do comportamento.
Como você completaria as frases seguintes?

Em geral:
os homens de cinqüenta anos são...
as mulheres de cinqüenta anos são...
os homens de sessenta anos são...
as mulheres de sessenta anos são...
os homens com mais de sessenta anos são...
as mulheres com mais de sessenta anos são...

Que mensagens você recebe da televisão e da mídia a respeito do envelhecimento?

Quais são os seus piores temores relacionados ao envelhecimento?
O que você pode fazer para ter certeza de que eles nunca acontecerão?
Quais são as suas melhores esperanças com relação ao envelhecimento?
O que você pode fazer para ter certeza de que elas se realizarão?
Como será olhar para trás e saber que elas foram realizadas?

Envelhecimento saudável

Foram realizados muitos estudos sobre o envelhecimento saudável, incluindo um projeto de modelagem da PNL efetuado por Robert Dilts.[3]

---

3. Dilts, R., e Hollander, J. *NLP and life extension: modelling longevity.* Dynamic Learning Publications, 1990.

Não será uma surpresa saber que há um consenso geral de que todos os fatores que prejudicam a saúde também aceleram o processo de envelhecimento. Inversamente, as coisas que retardam o envelhecimento nos mantêm saudáveis.

A seguir, os principais fatores que aceleram o envelhecimento biológico:

• estresse;
• preocupação;
• sentimento de impotência;
• depressão;
• hostilidade com os outros e consigo próprio;
• incapacidade de expressar emoções;
• ausência de amigos íntimos;
• fumo.

A insatisfação no trabalho e os problemas financeiros tendem a provocar a maior parte do estresse e preocupação.

Contrariamente, os principais fatores associados a uma longevidade saudável são:

• otimismo;
• esperança;
• sensação de controle;
• felicidade.

Essas são qualidades autodeterminadas. Só você pode decidir.

Não é de admirar que as qualidades acima estivessem associadas à segurança financeira e à satisfação no trabalho:

• relacionamentos felizes e duradouros com amigos e parceiros;
• a capacidade de criar amizades íntimas e mantê-las;
• ingerir álcool moderadamente;
• exercitar-se moderadamente e com regularidade;
• dormir de seis a oito horas por noite.

O envelhecimento saudável está associado a determinados comportamentos, maneiras de pensar e crenças.

Por exemplo, há evidências de que a meditação pode retardar e até mesmo reverter o envelhecimento biológico. Descobriu-se que as pessoas que praticam MT há mais de cinco anos são, fisicamente, doze anos mais jovens do que a sua idade cronológica, avaliadas pela redução da pressão

191

sangüínea, melhor visão de perto e acuidade auditiva. O estudo avaliou os efeitos da dieta e exercícios.[4]

O exercício freqüente e moderado também é um comportamento saudável. O exercício físico regular pode reverter dez dos efeitos mais típicos da idade fisiológica, incluindo a pressão sangüínea elevada, excesso de gordura, equilíbrio insatisfatório do açúcar no sangue e diminuição da massa muscular. Um estilo de vida sedentário tem sido associado ao aumento do risco de observação à parte, doença cardíaca e câncer no cólon.[5] As pessoas fisicamente inativas têm um índice de doenças cardíacas e ataques cardíacos aproximadamente duas vezes mais elevado do que as pessoas mais ativas. A inatividade é perigosa.

Essa mensagem tem sido tão repetida que nos cansamos de ouvi-la, especialmente pelos órgãos governamentais. Muitas pessoas não são influenciadas por ela porque parece que o exercício é alguma coisa especial, exige tempo e está separado da vida cotidiana. O oposto é verdadeiro. Movimento e exercício podem ser um prazer saudável e é preciso pouca atividade física para obter muitos benefícios para a saúde. Num estudo de longo prazo realizado em Harvard, os benefícios à saúde começam com um consumo de apenas quinhentas calorias por semana — obtidos com uma caminhada de 15 minutos por dia.[6]

Tudo o que precisamos é de aproximadamente uma hora e meia de exercícios moderados, de três a cinco vezes por semana. Esses exercícios podem ser qualquer coisa de que você goste — jardinagem, caminhadas, trabalhos domésticos ou natação. Fazer qualquer coisa física é melhor do que permanecer inativo.

Outra razão para as pessoas não fazerem exercícios é confundir saúde com boa forma. Boa forma é a capacidade de inspirar e utilizar o oxigênio e fazer maior esforço físico. É também força muscular, energia e flexibilidade. É possível estar em boa forma física e não ser saudável, e também é possível ser saudável mas não ter boa forma física. Cuidado para não prejudicar sua saúde em busca da boa forma. *O exercício regular, moderado é saudável.* O exercício vigoroso proporciona boa forma física e melhor qualidade de vida, mas não contribui para o prolongamento de sua vida.

---

4. Wallace, R., Jacobe, E., e Harrington, E. "The effects of the Transcendental Meditation and TM-sidhi program on the aging process". *International Journal of Neurosciente* 16 (1), 1982, pp.53-8.

5. *Health Education Authority and Sports Council, Allied Dunbar National Fitness Survey: Main findings.* Sports Council and HEA, 1992. Veja também Blair, S., et al., "Physical fitness and all-cause mortality: a prospective study of healthy men and women". *Journal of the American Medical Association*, 262 1989, pp.2395-401.

6. Paffenbarger, R., Hyde, R., Wing, W. et al. "Physical activity, all-cause mortality and longevity of college alumni". *New England Journal of Medicine,* mar. 314. 1986, pp.605-13.

Não há dúvida de que o peso também é importante para a saúde, embora ainda haja muita incerteza sobre a maneira como ele a afeta. A cultura ocidental é obcecada pelo peso e o transformou numa importante questão de saúde e identidade. Estar muito acima ou muito abaixo do peso é perigoso, mas um peso normal, saudável, varia de pessoa para pessoa.

A alimentação e a dieta são assuntos polêmicos; há muitos relatos conflitantes e diferentes recomendações vêm e vão. Entretanto, manter um peso razoavelmente estável parece ser importante. Um estudo com formandos de Harvard, de 1962 a 1988, mostrou que aqueles que ganharam ou perderam muito peso (6 kg ou mais) corriam maior risco, o que sugere que cada pessoa realmente tem um peso natural que o corpo procura manter.

Obesidade não é o mesmo que peso. Obesidade é um acúmulo excessivo de gordura além do que é considerado normal, de acordo com a idade, sexo e tipo físico, e é definida como sendo mais do que 20% de gordura para os homens e mais do que 30% de gordura para as mulheres. Esses são níveis arbitrários.

Se a determinação desses níveis fosse inferior, todas as pessoas do mundo seriam consideradas obesas. É possível estar abaixo do peso e mesmo assim ser obeso.

A preocupação que temos com o peso e sua importância para nossa auto-imagem estimulam uma imensa indústria alimentícia. Há uma estranha mensagem implícita: quanto mais você pesa, menos saudável você é. Isso não é verdade, apesar de não haver dúvidas de que além de um determinado ponto, diferente para cada um de nós, o excesso de peso é um perigo para a saúde, forçando o coração e as articulações músculo-esqueléticas.

Uma dieta balanceada precisa ser psicologicamente satisfatória e diariamente proporcionar, o fornecimento equilibrado de nutrientes adequados à sua fisiologia. Porém, a alimentação tem sido forçada a manter um peso desejável, definido culturalmente.

Em geral, o medo da gordura está mais relacionado à aparência do que à saúde. A preocupação cultural com a gordura leva muitas pessoas a fazer dieta, quando não precisam. Fazer dieta parece tão simples — comer menos — perder peso — voltar a se alimentar normalmente e manter o novo peso. Entretanto, não é assim que as coisas funcionam. Com o passar do tempo, a maioria das dietas é ineficaz e as pessoas ganham peso. Assim, começam novamente a fazer dieta. Isso pode se tornar um ciclo repetitivo. Fazer regime para perder peso é o exemplo perfeito de não tratar o corpo como um sistema natural, complexo, auto-organizado.

Quando você pára uma dieta, ganha peso com mais facilidade, por três motivos:

- A perda de peso inicial não é de gordura, mas de uma mistura de glicogênio (uma forma de glicose armazenada nos músculos e no fígado que está mais imediatamente disponível para proporcionar energia), e água. A falta de glicogênio diminui os níveis de açúcar no sangue, o que pode resultar em depressão, cansaço e irritação. Os baixos níveis de glicogênio resultam em consumo reduzido de energia e diminuição da taxa metabólica, pois o corpo torna-se mais eficiente na utilização do alimento. Ele permanece nessa taxa mais baixa durante algum tempo e, assim, você ganha peso com mais facilidade. Exercitar-se durante o regime alimentar pode reverter essa lentidão metabólica.
- A dieta torna o corpo mais eficiente no armazenamento de gordura, o que, posteriormente, facilita o ganho de peso.
- Depois de perder glicogênio, o corpo perde o tecido de que menos necessita. Se você for uma pessoa sedentária, é o tecido muscular sem muita gordura que normalmente queima calorias indesejáveis. Quando você retorna aos antigos hábitos alimentares, o corpo não pode queimar tantas calorias e, provavelmente, você ganhará peso e gordura além dos níveis anteriores. O exercício é a única maneira de minimizar a perda de tecido sem muita gordura durante o regime alimentar. Estudos sobre perda de peso mostraram que, mesmo após quatro anos, o corpo ainda está tentando retornar ao seu peso inicial.[7]

A maior parte daquilo que dissemos sobre o envelhecimento saudável é bem conhecida e tem sido publicada em jornais e revistas. É fácil estabelecer os fatos. Se o conhecimento dos fatos fosse suficiente, todos seríamos mais saudáveis. Para colocá-los em prática precisamos da capacidade, como fazer, e das crenças para superar obstáculos pessoais.

Aqui, a PNL pode ajudar, pois podemos utilizá-la na prática para diminuir o estresse e a preocupação, resignificar a experiência e generalizar de modo que proteja nossa saúde. Podemos criar e manter bons relacionamentos por meio das habilidades de *rapport*. A PNL nos conscientiza de nossas crenças e metáforas limitadoras a respeito da saúde e do envelhecimento. Podemos usá-la para criar um futuro pessoal atraente, estabelecendo objetivos e construindo linhas temporais. Qual a extensão de sua linha temporal? Que comprimento você quer que ela tenha? Visualizar um futuro saudável e uma linha temporal longa é o primeiro passo para criá-lo.

Como já mencionamos, pode ser difícil abandonar hábitos prejudiciais à saúde porque eles encerram alguma coisa valiosa. Mantenha o que

---

7. *British Medical Journal* 310, 18 mar., 1995, p. 750

for valioso, mas consiga-o de outra maneira, que seja congruente com sua saúde e valores globais. A incongruência é o resultado de nossas diferentes partes, buscando alcançar diferentes objetivos, de maneiras diferentes. Por exemplo, uma parte quer fazer exercício, mas outra não quer. Uma parte deseja reduzir as horas de trabalho, mas outra quer trabalhar horas-extras para ganhar mais dinheiro. A incongruência é como uma guerra civil pessoal e o resultado pode ser o empate. Congruência é saber aquilo que você deseja e o que é importante para você, bem como agir para obtê-los de um modo que inclua esses mesmos valores importantes.

Durante a vida, metabolizamos experiências. Nossas vidas e expectativas estão estampadas no rosto e em todo o corpo. Nós incorporamos nossos modelos do mundo. Nós moldamos nossas experiências e, por sua vez, elas nos moldam. Mude a sua experiência e você mudará sua idade biológica.

REFLEXÕES

O homem engana a si mesmo — ele reza por uma vida longa e teme a velhice.
Provérbio chinês

O que torna a velhice tão difícil de suportar não é o declínio de nossas faculdades, mentais e físicas, mas o fardo de nossas lembranças.
W. Somerset Maugham

A probabilidade de morrer duplica a cada oito anos após a puberdade.
Gompertz Law

Depois dos setenta, se você acordar sem nenhuma dor, você está morto.
Malcolm Cowley, "About Men: Being Old"
New York Times, 26 de maio de 1985

Podemos inventar o elixir da imortalidade, mas levará uma eternidade para comprová-lo.
Anônimo

A utilidade de viver não consiste na duração dos dias, mas na utilização do tempo; um homem pode ter vivido muito e, no entanto, ter vivido pouco.
Montaigne

CAPÍTULO 12
MORTE

Ó Senhor, dê a cada um de nós a própria morte.

Rainer Maria Rilke

Ao nascer inspiramos pela primeira vez e ao morrer expiramos pela última vez; o ciclo está completo. Por mais que vivamos, a morte é o final da jornada dessa vida, a porta de volta para o mistério do qual emergimos. Embora possa parecer estranho um livro sobre saúde dedicar um capítulo à morte, nós não podemos ignorá-la porque a morte é uma parte da vida. O ator não pode fazer uma boa atuação se a cortina nunca descer, um atleta não pode estabelecer um tempo sem uma linha de chegada; um músico não poderia criar um trabalho sem um final. Apesar das esperanças da criogenia e das especulações da nanotecnologia, sempre há um final.

Entretanto, a morte dá sentido à vida. Há um tempo limitado para fazer coisas e isso cria urgência em fazê-las. Uma das maneiras de descobrir qual é a sua principal tarefa na vida é perguntar: "Se eu morresse amanhã, qual a coisa que eu mais me arrependeria de não ter feito?" Você ficaria contente de morrer sem tê-la realizado?

À medida que envelhecemos, temos a oportunidade de nos tornar mais autênticos, e a morte pode ser uma outra expressão do mesmo eu, não um evento casual, sem sentido, que deve ser temido. Nós somos únicos na vida e seremos únicos na morte.

A vontade de viver?

A morte é um dos poucos assuntos proibidos numa discussão séria. Nós a negamos. É até mesmo ilegal morrer de velhice — a Organização Mundial de Saúde não permite. Todas as pessoas, em todos os lugares do mundo, devem morrer de uma causa específica. A "velhice" é inadmissível num atestado de óbito. É como se a vida realmente continuasse para sempre, a não ser que ela fosse abreviada por um acidente ou uma doença.

Apenas cerca de um terço da população adulta da Inglaterra faz um testamento. Não é que as pessoas não tenham nada para deixar, mas um testamento é um lembrete desconfortável de nossa própria mortalidade, como se pensar na morte pudesse, de algum modo, convidá-la a nos levar. Contudo, fazer um testamento é sensato, pois permite que os seus negócios sejam resolvidos com maior rapidez e de maneira menos dolorosa para amigos e familiares.

Enquanto negarmos a morte, ela conservará o poder de nos amedrontar e estaremos sempre despreparados para ela. Outra das conseqüências da negação da morte é que não aprendemos a dizer adeus de maneira completa e adequada às pessoas amadas quando elas morrem. Achamos difícil lidar com nossas perdas, assim como consolar aqueles que perderam amigos íntimos ou familiares. Quando há assuntos inacabados é difícil seguir em frente, sofrer completamente e ser capaz de deixar alguém partir, mantendo-o vivo em nosso coração.

Ao mesmo tempo, a morte é fascinante. Nós a apreciamos em filmes e livros. No Japão existem cozinheiros especialmente licenciados que preparam a carne do baiacu. As pessoas pagam caro por essa iguaria, que deve ser preparada com muito cuidado porque partes desse peixe contêm tetrodontoxina, uma das substâncias químicas mais venenosas no mundo. Uma quantidade insignificante do veneno, se ingerida, poderia ser fatal. O perigo do *fugu*, como é chamado, é bem conhecido. Essa é a roleta russa gastronômica — você come a possibilidade da morte —, e os melhores cozinheiros tentam deixar um leve sinal do veneno, o suficiente para fazer a boca arder e lembrá-lo do seu flerte com a morte. Na verdade, muitas dessas pessoas, realmente, morrem todos os anos no Japão. Como na roleta russa, um dos prazeres no final da refeição deve ser o intenso alívio por ter sobrevivido, ter enganado a morte e, talvez, afinal de contas, de que você é imortal.

Sua vida o está matando?

Durante quanto tempo você se permitirá viver? Uma vida longa e saudável é um dos seus valores importantes e o que você está preparado a fazer para criá-la?

Você pode fazer muita coisa para influenciar sua saúde e longevidade. Você está procurando ambientes que nutrem? Você está se permitindo um equilíbrio saudável entre descanso, relaxamento, exercício e risco? Você está criando e mantendo relacionamentos íntimos, estabelecendo um senso de controle, esperança e otimismo? Numa vida longa, crenças e esperanças são necessárias, porém, insuficientes. Elas devem ser apoiadas pela ação. O seu ambiente, comportamento, padrões de raciocínio, crenças e valores estão alinhados em direção a uma vida longa e saudável? Você está satisfeito com o equilíbrio entre mudança e estabilidade em sua vida? Você tem um bom equilíbrio entre prestar atenção em si mesmo e em suas necessidades? E entre prestar atenção nos outros e nas necessidades deles? O que você faz e o que está tornando difícil para seu corpo servi-lo bem? Esse é um bom momento para fazer uma avaliação.

Pegue duas folhas de papel.
Na primeira folha relacione todas as coisas que poderiam estar abreviando sua vida. Seja honesto e específico.
Use os níveis lógicos para organizá-las. Comece pelo ambiente.
Então, passe para o comportamento, os hábitos, padrões de pensamento e as crenças.
Essas são as questões mais importantes relacionadas à sua saúde.

Em outra folha de papel, relacione todas as coisas, agrupadas por nível lógico, que estão prolongando sua vida. Novamente, seja honesto e específico.
Esses são os seus recursos mais importantes.

Abreviadores da vida		Prolongadores da vida
_____	*Identidade*	_____
_____		_____
_____	Crenças e Valores	_____
_____		_____
_____	Capacidades	_____
_____		_____
_____	Comportamentos	_____
_____		_____
_____	Fatores ambientais	_____

A morte como conselheira

O que a morte significa para você? Há muitas metáforas de morte.

Quando pensamos na morte, com freqüência ela é vista como a escuridão, o inimigo, o fim, alguma coisa a ser evitada. O sono é a metáfora mais comum. Como a morte poderia se tornar um recurso? Carlos Castañeda escreveu muito sobre *Don Juan*, um índio Yaqui místico.[1] Na filosofia de *Don Juan*, a morte é uma conselheira. Ela ensina, lembrando-o de que você é parte da natureza e não está acima dela. Sempre que precisar tomar uma decisão, pergunte para a morte (a morte espera atrás do seu ombro esquerdo): "O que você acha que eu deveria fazer se esse fosse meu último ato na Terra?"

Essa é uma pergunta instigante. Ela nos faz pensar naquilo que fazemos. Seu último ato na Terra tem um significado muito especial. Você gostaria que ele fosse uma expressão muito poderosa de quem você é. Há também a angústia adicional de saber que não há garantias de que aquilo que você decidir não seja, de fato, seu último ato na Terra. Com a morte como conselheira, você é lembrado de tornar sua próxima ação uma expressão de sua identidade, tão congruente e poderosa quanto possível. E a próxima. E a próxima. O toque da morte no ombro nos lembra de aproveitar o presente ao máximo.

A morte é uma conselheira severa e talvez você prefira que outra lhe dê a mensagem. Não estamos dizendo que você precisa estar sempre pensando na morte. A obsessão com a morte é tão ruim, ou pior, do que a sua negação, mas a morte realmente tem muito a nos ensinar.

Seu último ato no mundo

A morte *é* seu último ato na Terra. Que tipo de morte você deseja? Ela poderia ser o último ato no teatro de sua vida, totalmente expressivo da pessoa que você é? Nas tradições espirituais orientais, a morte é um momento de transição, como o nascimento. Na sociedade ocidental, estamos apenas começando a enxergar o nascimento a partir do ponto de vista da mãe e do bebê, não como uma situação médica, e a tornar a experiência tão confortável e agradável quanto possível para ambos. Poderia ser assim também com a morte? Nos dois extremos da vida, há mais questões importantes do que tecnologia médica. A não ser que a aceitemos pelo que ela é, a morte torna-se mais difícil de ser suportada por quem está morrendo e por quem os ama e se preocupa com eles.

É melhor fazer o próximo exercício num local tranqüilo, deitado ou sentado, num estado de espírito relaxado.

---

1. Castañeda, C. *Journey to Ixtlan*. Bodley Head, 1972.

Apenas durante alguns minutos, com o propósito de enriquecer a sua vida nesse momento, nós o convidamos a fazer uma viagem pela sua linha temporal em direção ao futuro, por mais distante que ele possa estar, até chegar num ponto onde você não pode ou não quer fazer mais nada nessa vida.

Todas as coisas nas quais você acredita estão além daquilo que está no futuro, mas nós o convidamos a virar e olhar para trás em direção ao agora.

Ao fazer isso, pergunte-se:

O que eu gostaria de ter realizado ao chegar a esse ponto?
Como eu me sinto tendo essas coisas?
Como eu me sentiria *não* tendo realizado essas coisas?
Como minhas ações, lá no presente, me aproximam ou me afastam dessas coisas que desejo realizar?
Que conselho eu daria a mim mesmo, lá no presente, enquanto olho o agora, estando no final de minha vida?

Quão importantes são as preocupações do seu eu do presente a partir desse ponto de vista?
Qual a coisa mais importante que o seu eu, do presente, precisa fazer agora?
Que emoções você sente enquanto olha para trás, para o seu eu do presente?

Volte para o momento presente e reflita um pouco sobre aquilo que aprendeu.

Agora pense como você quer que seja esse tempo — o tempo em que você não pode ou não quer fazer mais nada nessa vida.

A morte que você deseja começa com aquilo que você faz agora. Você pode estar carregando uma bagagem mental que o oprime — raiva não-resolvida, mágoa, ressentimento e culpa. Talvez você queira viajar mais leve na próxima parte de sua linha temporal.

A experiência de enfrentar a morte foi dividida em alguns estágios: primeiro a negação, depois a raiva, então a barganha, a depressão, a aceitação e, finalmente, a cura.[2] A cura pode estar na volta à vida ou pode ser a própria morte — a passagem para um novo estado, o fim de uma maneira de ser. Parece-nos que esses também são estágios de vida. Nós estamos

---

2. Kübler-Ross, E. *On Death and Dying*. Tavistock Publications, 1969.

sempre morrendo para uma maneira de ser para começar outra — nascimento, infância, adolescência, maturidade, ficar apaixonado, tornar-se pai. Todas elas são mudanças, pequenas mortes seguidas pelo renascimento. Agora, você já sabe muito sobre a morte a partir da sua experiência de vida. O que percebemos nessas reflexões é que devemos viver cada dia como se fosse o último e como se cada um fosse durar para sempre. Os resultados podem ser mágicos.

Nas palavras de um provérbio tibetano: "É melhor ter vivido um dia como um tigre do que mil anos como um carneiro".

REFLEXÕES

Você morre como viveu. Se você foi paranóico na vida, provavelmente será paranóico quando estiver morrendo.
Dr. James Cimino, diretor do Calvary Hospital
New York Institute para doentes terminais.

Então Almitra falou,
dizendo que agora perguntaríamos sobre a morte:
Vocês conhecerão o segredo da morte.
Mas como irão descobri-lo se não o procurarem na essência da vida?

Kahlil Gibran, *O profeta*

A vida não deixa de ser divertida quando as pessoas morrem, assim como não deixa de ser séria quando as pessoas riem.

George Bernard Shaw

Realmente, a morte é certa para quem nasce
e certo é o nascimento para os mortos,
portanto, não deveis lamentar o inevitável.

Bhagavad Gita 2:27

Se for agora, não está por vir;
se não está por vir, será agora;
se não for agora, ainda assim virá:
estar preparado é tudo.

William Shakespeare, *Hamlet*

CAPÍTULO 13

A CONGRUÊNCIA CURA

Onde há amor pela humanidade, também há amor pela arte da medicina.

Hipócrates, *Precepts*

Finalmente, um breve capítulo para organizar algumas das idéias. A revolução do consumidor nos leva a pensar que somos consumidores de saúde, mas nós não somos, somos os seus criadores — por aquilo que fazemos, como pensamos e como vivemos. Nosso corpo leva para dentro e metaboliza não somente ar e alimento, como também tempo e experiência. Nossa maneira de utilizá-los cria nossa saúde, de momento a momento. A medicina moderna adota uma visão de saúde objetiva, dissociada. A PNL afirma que também precisamos compreendê-la a partir de dentro. Saúde e doença são experiências subjetivas. A experiência e o mundo interior de cada pessoa são diferentes

Recuperações notáveis

A habilidade de curar é um sinal de estar vivo. Como explicar os casos de cura à beira da morte, as recuperações aparentemente milagrosas e notáveis relatadas em todas as épocas e lugares? O que eles podem nos revelar sobre a cura? A PNL trata da modelagem da excelência. Ela examina o excepcional, os limites da experiência humana, para compreender os poderes que todos possuímos, mas que talvez não utilizemos. Como uma pessoa que está à beira da morte pode se curar?

Logo surge um fato notável: esses casos raramente são investigados. Geralmente, as estatísticas não incluem os "forasteiros" — as extremidades da curva estatística, os casos que são diferentes do resto e que os tornam excepcionais. Contudo, são exatamente essas pessoas que têm algumas respostas fascinantes.

Algumas vezes, essas notáveis recuperações são explicadas afirmando-se que o diagnóstico inicial deveria estar errado, pois se o paciente se recuperou, não poderia estar tão doente quanto se imaginava. Essa é uma lógica inversa, que presume aquilo que tenta provar.

Também é raro os médicos arriscarem a sua reputação relatando casos de notáveis recuperações proporcionadas por um método psicológico ou tratamento não-ortodoxo. Eles temem que outros pacientes possam adiar ou evitar cuidados médicos adequados para testar tais métodos, e, assim, precisam agir como se toda recuperação fosse devida ao tratamento médico. Essa é uma reação sensata e congruente de médicos que acreditam em seus métodos de tratamento. Entretanto, achamos que a chave não são os métodos de tratamento, mas a espetacular resposta de cura do paciente, que pode ser evocada por qualquer sistema de terapia.

Na verdade, recuperações notáveis ocorrem em todos os sistemas de medicina, bem como fora deles.[1] Elas também ocorreram em santuários religiosos como Lourdes, por meio de dietas especiais e jejum, através de curadores, preces, imagens mentais e até mesmo sem fazer nada. Algumas pessoas usaram uma combinação de métodos. Os tratamentos eram tão variados quanto as pessoas que se submetiam a eles.

Não há nenhum tipo de personalidade particular associada às recuperações notáveis, nenhuma "personalidade propensa à recuperação". A capacidade de recuperação é encontrada em todas as personalidades e parece tratar-se da descoberta do caminho individual certo e não em ser o "tipo certo de pessoa".

Têm havido alguns casos documentados de recuperações notáveis, embora os estudos sejam poucos e raros. Os estudos mais reveladores permitem que as pessoas envolvidas falem de sua experiência à própria maneira, em vez de encaixá-la em categorias já existentes. Nesses casos, a chave parece ser a *congruência*: os pacientes descobriram a maneira certa para eles. Independentemente do método usado, eles foram verdadeiros consigo mesmos. Geralmente, a doença os forçava a ser profundamente verdadeiros consigo mesmos ou morrer. E isso não quer dizer que a morte também não possa ser uma maneira de ser verdadeiro consigo mesmo, mas, para essas pessoas, naquela época de suas vidas, não era. A doença era o desafio final. Essas pessoas também combinavam um tipo particular de aceitação ao espírito de luta. Elas aceitavam a doença, mas não aceitavam que, necessariamente, significasse que iriam morrer. Mesmo às portas da morte, a congruência cura. Quanto maior o desafio à saúde, maior a congruência necessária para enfrentá-lo. As pessoas que têm recuperações notáveis de doenças graves também se

---

[1]. Para uma boa visão geral sobre o assunto ver: Hirshberg, C., e Barasch, M. *Remarkable recovery*. Riverhead Books, 1995.

colocam num contexto mais amplo, têm um sentimento de ligação com os outros, uma dimensão espiritual.

Saúde espiritual

A congruência é um aspecto do desejo de todo ser humano por totalidade, seja qual for a nossa maneira de pensar nisso. Corpo, mente e espírito são inseparáveis, e isso se reflete no nosso desenvolvimento biológico, pois o cérebro e o coração vêm da mesma célula embrionária. Assim, a cura do corpo irá, de algum modo, estar relacionada à nossa vida mental e espiritual. Se pensarmos no espiritual como sendo a nossa ligação com os outros e com o mundo, além da nossa identidade, então a medicina moderna confirma ensinamentos antigos — você cuida melhor da sua saúde ligando-se aos outros.

As tradições espirituais incorporam o egoísmo esclarecido e têm benefícios neurofisiológicos. Um estudo realizado pelo imunologista Jeffrey Levin, em 250 casos, nos quais a religião ou a espiritualidade estavam ligadas a objetivos de saúde, descobriu que o envolvimento religioso realmente tinha um efeito protetor, independentemente de idade, sexo, nacionalidade ou classe social.[2] O efeito também não dependia de qualquer religião em particular.

O psicólogo David McClelland, de Harvard, realizou uma série de experimentos nos quais um grupo de estudantes assistia a um filme de Madre Teresa cuidando dos doentes e moribundos nas ruas de Calcutá.[3] Os estudantes apresentaram uma resposta aumentada do sistema imunológico, indicada pelos níveis de SIgA (Antígeno de Imunoglobulina Salivar). Isso ocorreu independentemente da opinião dos estudantes sobre Madre Teresa. Alguns disseram considerá-la uma fraude e que seu trabalho era inútil, porém, mesmo assim, seus sistemas imunológicos responderam positivamente. O amor e o carinho nos afetam num nível profundo, seja qual for nossa reação consciente. (Quando mostraram aos estudantes um filme de Átila, o Huno, os níveis de anticorpos baixaram!) McClelland também descobriu que a capacidade de amar e cuidar dos outros parece resultar em níveis menores do hormônio do estresse e num nível mais elevado de auxiliares ao supressor de linfócitos, um importante equilíbrio num sistema imunológico eficiente. Podemos não saber como o amor faz isso, mas há fortes evidências de que o faz.

---

2. Levin, J. "Religion and health: Is there an association, is it valid and is it causal?". *Social Science and Medicine* 38, 11 1994, p.1478.

3. McClelland, D. "Motivation and immune function in health and disease". Ensaio apresentado na conferência da Society of Behavioural Medicine, mar. 1985.

Perguntas saudáveis

Quando você fica doente, pode fazer muitas coisas para curar a si mesmo.
O primeiro passo é acompanhar a si mesmo e determinar seu estado atual. Eis algumas perguntas a se fazer:
O que estou sentindo?
Como me sinto com relação ao estado em que me encontro?
Como eu era antes de ficar doente?
O que essa doença significa?
O que eu gostaria que essa doença significasse?
Quais são os meus recursos para me sentir bem?
O que é ruim quando me sinto dessa maneira?
Quais poderiam ser as vantagens de estar doente nesse momento?
O que posso aprender com essa doença?

Conclusões

A PNL estuda a estrutura da experiência subjetiva. Com as técnicas da PNL você pode compreender e modelar seus próprios estados de saúde. Seus estados, emoções e pensamentos afetam diretamente sua saúde física. O mundo que você cria em sua mente é "real" para o corpo. Você pode mudar sua experiência mudando a maneira de usar os sentidos interiormente e criar o mundo interno que você deseja por meio dos sistemas representacionais e submodalidades. Isso lhe dará tremendas escolhas e controle sobre sua saúde. É impossível ser uma vítima. Talvez você não possa mudar os eventos, mas pode mudar sua reação a eles e minimizar o estresse.

Todas as técnicas da PNL visam uma autoconsciência maior e um grau maior de congruência. Acompanhe sua própria experiência. Use os sentidos para obter prazer e aumentar sua acuidade de raciocínio. Dedique algum tempo para si mesmo, relaxando ou meditando, sabendo que isso trará benefícios à sua saúde. Torne-se consciente do seu estado básico como um ponto de partida para criar um que o agrade mais. Use as habilidades de *rapport* para criar e manter relacionamentos fortes e de apoio. Use as linhas temporais e objetivos para criar um futuro atraente.

Examine todos os níveis lógicos e veja como eles contribuem para sua saúde. O que apóia sua saúde e o que você deseja mudar? Algumas vezes é mais fácil mudar o comportamento mudando crenças e valores.

205

Continue acompanhando a si mesmo. Ao fazê-lo, você terá mais *rapport* com seu corpo, com suas diferentes partes e também será capaz de se ligar aos outros. A saúde e a congruência perfeitas não são possíveis. O importante é a jornada, não o destino. A saúde não é um estado perfeito rígido, mas um estado com luz e sombras. A doença não é evidência de que você fracassou, mas, sim, um caminho para uma saúde melhor, um estado de equilíbrio melhor. Ela pode ser um estado de transição. A doença pode ser necessária se o seu antigo estado era muito rígido. Pode haver dois tipos de cura. Um, o leva de volta ao estado em que você estava antes. Embora isso quase sempre pareça desejável, lembre-se de que quase todos os elementos que contribuíram para a doença ainda estarão lá. Em doenças mais graves, a cura generativa pode ser necessária — a cura que nos leva para além da pessoa que fomos, a pessoa que, em primeiro lugar, estava predisposta àquela doença. A não ser que ocorra esse tipo de cura, você ficará novamente doente, da mesma maneira. A doença pode ser um caminho para uma saúde melhor.

Os dez sinais de aviso de saúde

1. Maior percepção e valorização de si mesmo.
2. Tendência a reservar um tempo diariamente, para relaxar ou meditar.
3. Constante capacidade de manter relacionamentos íntimos.
4. Tendência a se adaptar às mudanças de condições.
5. Desejo crônico de atividade física.
6. Ataques de riso crônicos e agudos.
7. Compulsão a sentir prazer e se divertir.
8. Repetidos acessos de esperança e otimismo.
9. Estado crônico de interesse pelo corpo.
10. Rejeição constante da preocupação.

As experiências plenas e a sensação de ultrapassar uma identidade limitada também são sinais diagnósticos.
   Cuidado! Seis ou mais desses sintomas e você pode correr o risco de ter uma excelente saúde.

Sócrates, filósofo grego, foi famoso por ensinar às pessoas: "Conhece-te a ti mesmo". Dizem que um de seus alunos lhe perguntou se ele realmente seguia o próprio conselho. Ele se conhecia? Sócrates respondeu: "Não, mas entendo alguma coisa dessa falta de conhecimento".

GLOSSÁRIO DE TERMOS DE PNL

Acompanhar — Obter e manter *rapport* com outra pessoa durante um período de tempo, juntando-se a ela em seu *mapa da realidade*. Acompanhar a si mesmo é prestar atenção à própria experiência sem tentar mudá-la imediatamente.

Acompanhamento somático — Prestar atenção à experiência do próprio corpo.

Acuidade sensorial — Processo de aprender a fazer distinções mais úteis e refinadas das informações sensoriais que recebemos do mundo. Um dos quatro pilares da PNL.

Além da identidade — O nível de experiência em que você é mais você, mais seu eu, e está mais ligado aos outros, o nível espiritual; um dos *níveis neurológicos*.

Ambiente — Onde, quando e as pessoas com quem estamos; um dos *níveis neurológicos*.

Âncora — Qualquer estímulo que evoca uma resposta. As âncoras mudam nosso *estado*. Elas podem ocorrer naturalmente ou ser criadas intencionalmente.

Ancoragem — Processo de associar uma coisa a outra.

Assemelhar — Adotar partes do *comportamento,* habilidades, *crenças* ou *valores* de outra pessoa com o propósito de aumentar o *rapport*.

Através do tempo — Ter uma *linha temporal,* em que passado, presente e futuro estão à sua frente.

Auditivo — Relativo ao sentido da audição.

Automodelagem — *Modelar* os próprios *estados* de excelência como *recursos*.

Calibração — Reconhecer precisamente o *estado* de outra pessoa, lendo os sinais não-verbais.

Capacidade — *Estratégia* bem-sucedida para realizar uma tarefa. Uma habilidade ou hábito. Também uma maneira habitual de pensar. Um dos *níveis neurológicos*.

Cinestésico — Relativo aos sentidos, sensações táteis e sentimentos internos, como as sensações lembradas, emoções e o senso de equilíbrio.

207

Comportamento — Qualquer atividade na qual nos envolvemos, incluindo os processos de pensamento; um dos *níveis neurológicos*.

Conduzir — Mudar aquilo que você faz com *rapport* suficiente para que a outra pessoa o acompanhe.

Congruência — Alinhamento de *crenças, valores,* habilidades e ação. Estar em *rapport* consigo mesmo.

Consciente — Qualquer coisa dentro da nossa percepção do momento.

Crenças — As *generalizações* que fazemos a nosso respeito, dos outros e do mundo, e em que baseamos nosso comportamento; um dos *níveis neurológicos*.

Descrição múltipla — A sabedoria de ter diferentes pontos de vista sobre o mesmo evento. Há três posições perceptivas: a *primeira posição* é a sua realidade; a *segunda posição* é a realidade da outra pessoa; e a *terceira posição* é um ponto de vista imparcial. Ter todas as três é chamado de *descrição tripla*.

Descrição tripla — Considerar um evento a partir da *primeira, segunda* e *terceira posições*.

Diálogo interno — Falar consigo mesmo.

Distorção — Mudar a experiência tornando-a diferente de algum modo.

Estado — A soma de nossos pensamentos, sentimentos, emoções, energia física e mental.

Estado associado — Estar dentro de uma experiência, enxergando por meio dos próprios olhos, de plena posse de todos os sentidos.

Estado emocional — Ver *Estado*.

Estado básico — O *estado* mental normal e habitual.

Estado dissociado — Não estar dentro da experiência, observando-a ou ouvindo-a do lado de fora.

Estratégia — Uma seqüência repetida de pensamentos e *comportamentos* que, continuamente, gera determinado *objetivo*.

Flexibilidade — Ter muitas escolhas de pensamento e *comportamento* para alcançar um *objetivo*. Um dos quatro pilares da PNL.

Generalização — Processo pelo qual uma experiência específica passa a representar toda uma classe de experiências.

Gustativo — Relativo ao sentido do paladar.

Identidade — A auto-imagem ou autoconceito, quem a pessoa acha que é; um dos *níveis neurológicos*.

Incongruência — *Estado* de ser em que não há *rapport* consigo mesmo, com conflitos internos manifestados no *comportamento*. Ela pode ser seqüencial — por exemplo, uma ação seguida por outra que a contradiz — ou simultânea — por exemplo, concordar com palavras, mas num tom de voz hesitante.

Inconsciente — Tudo o que não está dentro da nossa percepção do momento.

Intenção positiva — O propósito positivo subjacente a qualquer ação ou *crença*.

Linguagem corporal — A maneira de nos comunicar com o corpo, sem palavra ou sons. Por exemplo: postura, gestos, expressões faciais, aparência e *pistas de acesso*.

Linha temporal — A linha que liga o passado ao futuro; a maneira como armazenamos imagens, sons e sentimentos do passado, presente e futuro.

Mapa da realidade — A representação única de cada pessoa, a respeito do mundo, construída a partir de suas percepções e experiências individuais.

Metáfora — Comunicação indireta por meio de uma história ou figura de linguagem que implica uma comparação. Na PNL a metáfora inclui histórias, alegorias, parábolas e similaridades.

Metamodelo — Conjunto de padrões de linguagem e perguntas que liga a linguagem à experiência.

Modelagem — Processo de discernir a seqüência de idéias e *comportamento* que permite que alguém realize uma tarefa. A base da PNL.

Níveis lógicos — Ver *Níveis neurológicos*.

Níveis neurológicos — Diferentes níveis de experiência: *ambiente, comportamento, capacidade, crenças, identidade* e *além da identidade*.

Nominalização — Termo lingüístico para o processo de transformar um verbo num substantivo abstrato; também a palavra para o substantivo formado dessa maneira. Por exemplo: "relacionar" torna-se "o relacionamento": um processo tornou-se uma coisa.

No tempo — Ter uma *linha temporal* onde o passado está atrás e o futuro à frente, com o "agora" passando através do corpo.

Objetivo — Uma meta desejada, específica, baseada nos sentidos. Você sabe o que irá ver, ouvir e sentir quando alcançá-lo. Um dos quatro pilares da PNL.

Olfativo — Relativo ao sentido do olfato.

Omissão — Exclusão de uma parte da experiência.

Operadores modais — Termo lingüístico para palavras que contêm regras como "dever", "ter de", "poder" e "não poder"

Pistas de acesso — Maneiras como sintonizamos o corpo pela respiração, postura, gestos e movimentos oculares para pensar de determinado modo.

Pistas visuais de acesso — Movimentos dos olhos em determinadas direções, que indicam pensamento *visual, auditivo* ou *cinestésico*.

Pressuposições — Idéias ou *crenças* que são pressupostas, isto é, consideradas como certas.

Primeira posição — Perceber o mundo somente a partir do próprio ponto de vista. Estar em contato com a própria realidade interior. Uma das três diferentes posições perceptivas; as outras são a *segunda* e a *terceira posições*.

Programação neurolingüística — Estudo da excelência e da estrutura da experiência subjetiva.

Quebra de estado — Usar movimentos ou distrações para mudar um *estado* emocional.

Rapport — Relação de confiança e compreensão consigo mesmo ou com os outros. Um dos quatro pilares da PNL.

Recursos — Tudo o que pode ajudar a alcançar um *objetivo*. Por exemplo: fisiologia, *estados*, pensamentos, *crenças, estratégias,* experiências, pessoas, eventos, bens, lugares, histórias etc.

Resignificação — Considerar uma experiência a partir de outro ponto de vista, dando-lhe um significado diferente.

Segunda posição — Experimentar o ponto de vista de outra pessoa.

Sistema representacional — Os diferentes canais por meio dos quais representamos a informação internamente usando os sentidos: *visual* (visão), *auditivo* (audição), *olfativo* (odor) e *gustativo* (paladar).

Sistema representacional preferido — O *sistema representacional* que um indivíduo usa habitualmente para pensar conscientemente e organizar sua experiência.

Submodalidades — Distinções refinadas que fazemos dentro de cada *sistema representacional*; as qualidades de nossas representações internas, os menores componentes de nossos pensamentos.

Terceira posição — Assumir o ponto de vista de um observador imparcial, a visão sistêmica.

Valores — As coisas que são importantes para nós, como a saúde.

GLOSSÁRIO DE TERMOS MÉDICOS

ACTH (adrenocorticotrofina)	Um *hormônio* secretado pela *glândula pituitária*. Estimula a *glândula supra-renal* a produzir *cortisol*.
Adrenalina (epinefrina)	Um *hormônio* produzido pela medula adrenal. Sua liberação é estimulada pelo *sistema nervoso simpático* para preparar o corpo para a ação.
Adrenocorticotrofina	Ver *ACTH*.
Agudo	Início súbito de sintomas ou dor que duram pouco tempo.
Alergênio	Substância capaz de produzir *alergia* numa pessoa suscetível. Por exemplo: chocolate, pó, veneno de vespa, pólen.
Alergia	Estado hipersensível do *sistema imunológico* causado por uma reação a *alergênios* no ambiente.
Analgésico	Droga para alívio da dor.
Anatomia	Estudo da estrutura do corpo.
Antibiótico	Poderosa droga antibacteriana.
Anticoagulante	Substância química que impede a coagulação do sangue. Por exemplo: a heparina.
Anticorpo	Proteína produzida pelo *sistema imunológico* para tornar inofensivos *antígenos* específicos.
Antígeno	Qualquer substância ou organismo que estimule o *sistema imunológico* a produzir *anticorpos*.
Asma	Condição alérgica na qual o corpo reage contraindo os bronquíolos dos pulmões levando a problemas respiratórios. Os ataques de asma muito fortes podem ser fatais.
Bactéria	Microrganismos que consistem de uma célula presentes no ambiente. Pode causar *doença* em hospedeiros suscetíveis.

Câncer	Tumor maligno consistindo em células anormais sem limites normais de crescimento.
Carcinogênio	Substância com o potencial de provocar câncer.
Células assassinas	Células do *sistema imunológico* que destroem células *cancerosas* e células infectadas por *vírus*.
Células B	Células do *sistema imunológico* que se multiplicam e produzem *anticorpos* para neutralizar *antígenos* específicos.
Células T	Células do *sistema imunológico* formadas na medula óssea e armazenadas na glândula *timo*. As células T "assassinas" destroem células cancerosas e células infectadas por vírus. As células T "auxiliares" informam o sistema imunológico que a ação é necessária. As células T "supressoras" interrompem a ação quando ela termina.
Colesterol	Substância gordurosa formada no corpo. Quantidades excessivas no sangue estão associadas a um risco maior de *doença* cardíaca.
Cortisol	Poderoso *hormônio* da supra-renal liberado na reação de *estresse*. Ele altera o tônus muscular, aumenta a secreção de ácidos do estômago e tem efeito antiinflamatório e imunossupressor.
Crônica	Duradoura ou recorrente.
Desesperança aprendida	A teoria de que as pessoas podem ser condicionadas a um estado de desesperança, acreditando que nada do que fizerem fará diferença. Apresentada inicialmente por Martin Seligman.
Diabetes	Distúrbio do *metabolismo* de carboidrato resultando em quantidades excessivas de açúcar no sangue. Pode surgir como uma *doença autoimune*.
Diagnóstico	Identificação da *doença* ou *moléstia* a partir dos sintomas.
Doença	Processo patológico demonstrável que pode afetar o corpo inteiro ou qualquer uma de suas partes.
Doença auto-imune	Condição causada pela reação do *sistema imunológico* contra um *antígeno* que é parte do próprio corpo. Por exemplo: *artrite reumatóide*.
Encefalina	Analgésico natural produzido pelo corpo.

Endorfina	Analgésico natural produzido pelo corpo.
Epinefrina	Ver *Adrenalina*.
Estilo atributivo	Maneira de explicar eventos usando a omissão, a distorção e a generalização para dar explicações pessimistas ou otimistas sobre eles.
Experimento duplo cego	Método utilizado para testar a eficácia de uma droga comparada a uma preparação inativa *(placebo)*. Nem os pacientes, nem o médico, sabem quem recebe o placebo e quem recebe a droga.
Fator de liberação da corticotrofina *(CRF)*	*Hormônio* secretado pelo *hipotálamo* que regula a liberação de *ACTH* pela *glândula pituitária*.
Glândulas endócrinas	Sistema de glândulas no corpo que secreta *hormônios*, controlado pela *glândula pituitária*.
Glândulas supra-renais	*Glândulas endócrinas* localizadas uma acima de cada rim. A parte externa (córtex) produz *hormônios* esteróides sob o controle do *ACTH*. A parte interna (medula) produz os *hormônios* da *adrenalina* (epinefrina) e *noradrenalina* (norepinefrina).
Hipertensão	*Pressão sangüínea* elevada.
Hipotálamo	Pequena porção do prosencéfalo. Está intimamente associado ao *sistema nervoso autônomo* e ao sistema endócrino. Ele também regula muitas atividades corporais inconscientes, como a fome e a temperatura.
Histamina	Substância secretada pelos *mastócitos*. Dilata os vasos capilares e contrai músculos nos pulmões. Desempenha papel importante nas reações alérgicas.
Hormônio	Mensageiro químico produzido por uma *glândula endócrina* que tem efeitos abrangentes no corpo. Por exemplo: testosterona e insulina.
Imunidade humoral	Imunidade adquirida pela exposição a *antígenos* para que sejam produzidos *anticorpos*.
Imunidade mediada celularmente	Um dos dois métodos do *sistema imunológico* para defender o corpo usando células especializadas para eliminar tumores, parasitas e *vírus* que são reconhecidos como não sendo parte do corpo.

213

Imunoglobulina	Complexas cadeias de proteína na superfície das células do *sistema imunológico*.
Imunologia	Estudo do *sistema imunológico*.
Inflamação	Inchaço de tecido, uma das reações do corpo aos danos, regulada pelo *sistema imunológico*.
Leucócitos	Células brancas do sangue do *sistema imunológico*.
Linfócitos	Células do *sistema imunológico* produzidas e transportadas principalmente pelo *sistema linfático*.
Macrófagos	Células do *sistema imunológico* que engolem resíduos de células.
Mastócitos	Células do *sistema imunológico* que liberam heparina, *serotonina* e *histamina*, substâncias que regulam a *inflamação*.
Medicina alopática	Termo usado para descrever a medicina moderna, abrangendo todos os métodos de tratamento de *doenças*.
Medicina holística	Abordagem que visa tratar o paciente como uma pessoa inteira e não somente os sintomas de *doença* em seu corpo.
Medicina homeopática	Sistema de medicina que trata a pessoa inteira. Ela trata o sintoma com preparações muito fracas de substâncias que podem produzir efeitos iguais ou semelhantes.
Metabolismo	Processo de funcionamento do corpo que produz energia.
Moléstia	Sensação subjetiva de má *saúde*; pode ser provocada por uma *doença*.
Moléstia iatrogênica	Condição causada por tratamento médico.
Morfina	Forte droga para alívio da dor.
Neurologia	Estudo do sistema nervoso.
Neuropeptídio	*Neurotransmissor* composto de aminoácidos.
Neurotransmissores	Substâncias químicas produzidas nas terminações nervosas, provocando mudanças corporais. São o principal meio de comunicação entre os nervos.
Neutrófilos	Células do *sistema imunológico* que engolem *bactérias*.
Nocebo	Tipo de *placebo* que provoca efeitos indesejáveis como náusea, reações alérgicas e dependência.

Noradrenalina (norepinefrina)	Hormônio que age como um *neurotransmissor* formado nas terminaçõs nervosas do *sistema nervoso simpático*
Osteoporose	Redução progressiva da densidade óssea tornando o esqueleto mais frágil.
Patógenos	Agentes, como *bactérias* e *vírus*, que provocam *doença*.
Placebo ativo	Droga com efeito fisiológico definido que não afeta diretamente a *moléstia* para a qual é prescrita.
Pressão sangüínea	Força exercida pelo sangue contra as paredes das artérias.
Radicais livres	Moléculas reativas produzidas naturalmente no corpo e que têm o potencial de danificar células.
Ritmos ultradianos	Ritmos naturais de repouso, atividade e domínio hemisférico que ocorrem durante um dia.
Saúde	Estado natural de equilíbrio e bem-estar da mente, corpo e espírito.
Sistema imunológico	Aquela parte de nossa fisiologia que protege nossa identidade fisiológica lidando com os *antígenos*.
Sistema límbico	Parte do mesencéfalo principalmente associada à expressão emocional.
Sistema linfático	Sistema circulatório para células do *sistema imunológico*. O fluido linfático acumula-se nos diversos nódulos linfáticos em todo o corpo.
Sistema nervoso autônomo	A parte do sistema nervoso que regula determinados processos inconscientes, como os batimentos cardíacos e a digestão. Ele tem duas ramificações: o simpático, que ativa, e o parassimpático, que relaxa.
Sistema nervoso central	O cérebro e a medula espinhal.
Sistema nervoso parassimpático	A ramificação do *sistema nervoso autônomo* que tem um efeito relaxante sobre muitos processos inconscientes, como batimentos cardíacos e digestão.
Timo	Uma pequena glândula localizada sob o osso do peito. Armazena as *células T* do *sistema imunológico*.
Triptofano	Aminoácido necessário para fazer *serotonina*.
Verrugas	Crescimentos inofensivos da pele provocados por um *vírus*.

Vírus — Minúsculo agente infeccioso que só pode crescer e reproduzir-se dentro de células vivas. Os vírus invadem a célula e assumem o comando de suas funções para produzir mais vírus.

BIBLIOGRAFIA

Fizemos aqui uma seleção pessoal de livros que consideramos interessantes e úteis na área de saúde em geral.

ANDREAS, Connirae; STEVE, A. *A Essência da mente.* São Paulo, Summus, 1993.
BENSON, Herbert. *The relaxation response.* Avon, 1975.
BORYSENKO, Joan. *Minding the body, mending the mind.* Addison-Wesley Books, 1987.
BRAHE, Carl. *Healing on the edge of now.* Sunshine Press, 1992.
CHOPRA, Deepak. *Quantum healing.* Bantam, 1989.
_____. *Ageless body, timeless mind.* Rider, 1993.
COUSINS, Norman. *Head first,* Penguin, 1990.
DILTS, Robert; HALLBOM, Tim; e SMITH, Suzi. *Crenças: caminhos para a saúde e bem-estar.* São Paulo, Summus, 1993.
DOSSEY, Larry. *Medicine and meaning.* Bantam, 1991.
ELGIN, Laurence, e ROTHENBERG, Kenneth. *The second medical revolution.* Shambhala, 1988.
HIRSHBERG, Caryle, e BARASCH, Marc. *Remarkable recovery.* Riverhead Books, 1995.
JUSTICE, Blair. *Who gets sick.* Tarcher, 1987.
KABAT-ZINN, Jon. *Full catastrophe living.* Delta, 1990.
KING, Mark; NOVIK, Larry; e CITRENBAUM, Charles. *Irresistible communication: creative skills for the health professional.* W. B. Saunders, 1983.
KÜBLER-ROSS, Elizabeth. *On death and dying.* Tavistock, 1969.
KUHN, Thomas. *The structure of scientific revolutions.* University of Chicago Press, 1982.
LESHAN, Lawrence. *O câncer como ponto de mutação.* São Paulo, Summus, 1992.
LOCKE, Steven, e COLLIGAN, Douglas. *The healer within.* Mentor Books, 1986.
O'CONNOR, Joseph, e SEYMOUR, John. *Introdução à programação neurolingüística.* São Paulo, Summus, 1995.

O'CONNOR, Joseph, e MCDERMOTT, Ian. *Principles of NLP.* Thorsons, 1996.
NULAND, Sherwin. *How we die.* Chatty & Hindus, 1993.
ORNSTEIN, Robert, e SOBEL, David. *The healing brain.* Simon and Schuster, 1987.
_____. *Healthy pleasures.* Addison-Wesley, 1989.
PEARSON, Irk, e SHAW, Sandy. *Life extension.* Warner, 1983.
PELLETIER, Kenneth. *Mind as healer, mind as slayer.* Delta, 1977.
PETERSON, Christopher, e BOSSIO, Lisa. *Health and optimism.* The Free Press, 1991.
ROSSI, Ernest. *The psychobiology of mind body healing.* W. W. Norton, 1986.
RUSHWORTH, Claire. *Making a difference in cancer care.* Souvenir Press, 1994.
SELYE, Hans. *The stress of life.* McGraw-Hill, 1976.
SIEGEL, Bernie. *Love, medicine and miracles.* Harper and Row, 1986.
SIMONTON, O. CARL e Stephanie. *Com a vida de novo.* São Paulo, Summus, 1987.
SKRABANEK, Petr; e MCCORMICK, James. *Follies and fallacies in medicine.* Tarragon Press, 1994.
WALLACE, Robert. *The neurophysiology of enlightenment.* Maharishi International University Press, 1991.

SOBRE OS AUTORES

Joseph O'Connor

Joseph O'Connor é autor, instrutor e consultor. Envolveu-se com a PNL na década de 1980, pois ela reunia uma série de assuntos que o fascinaram durante muitos anos — como criamos nossa experiência e o que diferencia o comum do excepcional, especialmente na área artística. Joseph utiliza a PNL de diversas maneiras — dando treinamento e consultoria em negócios, modelando desempenhos excelentes em atletismo e trabalhando com atletas no treinamento mental. Para ele, muitas idéias do treinamento mental em artes e esportes são particularmente importantes na área de supervisão e consultoria. Guitarrista e músico treinado, seu envolvimento nas artes levou-o a modelar projetos no teatro e na música. Ele sempre sentiu interesse pela saúde, em saber como mente e corpo ajudam ou impedem as pessoas em sua busca pela saúde e felicidade; poder escrever sobre essas descobertas e experiências foi delicioso.

Outros livros:
Not pulling strings. Lambent Books, 1987
Introdução à PNL (com John Seymour). Summus, São Paulo: 1995.
Treinando com a PNL (com John Seymour). Summus, São Paulo: 1996.
Sucesso em vendas com PNL (com Robin Prior). Summus, São Paulo: 1997.
Mind Power (autor colaborador).
— *Developing your leadership qualities.* Timelife, 1995.
— *Take control of your life.* Timelife, 1996.
Practical NLP for managers (com Ian McDermott). Gower, 1996.
Principles of NLP (com Ian McDermott). Thorsons, 1996.

Ian McDermott

Ian McDermott é instrutor em PNL e diplomado pela NLP International. Ian interessou-se pela PNL no início da década de 1980. Sentiu-se atraído porque a PNL oferecia um modelo unificador de trabalho para uma mudança bem-sucedida, assim como ferramentas práticas para alcançar resultados.

Como instrutor, ficou fascinado pelos métodos usados pela PNL para obter resultados, ou seja, observar o que as pessoas realmente fazem e descobrir o que funciona para poder ensinar aos outros. Sempre se interessou pela maneira como usamos o raciocínio para nos ajudar ou nos impedir de realizar nossos desejos. Esse interesse levou-o a pesquisar diferentes técnicas para utilizar o poder da mente, incluindo a meditação. Percebendo esses benefícios, desde 1977, ele medita regularmente.

Assim, tornou-se especialmente interessado na relação entre a mente e o corpo e como isso poderia afetar nossa saúde. Trabalhou com muitas pessoas que tiveram problemas de saúde. Mais recentemente, em colaboração com Robert Dilts, Tim Hallbom e Suzi Smith, no Reino Unido, está treinando e estabelecendo um núcleo de especialistas de saúde em PNL. Freqüentemente, oferece treinamentos em PNL e saúde abertos ao público.

Ian é Diretor do Training for International Teaching Seminars.

Outros livros (com Joseph O'Connor):

MindPower (autor colaborador)

— *Developing your leadership qualities.* Timelife, 1995.

— *Take control of your life.* Timelife, 1996.

Practical NLP for managers. Gower, 1996.

Principles of NLP. Thorsons, 1996.

SBPNL é pioneira em Programação Neurolinguística no Brasil

Criada em 1981, a Sociedade Brasileira de Programação Neurolinguística foi a primeira empresa a trabalhar esta ciência no Brasil. Associada à American Society of Neurolinguistic Programming, tem o aval de qualidade dos criadores mundiais da PNL. Mantém intercâmbio de tecnologia com o Dynamic Learning Center (Robert Dilts e Todd Epstein), Grinder DeLozier & Associates (John Grinder) e NLP Comprehensive (Steve e Connirae Andréas).

A SBPNL é referência em PNL no país, tornando-se também um centro gerador e formador de novas ideias, estudos e pesquisas sobre PNL. Seus cursos vão desde a introdução à PNL até o seu aperfeiçoamento, como o Practitioner e o Master Practitioner.

Os cursos são ministrados por Gilberto Cury e pela equipe de instrutores da SBPNL, formados pelos principais nomes da PNL no mundo, como Richard Bandler, John Grinder e Robert Dilts. Todos com sólida formação e experiência. Também participam assistentes treinados pela SBPNL. Além de qualificados, passam por constante atualização.

Escrever para a SBPNL é a maneira de garantir a qualidade de treinamento recebido, além de obter o endosso de Richard Bandler, John Grinder e de Steve Andreas.

Sociedade Brasileira de Neurolinguística
Rua Fernandes Borges, 120 – São Paulo/SP
Telefone: (11) 3887-4000
Internet: www.pnl.com.br
E-mail: pnl@pnl.com.br

PNL e Recursos de Saúde

As seguintes organizações detêm certificados de treinamento em PNL e saúde

Alemanha
Milton H. Erickson Institute
Wartburgstrasse 17 – D-10825
Berlim – Alemanha
Tel./Fax: +49/30/781 7795
E-mail: mail@erickson-institut-berlin.de

Brasil
Sociedade Brasileira de Programação Neurolinguística
R. Fernandes Borges, 120 – 04504 -030
São Paulo – SP
Tel.: (11) 3887-4000
Site: http://pnl.com.br/siteHome/home

Dinamarca
Dansk NLP Institut
Site: http://dansknlp.dk/category/anerkendelser/
E-mail: nlp@dansknlp.dk

Estados Unidos
The Institute for the Advanced Studies of Health
63 Bovet Road # 238
San Mateo, CA – 94402-3104
Tel.: +1 650 479-IASH (1 650 479-4274)
E-mail: info@nlpiash.org

Dynamic Learning Centre
Po Box 1112
Ben Lomond, CA 95005
Tel.: (831) 336-3457

Inglaterra
International Teaching Seminars
19 Widegate ST, E1
E1 7HP – Londres
Tel.: +44 (0)1268 777125
Site: http://www.itsnlp.com/

México
Centro Mexicano de Programación Neurolingüística
Av. Hidalgo, 1681 – C.P.: 44600
Guadalajara, Jal.
Tels.: 01 (33) 3615-3461 | 3615-8447
Fax: 3616-5653
Site: http://cmpnl.mx/
PNL.